Der Begriff der Dienstleistung
im europäischen Binnenmarkt
und WTO-System (GATS)

Saarbrücker Studien
zum Privat- und Wirtschaftsrecht

Herausgegeben von Johann Paul Bauer,
Michael Martinek (geschäftsführender Herausgeber)
und Helmut Rüßmann

Band 19

PETER LANG
Frankfurt am Main · Berlin · Bern · Bruxelles · New York · Oxford · Wien

Kevin M. McDonald

Der Begriff der Dienstleistung im europäischen Binnenmarkt und WTO-System (GATS)

PETER LANG
Europäischer Verlag der Wissenschaften

Die Deutsche Bibliothek - CIP-Einheitsaufnahme

McDonald, Kevin M.:

Der Begriff der Dienstleistung im europäischen Binnenmarkt und WTO-System (GATS) / Kevin M. McDonald. - Frankfurt am Main ; Berlin ; Bern ; Bruxelles ; New York ; Oxford ; Wien : Lang, 2001
(Saarbrücker Studien zum Privat- und Wirtschaftsrecht ; Bd. 19)
Zugl.: Saarbrücken, Univ., Diss., 2000
ISBN 3-631-36953-0

D 291
ISSN 1433-8866
ISBN 3-631-36953-0

Saarbrücker Studien zum Privat- und Wirtschaftsrecht

herausgegeben von
Prof. Dr. Johann Paul Bauer
Prof. Dr. Dr. Michael Martinek
Prof. Dr. Helmut Rüßmann

Die Schriftenreihe "Saarbrücker Studien zum Privat- und Wirtschaftsrecht" bildet in erster Linie ein Forum für rechtswissenschaftliche Doktorarbeiten der Universität des Saarlandes auf zwei juristischen Schwerpunktgebieten. Zum einen sollen Dissertationen im klassischen Privatrecht, vor allem im bürgerlichen Vermögensrecht der ersten drei Bücher des BGB und ihrer Nebengesetze vorgestellt werden. Zum anderen findet das Wirtschaftsrecht im Sinne des Wirtschaftsprivatrechts besondere Berücksichtigung, womit namentlich die Gebiete des Handelsrechts einschließlich des Bilanzrechts, des Personen- und Kapitalgesellschaftsrechts einschließlich des Konzernrechts, des Gewerblichen Rechtsschutzes sowie des Wettbewerbs- und Kartellrechts bezeichnet sind. Es versteht sich, daß nicht nur rechtsdogmatische Studien, sondern auch rechtstatsächlich, rechtspolitisch oder interdisziplinär angelegte Arbeiten in die Schriftenreihe Aufnahme finden. Denn die Rechts- und Wirtschaftswissenschaftliche Fakultät der Universität des Saarlandes vereinigt unter *einem* Dach die Fachbereiche Rechtswissenschaft und Wirtschaftswissenschaft und regt damit Studenten und Hochschullehrer in besonderer Weise zu fachübergreifender Lehre und Forschung an. Die Schriftenreihe steht aber nicht nur sehr guten und ausgezeichneten Dissertationen, sondern auch anderen "Studien" zu privat- und wirtschaftsrechtlichen Themen offen, bis hin zu Materialien und Skripten des akademischen Unterrichts. Die drei Herausgeber, die zugleich stellvertretend für ihre anderen Saarbrücker Fakultätskollegen des Privat- und Wirtschaftsrechts handeln, verbinden mit den "Saarbrücker Studien zum Privat- und Wirtschaftsrecht" den Wunsch, daß die hier veröffentlichten Arbeiten die verdiente Resonanz in der breiteren juristischen Fachöffentlichkeit finden.

Meinen Lehrern
Thank you.

Vorwort

Die vorliegende Arbeit wurde im Sommersemester 2000 als Doktorarbeit zur Erlangung des Grades eines Doktors der Rechtswissenschaft an der Rechts- und Wirtschaftswissenschaftlichen Fakultät der Universität des Saarlandes in Saarbrücken angenommen und mit der Note „magna cum laude" bewertet.

Rechtliche Entwicklungen (WTO-Schiedssprüche, EuGH Urteile, sekundärrechtliche Rechtsakte und Literatur) konnten bis zum 1. Januar 2000 berücksichtigt werden. Im Text werden die EG-Bestimmungen in ihrer Amsterdamer Fassung wiedergeben. Die verwendeten Kommentare und Literatur benutzen dagegen die alte Fassung (z.B. die Dienstleistungsfreiheit nach Art. 59 ff. EGV anstatt nach Art. 49 ff. EGV).

Mein besonderer Dank gebührtet Herrn Prof. Dr. Dr. Dr. h.c. mult. *Georg Ress*. Er hat mein am Anfang neugieriges Interesse am Europarecht zu einer wirklichen Leidenschaft entwickelt.

An dieser Stelle möchte ich auch Herrn Dr. Stephan Zilles für seinen kritischen Durchblick danken sowie der Anwaltskanzlei „Hölters & Elsing" in Düsseldorf, die mir die nötigen Freiräume zur Erstellung dieser Arbeit im Rahmen meiner dortigen Beschäftigung.

Sehr dankbar bin ich auch meinen Eltern. Schließlich möchte ich auch meiner Frau Monica für ihre Geduld und ihren Glauben an den Abschluß dieser Arbeit danken.

Auburn Hills/Michigan, im Juli 2000 Kevin M. McDonald

Inhaltsverzeichnis

I. Einleitung

A. Gegenstand und Aufbau der Arbeit

Die Zahlen sprechen für sich. Im Herbst 1998 waren etwa 65% der Erwerbstätigen in der Europäischen Union (EU) in der Dienstleistungsbranche beschäftigt, Tendenz steigend[1]. In Luxemburg, Schweden, Großbritannien und in den Niederlanden arbeiten zur Zeit sogar mehr als 70% der Erwerbstätigen in der Dienstleistungsbranche[2]. Der größte Arbeitgeber in der EU, gemessen an der allgemeinen Beschäftigung, ist in den meisten Mitgliedstaaten der Einzelhandel[3].

Die Notwendigkeit, den grenzüberschreitenden Markt für Dienstleistungen, vor allem Banken und Versicherungen („Finanzdienstleistungen"), zu liberalisieren, gewinnt immer mehr an Bedeutung, weil die Europäische Gemeinschaft (EG) die damit verbundenen potentiellen Vorteile viel zu lang verschenkt hat[4]. Wegen der Vielfalt der als „Dienstleistungen" einzustufenden Tätigkeiten sowie der Tatsache, daß sich die Dienstleistungserbringer offenbar ihrer gemeinsamen Interessen nicht bewußt sind, wurde ihre Rolle und Bedeutung zu lange unterbewertet[5]. Dazu hat ebenso beigetragen, daß in der Vergangenheit viele Dienstleistungen von der Industrie selbst erbracht wurden, während – wie die Zahlen offenbaren – nunmehr die Tendenz besteht, spezialisierte Unternehmen oder Einheiten für Dienstleistungstätigkeiten zu schaffen und zu beauftragen (z.B. Outsourcing)[6].

Mit der Spezialisierung und der schnellen Entwicklung neuer Dienstleistungen ist das Potential des gesamten Dienstleistungsbereichs für Wachstum und Schaffung neuer Arbeitsplätze deutlich in Erscheinung getreten, was schnelle Handlungen zu weiteren Liberalisierungsmaßnahmen auf dem gesamten Dienst-

---

1 „Zwei von drei Beschäftigten arbeiten in der Dienstleistung", Frankfurter Allgemeine Zeitung, 23.09.1998, Nr. 221, S. 13.

2 Id.

3 Id. Nur in Großbritannien stehen die Dienstleistungen für Unternehmen anstatt der Einzelhandel auf dem ersten Platz. Id.

4 So Die Kommission der Europäischen Gemeinschaften, Vollendung des Binnenmarktes, Weißbuch der Kommission an den Europäischen Rat, Juni 1985, KOM (85) 310 endg., S. 26, Rn. 100.

5 Id., S. 26, Rn. 95.

6 Id.

leistungsmarkt erfordert, insbesondere für die neuen Dienstleistungsbereiche wie die Informationsdienstleistung[7]. Obwohl der Unionsbürger noch kein „Recht auf den freien Empfang bzw. die freie Erbringung von Dienstleistungen" genießt[8], sind die rechtlichen Grundsteine in Form von der Art. 49 ff. sowie den zahlreichen sekundärrechtlichen Vorschriften schon gelegt.

Diese europarechtlichen Vorschriften zum freien Dienstleistungsverkehr (Art. 49 ff. EGV) dienen dem Integrationsziel des Art. 2 EGV[9] und tragen dazu bei, die innerstaatlichen Grenzen der Gemeinschaft in wirtschaftlicher Hinsicht abzubauen und damit die einzelstaatlichen Märkte zu öffnen[10]. Insoweit prägt die Dienstleistungsfreiheit den europäischen Binnenmarkt[11], der „einen Raum ohne Binnengrenzen umfaßt, in dem der freie Verkehr von ... Dienstleistungen gemäß den Bestimmungen [des EGV] gewährleistet ist" (Art. 7a Abs. II EGV zur Verwirklichung des Binnenmarktes)[12].

Die Frage der Anwendbarkeit der Art. 49 ff. EGV über den freien Dienstleistungsverkehr setzt dabei zunächst einmal voraus, daß die in Frage gestellte Tätigkeit bzw. das in Frage gestellte Produkt eine „Dienstleistung" im Sinne dieser Vertragsvorschriften darstellen. Gerade hier – bei der ersten Prüfungsstufe der Subsumtion – entstehen große Probleme und Widersprüche. Ist zum Beispiel eine vom Internet eingeholte medizinische Diagnose eine *Dienstleistung* oder eine *Ware*? Was ist, wenn die Diagnose auf Papier ausgedruckt ist? Solch virtuelles Definieren ist auf keinen Fall bloß intellektuelle Spielerei. Die Produktkategorie (Ware oder Dienstleistung) entscheidet darüber, welche europarechtlichen Verpflichtungen die EG-Mitgliedsstaaten für den innergemeinschaftlichen Handel

---

7 Id., S. 26, Rn. 95, 99.

8 So zu Recht Troberg, in Groeben/Thiesing/Ehlermann [nachfolgend GTE], Kommentar zum EU-/EG-Vertrag, Bd. I, 5. Aufl. (1997), Art. 59, Rn. 45.

9 Art. 2 EGV verankert die primär wirtschaftliche Integration der Gemeinschaft. Dem Wortlaut nach lautet Art. 2 EGV: „Aufgabe der Gemeinschaft ist es, durch die Errichtung eines Gemeinsamen Marktes ... eine harmonische und ausgewogene Entwicklung des Wirtschaftslebens innerhalb der Gemeinschaft, ein beständiges, nichtinflationäres und umweltverträgliches Wachstum, einen hohen Grad an Konvergenz der Wirtschaftsleistungen ... [und] den wirtschaftlichen und sozialen Zusammenhalt und die Solidarität zwischen den Mitgliedstaaten zu fördern."

10 Siehe Jarass, Elemente einer Dogmatik der Grundfreiheiten, EuR 1995, S. 202 (214 f.).

11 Id.

12 Vgl. hierzu die Kommission der EG, Vollendung des Binnenmarktes, Weißbuch der Kommission an den Europäischen Rat, Juni 1985, KOM (85) 310 endg., S. 4, Rn. 4 („Unzweideutiges Ziel des Vertrages war von Anfang an die Schaffung eines einheitlichen integrierten Binnenmarktes ohne Beschränkung des Warenverkehrs [sowie] die Beseitigung der Hindernisse für [...] den freien Dienstleistungsverkehr" (Hervorhebung vom Verfasser).

einhalten müssen, weil die Rechtfertigungsgründe für Handelsbeschränkungen - je nach Produktkategorie - unterschiedlich ausgestaltet sind. Dieses Problem der *Abgrenzung* zwischen Dienstleistungen und Waren gibt es im übrigen auch zwischen Dienstleistungen und den anderen Grundfreiheiten, vor allem im Verhältnis zur Niederlassungsfreiheit, wie beispielsweise die Fragestellung zeigt, ob die Tätigkeit eines Architekten, der mehrere Aufträge in einem anderen Mitgliedstaat als dem abwickelt, in dem er niedergelassen ist, den Vorschriften über die Niederlassungsfreiheit oder Dienstleistungsfreiheit unterliegt.

Darüber hinaus ist nicht immer klar, wieviel „Freiheit" eine Tätigkeit bzw. ein Produkt genießt, das als „Dienstleistung" i.S.d. Art. 49 ff. EGV eingestuft wird. Konflikte können bei der Auslegung des Schutzbereiches des EGV und den Beschränkungsmöglichkeiten der Mitgliedstaaten auftreten. Wie ist etwa eine staatliche Regelung, die eine „sonstige Beschränkung" des freien Dienstleistungsverkehrs darstellt, zu rechtfertigen, wenn überhaupt? Soll sie derselben strikten Rechtfertigungsprüfung unterliegen wie „diskriminierende" staatliche Regelungen? All dies sind Fragen, die in der vorliegenden Arbeit behandelt werden, um zu einer genaueren Definition und effektiveren Auslegungsmethode der Dienstleistungsfreiheit zu kommen.

Nicht nur im Innenbereich der EG hat die Auslegungsmethode der Dienstleistungsfreiheit Rechtsfolgen von nicht zu unterschätzender Bedeutung. Auch im Außenbereich spielt die Abgrenzungsmethode einer „Dienstleistung" eine große Rolle. Das Vorliegen einer „Ware" bedeutet, daß die EG die alleinige Kompetenz bei internationalen Verhandlungen im Vorfeld völkerrechtlicher Verträge und Konventionen hat (nach dem EuGH, Gutachten 1/94), während die Einordnung in bestimmte Formen der Dienstleistungen lediglich parallele Kompetenzen zwischen der EG und den Mitgliedstaaten zur Folge hat.

B. Methodik

Die Wandlung in den Gesellschaften aller Mitgliedstaaten in die post-industrielle *Dienstleistungswelt* muß auch bei der herkömmlichen Auslegung der Dienstleistungsfreiheit der Art. 49 ff. EGV Berücksichtigung finden. Für die vorliegende Untersuchung folgt aus dieser Feststellung die Notwendigkeit, den Rechtsbegriff „Dienstleistung" der Art. 49 ff. EGV verständlicher und präziser zu bestimmen.

Ziel eines Rechtsbegriffs der „Dienstleistung" i.S.d. Art. 49 ff. EGV ist es, die praktische Anwendung dieser Grundfreiheit im Einzelfall zu erleichtern. Um dieses Ziel zu erreichen, darf die Dogmatik nicht zu kompliziert bzw. zu kasuistisch ausfallen, da anderenfalls der Rechtsanwender überfordert und verwirrt wäre[13]. Andererseits muß die Dogmatik den jeweiligen Problemen des betreffenden Regelungsbereiches ausreichend Rechnung tragen[14]. Insgesamt muß eine Definition so einfach und einheitlich wie möglich und so komplex wie nötig sein[15].

Mit diesem Hintergrund geht die vorliegende Arbeit in ihrem ersten Teil zunächst auf den europarechtlichen Begriff der „Dienstleistung" selbst ein (Abschnitt II). Dabei werden die Schwächen des herkömmlichen Rechtsbegriffs behandelt und eigene Vorschläge zur Schaffung größerer Rechtssicherheit angeboten. Nach der Feststellung einer „Dienstleistung" i.S.d. Art. 49 ff. EGV wird der *Inhalt* der Dienstleistungsfreiheit behandelt (Abschnitt III). Wie weit erstreckt er sich, wie weit *soll* er sich strecken, um die Ziele der Gemeinschaft zu verwirklichen? Im Anschluß wird die schwierige Abwägungsfrage zwischen dem Gemeinschaftsinteresse und dem Interesse der Mitgliedstaaten, grenzüberschreitende Dienstleistungen zu regulieren, in den Mittelpunkt gerückt (Abschnitt IV). Diese sogenannte „Rechtfertigungsstufe" wird einer kritischen Betrachtung unterzogen und ein neues Modell angeboten. Schließlich erfolgt noch eine Analyse der Dienstleistung im *Außenbereich*, wobei das Gutachten 1/94 (Abschnitt V) besondere Berücksichtigung findet. Dabei steht die Frage im Raum, ob der freie Dienstleistungsverkehr durch das Gutachten 1/94 gefördert oder behindert wird.

Die Untersuchung geht anschließend im zweiten Teil der Arbeit auf die internationalen Regelungen des Dienstleistungsverkehrs, nämlich auf das GATS ein. Mit Blick auf die erzielten Erfolge aus dem europäischen Binnenmarkt zur Verwirklichung eines Raumes ohne Binnengrenzen für den Dienstleistungsverkehr werden Vorschläge angeboten, wie der internationale Handel mit Dienstleistungen effektiver gestaltet werden kann. Dabei wird insbesondere der Streitbeilegungsmechanismus des GATS, verwaltet durch die Welthandelsorganisation (WTO), kritisch analysiert.

---

13 So auch Jarass, a.a.O., S. 202.

14 Id.

15 Id.

Teil I

II. Was ist eine „Dienstleistung"?

A. Überblick

Eine der wichtigsten Aufgaben für Wirtschaftsjuristen ist es festzustellen, worum es sich beim Handelsgut bzw. bei der Handelsleistung im vorliegenden Fall handelt. Ist das Handelsgut z.B. eine „Ware" oder eine „Dienstleistung"? Oder ist das Produkt gar kein Handelsgut, sondern eine Tätigkeit? Falls eine Tätigkeit bejaht wird, schließt sich die Frage an, ob sie von der Dienstleistungs- oder Niederlassungsfreiheit erfaßt wird. Die Antwort auf diese Fragen entscheidet über häufig fallentscheidende Rechtsfolgen, da bestimmte Handelsgüter (etwa Waren) mehr Freiheiten als andere Handelsgüter (etwa Dienstleistungen) im Binnenmarkt genießen. Ebenso genießen bestimmte Tätigkeiten (etwa Dienstleistungen) mehr Freiheit als andere Tätigkeiten (etwa Niederlassungen) im Binnenmarkt. Die weitreichenden Regelungen über den freien Dienstleistungsverkehr, die im Abschnitt III dieser Arbeit im einzelnen behandelt werden, setzten die Kenntnis des europarechtlichen Begriffs „Dienstleistung" voraus, die zuerst einmal in diesem Abschnitt näher definiert wird.

Ausgangspunkt für die Gewinnung einer praxistauglichen Dienstleistungsdefinition sind die Art. 49 ff. EGV. Da der EGV selbst aber wenig Anhaltspunkte dafür bietet, im Einzelfall genau zwischen Handelsgütern und Leistungen zu unterscheiden, wenn es um „Grenzfälle" geht, muß man sich intensiv mit der Rechtsprechung des EuGH auseinandersetzen. Dieser Abschnitt konzentriert sich daher auf die praktischen Problemfelder, die sich aus der vom EuGH verwendeten Definition einer „Dienstleistung" i.S.d. Art. 49 ff. EGV ergeben. Zuerst wird die Heranziehung des volkswirtschaftlichen Dienstleistungsbegriffs als potentielle Hilfe bei der Auslegung des Dienstleistungsbegriffs i.S.d. Art. 49 ff. EGV analysiert. Danach wird der Wortlautkomplex der Art. 49 ff. in seinen einzelnen Tatbestandselementen überprüft. Dazu gehört eine intensive Auseinandersetzung mit der ständigen Rechtsprechung und herrschender Lehre zur Interpretation dieser Tatbestandselemente. Wo dies angebracht erscheint, werden eigene Lösungsansätze vorgeschlagen, um zu einer handhabbaren Definition der „Dienstleistung" zu kommen.

In diesem Zusammenhang wird das Problem der subsidiären Stellung der Dienstleistungsfreiheit gegenüber den anderen Grundfreiheiten im Rahmen des primären Europarechts besonders ausführlich behandelt. Schließlich werden die spezifischen Probleme, die sich aus der Abgrenzung zu den anderen drei Grundfreiheiten (Waren, Niederlassung und Kapital) ergeben, im einzeln erläutert und zum Teil durch eigene Lösungsmodelle klarer definiert.

B. Das Versagen des volkswirtschaftlichen Dienstleistungsbegriffs

Da der Begriff Dienstleistung aus dem Vertrag nur unter Schwierigkeiten ableitbar ist[16] (wie unten im Abschnitt C. gezeigt wird), bietet es sich zunächst an, zur Definition dieses Begriffs auf den volkswirtschaftlichen Begriff zurückzugreifen.

Die Dienstleistung im volkswirtschaftlichen Begriff bedeutet eine wirtschaftliche Leistung, die nicht Teil der Warenproduktion ist, z.B. Bankdienste, Versicherungsleistungen, Fremdenverkehr oder Rechtsberatung. Für das Dienstleistungsgewerbe spricht man im volkswirtschaftlichen Sinne vom *tertiären Sektor*, d.h. von dem Bereich, der nicht als Urproduktion (*primärer Sektor*, z.B. Landwirtschaft, Bergbau usw.) oder Warenherstellung (*sekundärer Sektor*, z.B. Industrie und Handwerk) zu qualifizieren ist[17]. Dieser tertiäre Sektor gewinnt wirtschaftlich immer größere Bedeutung, so daß häufig von einem Übergang zu einer „Dienstleistungsgesellschaft" gesprochen wird[18].

Allerdings hilft der volkswirtschaftliche Begriff bei einer Präzisierung des Rechtsbegriffs „Dienstleistung" i.S.d. Art. 49 ff. EGV nicht weiter. Das liegt an der Systematik der Art. 49 ff. EGV. Die Vorschriften zum Dienstleistungsverkehr konzentrieren sich nämlich entscheidend darauf, daß eine Leistung eine geographische Grenze überschreitet und stellen darauf ab, welche Handelshemmnisse wie etwa Zölle und mengenmäßige Beschränkungen sowie andere Hindernisse dabei auftreten können[19]. Mit anderen Worten sieht der Vertrag die Dienstleistung eben *nicht* als einen Wirtschaftssektor, sondern als einen Bereich, in welchem unternehmerische Leistungen, die keine Waren sind, die Grenzen überschreiten, ohne daß das leistende Unternehmen seinen Produktionsstandort verlegt (sonst kämen die Vorschriften über die Niederlassungsfreiheit in Betracht)[20]. Insofern ist der Dienstleistungsbegriff des EGV dem volkswirtschaftlichen Begriff vom „tertiären Sektor" nicht gleichzustellen.

---

16 Vgl. Troberg, in: GTE, a.a.O., Vorbemerkungen zu den Artikeln 59 bis 66, Rn. 7 („Die Definition der Dienstleistung als 'eines bloßen Rechtsbegriffs' spiegelt die Schwierigkeit wider, den eigenständigen Charakter dieses Bereiches zu erfassen").

17 Id., Vorbemerkungen zu den Artikeln 59 bis 66, Rn. 8.

18 Id., Vorbemerkungen zu den Artikeln 59 bis 66, Rn. 8. Siehe auch Diskussion oben unter Teil I (Einleitung).

19 Id., Vorbemerkungen zu den Artikeln 59 bis 66, Rn. 9.

20 Id., Vorbemerkungen zu den Artikeln 59 bis 66, Rn. 9.

Diese Feststellung findet Unterstützung darin, daß der Dienstleistungsbegriff der Art. 49 ff. sowohl enger als auch weiter als die volkswirtschaftliche Dienstleistung ist. So unterfallen einerseits einige Tätigkeiten, die volkswirtschaftlich gesehen zum tertiären Sektor gehören, eben *nicht* wegen der Vertragssystematik den EGV-Vorschriften zum Dienstleistungsverkehr (hier ist der EGV-Begriff *enger*): das von *Troberg* erbrachte Beispiel einer Hotelkette (ein typisches Beispiel einer Dienstleistung im tertiären Sektor) würde mit der Errichtung eines Hotels in einem fremden Mitgliedstaat nicht von der Dienstleistungsfreiheit im EGV erfaßt, sondern würde der Niederlassungsfreiheit unterfallen[21]. Andererseits reicht der Rechtsbegriff im EGV *weiter* als der volkswirtschaftliche Begriff. Eine Schlosserei, die wirtschaftlich betrachtet zum sekundären Sektor (Warenherstellung) gehört, weil sie Schlüssel anfertigt, würde wiederum im Vertragssinne Dienstleistungen erbringen, wenn sie Türarbeiten in einem anderen Mitgliedstaat anböte (z.B. Schlüsseldienste, Anfertigen von Einbaumöbeln an Ort und Stelle, Reparaturen, Restauration)[22].

Diese unterschiedliche Reichweite der zwei Definitionen ergibt sich daraus, daß, während der volkswirtschaftliche Dienstleistungsbegriff vollständig nach dem *Charakter* der jeweiligen Tätigkeit definiert wird, der Dienstleistungsbegriff i.S.d. Art. 49 ff. EGV dagegen durch ein weiteres, vertragssystematisches Abgrenzungsmerkmal[23] überlagert und bestimmt wird, nämlich durch die *Erbringungsform*, in der die Leistung die innergemeinschaftliche Grenze überschreitet[24].

Aus allem ergibt sich, daß der volkswirtschaftliche Begriff zur Präzisierung der Definition einer Dienstleistung i.S.d. Art. 49 EGV nicht herangezogen werden kann. Daher kann die europarechtliche Definition nur im Rahmen einer Gesamtbetrachtung der Art. 49 EGV näher präzisiert werden.

---

21 Id., Vorbemerkungen zu den Artikeln 59 bis 66, Rn. 10. Andere vom volkswirtschaftlich dem tertiären Sektor zuzurechnende Tätigkeiten unterfallen wegen der Vertragssystematik nicht der Dienstleistungsvorschriften der Art. 49 ff. EGV, sondern gemäß Art. 51 I EGV die Vorschriften über den freien Kapitalverkehr nach Art. 56 ff. EGV (wie etwa bei der Kreditvergabe durch Banken) oder den Vorschriften zum freien Warenverkehr (Art. 28 ff. EGV) unterfallen. Hierzu Schöne, Dienstleistungsfreiheit in der EG und deutsche Wirtschaftsaufsicht, 1989, S. 32.

22 Vgl. Troberg, in GTE, a.a.O., Vorbemerkungen zu den Artikeln 59 bis 66, Rn. 10.

23 Siehe unten im Abschnitt II.C.3.

24 Schöne, Dienstleistungsfreiheit in der EG und deutsche Wirtschaftsaufsicht, 1989, S. 33.

C. Der Wortlautkomplex

Um als eine Dienstleistung i.S.d. Art. 49 ff. EGV zu gelten, muß eine Tätigkeit[25]: (1) eine innergemeinschaftliche Grenze überschreiten[26], (2) im Regelfall gegen Entgelt erbracht werden[27] und (3) *nicht* den Vorschriften des EGV über den freien Waren- und Kapitalverkehr und die Freizügigkeit der Personen zuzuordnen sein[28]. Alle drei Tatbestandskritierien bringen erhebliche Auslegungsprobleme mit sich, die sowohl von der Rechtsprechung als auch von der herrschenden Lehre immer noch nicht gelöst sind und die hier im einzelnen besprochen werden.

I. Die Grenzüberschreitung

Das wichtigste der drei Tatbestandskriterien ist das Überschreiten einer Grenze[29]. Nur Dienstleistungen, die über eine innergemeinschaftliche Grenze hinweg erbracht werden, genießen den vom EGV garantierten Schutz des freien Verkehrs. Nach der Rechtsprechung des EuGH sind „die Vertragsbestimmungen über den freien Dienstleistungsverkehr nicht auf Betätigungen anwendbar, deren wesentliche Elemente sämtlich nicht über die Grenzen eines Mitgliedstaates hinausweisen“[30]. Dabei geht es um „Leistungen, die ein Gebietsansässiger für einen Gebietsfremden erbringt“[31]. Dies ergibt sich sowohl aus Art. 49 I EGV („in verschiedenen Mitgliedstaaten ansässig“) als auch aus der Teleologie des Vertrages[32].

Allerdings kann die Grenzüberschreitung verschiedene Formen annehmen. Bei solchen verschiedenartigen Formen taucht dann das Problem auf, ob sie das Tatbestandskriterium der Grenzüberschreitung erfüllen und vom Schutz des EGV abgedeckt sind oder nicht.

---

25 Art. 50 II EGV spricht ausdrücklich von „Tätigkeiten“, nicht von Berufen.

26 Art. 49 I EGV.

27 Art. 50 I EGV.

28 Art. 50 I EGV. Art. 51 I EGV nimmt Dienstleistungen auf dem Gebiet des Verkehrs auch aus den Vorschriften der Art. 49 ff. aus.

29 So Randelzhofer, in: Grabitz/Hilf, Kommentar zur Europäischen Union, Band II, Stand 1992, Art. 60, Rn. 4.

30 Siehe EuGH Urteil vom 18.3.1980 in der Rechtssache 52/79 (Debauve), Slg. 1980, I-833 (855, Rn. 9).

31 So Troberg, in: GTE, a.a.O., Art. 59, Rn. 40 mit Blick auf Art. 59 I EGV.

32 Schöne, a.a.O., S. 36.

a) *Die drei üblichen Formen*

In der Rechtsprechung des EuGH und in der Literatur werden meistens nur die drei „üblichen" Erbringungsarten diskutiert: (1) die „positive" Dienstleistungserbringung, (2) die „negative" Dienstleistungserbringung und (3) die Korrespondenzdienstleistung[33]. Völlig unumstritten sind heute diese Erbringungsarten vom EGV abgedeckt.

Die „positive" Dienstleistungserbringung, wobei der Dienstleistungserbringer sich zum Dienstleistungsempfänger begibt (z.B. ein in Deutschland ansässiger zugelassener deutscher Rechtsanwalt geht nach Frankreich, um dort einen Mandanten im deutschen Recht zu beraten), genießt den Schutz der freien Dienstleistung aus der Natur der Sache (Art. 50 III) und sie wurde als erste Erbringungsart vom EuGH ausdrücklich anerkannt[34].

Bei der sogenannten „negativen" Dienstleistungserbringungart geht der Dienstleistungsempfänger zum Dienstleistungserbringer, um dort die Tätigkeit (Dienstleistung) in Anspruch zu nehmen (z.B. ein Patient aus Spanien, der zu einem Arzt in Finnland geht, um sich dort einer Operation zu unterziehen); diese Erbringungsart wurde ebenfalls vom EuGH ausdrücklich anerkannt[35].

Schließlich wurde auch die sogenannte „Korrespondenzdienstleistung", bei der nur die Dienstleistung selbst die Grenze überschreitet - wie eine Ware - (z.B.

---

33 Siehe Hailbronner, in: Hailbronner/Klein/Magiera/Müller-Graf [nachfolgend HKMM], Handkommentar zum Vertrag über die Europäische Union, Bd. I, Stand 1995, Art. 60, Rn. 5 und Hakenberg, in: Lenz (Hrsg.), Kommentar zu dem Vertrag zur Gründung der Europäischen Gemeinschaften, 1. Aufl. (1994), Art. 60, Rn. 18.

34 Siehe EuGH Urteil vom 3. Dezember 1974 in der Rechtssache 33/74 (van Binsbergen), Slg. 1974, I-1299 ff. Siehe auch Die Kommission der Europäischen Gemeinschaften, Allgemeines Programm zur Aufhebung der Beschränkungen des freien Dienstleistungsverkehrs, ABlEG 1963, S. 32, wo die Kommission von dieser Variante als Regelfall ausgeht und nennt in seinem Abschnitt I als Begünstigte der vorzunehmenden Aufhebung von Beschränkungen des Dienstleistungsverkehrs lediglich die Leistungserbringer. Vgl. auch Hailbronner, in: HKMM, a.a.O., Art. 60, Rn. 6.

35 Siehe EuGH Urteile vom 28. April 1998 in der Rechtssache 158/96 (Raymond Kholl ./. Union des caises de maladie), EuZW 1998, S. 345 ff.; vom 31. Januar 1984 in der Rechtssache 286/83 (Luisi und Carbone), Slg. 1984, I-377 ff.; und vom 2. Februar 1989 in der Rechtssache 186/87 (Cowan), Slg. 1989, I-195 ff. Allerdings folgt aus der Anerkennung der negativen Dienstleistungsfreiheit kein zeitlich und sachlich völlig unbestimmtes Aufenthaltsrecht im Land des Dienstleistungserbringers. Siehe hierzu EuGH Urteil vom 5. Oktober 1989 in der Rechtssache 196/87 (Steymann), Slg. 1989, I-6159 ff. (Die Dienstleistungsfreiheit des EGV gelten nicht für den Angehörigen eines Mitgliedstaates, der sich in das Hoheitsgebiet eines anderen Mitgliedstaates begibt und dort seinen Hauptaufenthalt nimmt, um dort für unbestimmte Dauer Dienstleistungen zu erbringen oder zu empfangen).

ein Architekturplan aus Dänemark, der nach Italien geschickt wird), vom EuGH ebenfalls schon frühzeitig ausdrücklich anerkannt[36].

b) Die zwei unüblichen Arten

Viel problematischer und kaum analysiert, weder in der Rechtsprechung noch in der Literatur, sind beim Tatbestandskriterium der Grenzüberschreitung zwei andere Erbringungsarten, nämlich die „drittstaatliche“ Dienstleistungserbringung und die „*intrastate*“ Dienstleistungserbringung[37].

(1) Die „drittstaatliche“ Erbringungsart

Bei der „drittstaatlichen“ Erbringungsart begeben sich der Dienstleistungserbringer und -empfänger zur Erbringung der Dienstleistung entweder in einen Drittstaat außerhalb der EG oder sie bleiben in ihren jeweiligen Mitgliedstaaten und die Dienstleistung erfolgt in einem Drittstaat der EG. In beiden Alternativen erfolgt die Tätigkeit in einem *anderen* Mitgliedstaat als der des Dienstleistungserbringers und des Dienstleistungsempfängers. Ein Beispiel hierzu ist ein in Italien ansässiger italienischer Reporter (Dienstleistungserbringer), der nach Schweden geht, um dort für seine italienische Zeitschrift (Dienstleistungsempfänger) zu recherchieren. Gemäß Art. 49 I EGV müssen der Erbringer und der Empfänger in verschiedenen Mitgliedstaaten „ansässig“ sein, um das Tatbestandskriterium der Grenzüberschreitung zu erfüllen. Der Wortlaut des Art. 49 I EGV steht daher der Annahme des grenzüberschreitenden Elements der Dienstleistung in diesen Fällen *entgegen*. Dementsprechend könnten die Mitgliedstaaten solche Tätigkeiten reglementieren und den freien Dienstleistungsverkehr beliebig beschränken, ohne den Schranken der Art. 49 ff. EGV unterworfen zu sein[38].

Allerdings wäre die Dienstleistungsfreiheit völlig untergraben, wenn die Anwendbarkeit der Art. 49 ff. EGV davon abhinge, ob der Erbringer und Empfänger in verschiedenen, oder aber - vielleicht zufällig - in demselben Mitgliedstaat an-

---

36 Siehe EuGH Urteil vom 30. April 1974 in der Rechtssache 155/73 (Sacchi), Slg. 1974, I-409 ff. (Ausstrahlung von Fernsehsendungen - einschließlich jener zu Werbezwecken - unterfallen dem Dienstleistungskapitel), bestätigt im Urteil vom 18.3.1980 in der Rechtssache 52/79 (Debauve), Slg. 1980, I-833. Siehe auch Urteil vom 4. Dezember 1986 in der Rechtssache 205/84 (Kommission ./. Deutschland), Slg. 1986, I-3755 ff. (gewisse Versicherungsdienste gelten auch als „Korrespondenzdienstleistungen“).

37 Diese Bezeichnungen sind vom Verfasser.

38 Zu Unrecht Buchmeier, Schranken der Dienstleistungsfreiheit im Versicherungsrecht, 1984, S. 92.

sässig wären[39]. Daß aber die Dienstleistungsfreiheit der Art. 49 ff. EGV eingreifen soll, wenn der in Italien ansässige italienische Reporter (Dienstleistungserbringer) für einen in *Großbritannien* ansässigen Verlag (Dienstleistungsempfänger) in Schweden eine Reportage erstellt, hingegen eine Berufung auf den Schutzbereich dieser Grundfreiheit verwehrt sein soll, wenn derselbe Reporter in Schweden eine Reportage für einen *italienischen* Verlag erarbeitet, ist eine Aushöhlung der Dienstleistungsfreiheit und nicht nachvollziehbar. Zum einen haben beide Sachverhalte die gleiche Gemeinschaftsrelevanz, weil eine nationale Vorschrift, welche die Ausübung dieser Tätigkeit von der Erfüllung gewisser Voraussetzungen abhängig macht, vielleicht eine Beschränkungen des freien Dienstleistungsverkehrs darstellt. Zum anderen widerspricht eine solche Auslegung der in Art. 2 EGV enthaltenen Zielbestimmung der Schaffung eines Gemeinsamen Marktes sowie der in Art. 7a enthaltenen Verwirklichung des Binnenmarktes[40], weil das Angebot an Dienstleistungen des Erbringers (Reporter) und die Nachfrage nach Dienstleistungen des Empfängers (in diesem Beispiel der Verlag) - wie von dem Gemeinsamen Markt verlangt und bei Verwirklichung des Binnenmarktes gegeben – lediglich *außerhalb* des jeweiligen Sitzstaates (Italien) realisiert werden können[41].

Entscheidend in dieser Erbringungsart kann also für die Erfüllung des Tatbestandskriteriums der Grenzüberschreitung nicht der Sitz des Auftraggebers sein, sondern allein die Tatsache, daß die *Tätigkeit* selbst innergemeinschaftliche Grenzen überschritten hat. Daher gilt die Dienstleistungsfreiheit der Art. 49 ff. auch bei der „drittstaatlichen" Erbringungsart, in der nicht der Erbringer und Empfänger, sondern der Inhalt der Tätigkeit einerseits und die beteiligten Vertragspartner andererseits in zwei verschiedenen Mitgliedstaaten zu lokalisieren sind[42]. In solchen Fällen ist allein entscheidend, daß ein Leistungserbringer Dienstleistungen in einem anderen Mitgliedstaat als demjenigen anbietet, in dem er niedergelassen ist[43]. Der Niederlassungsort des Dienstleistungsempfängers spielt hier keine Rolle[44]. So eine Auslegung, welche die Dienstleistungsfreiheit

---

39 Schöne, a.a.O., S. 75.

40 Nach Art. 7a EGV umfaßt der Binnenmarkt „einen Raum ohne Binnengrenzen, in dem der freie Verkehr von Waren, Personen, Dienstleistungen und Kapital gemäß den Bestimmungen dieses Vertrags gewährleistet ist." (Hervorhebung vom Verfasser.)

41 Zu Recht Schöne, a.a.O., S. 75

42 Vgl. Schöne, a.a.O, S. 76.

43 Vgl. Randelzhofer, in: Grabitz/Hilf, a.a.O, Art. 60, Rn. 6b.

44 Id.

weiter vorantreibt, findet im übrigen Unterstützung in einigen Entscheidungen des EuGH[45].

(2) Die „intrastate" Erbringungsart

Bei der „intrastate" Erbringungsart bleiben sowohl der Dienstleistungserbringer als auch der Dienstleistungsempfänger in ihren jeweiligen Mitgliedstaaten während die Dienstleistung selbst, anders als bei der „positiven" Dienstleistung[46], *im Mitgliedstaat des Erbringers* bleibt. Ein Beispiel hiervon ist ein in Deutschland ansässiger deutscher Rechtsanwalt (Zulassung in Düsseldorf), der einen in Großbritannien ansässigen Mandanten in Zivilsachen vor Gericht in *Saarbrücken* vertreten soll[47]. Umstritten ist, ob bei dieser Erbringungsart das erforderliche Tatbestandskriterium der „Grenzüberschreitung" vorliegt, um als Dienstleistung i.S.d. Art. 49 ff. EGV zu gelten.

Dagegen sprechen zwei Argumente: zum einen sei in diesem Fall die Tätigkeit selbst nicht grenzüberschreitend i.S.d. Art. 49 I EGV[48], da die Erledigung der Rechtssache von einem in Deutschland ansässigen Rechtsanwalt vor Gericht in Saarbrücken in *einem* Mitgliedstaat erfolgt (Deutschland). Zum anderen sei mit einer Bejahung der Anwendung die Vertragssystematik untergraben[49]. Dieses zweite Argument finde angeblich Unterstützung mit Blick auf die Auslegung der anderen Grundfreiheiten, deren Anwendung nach den Vorschriften des EGV davon abhänge, daß das von diesen Freiheiten erfaßte „wirtschaftliche Gut" die Grenze zu einem anderen Mitgliedstaat überschreitet, wie z.B. beim Warenverkehr, der nur Anwendung findet, wenn die Ware selbst über die Grenze in einen anderen Mitgliedstaat erbracht wird. Wäre die Ware von einem in EG-Ausland ansässigen Erbringer in eigener Ausführung oder durch Beauftragte nur innerhalb des Bundesgebietes (etwa von Frankfurt am Main nach Frankfurt an der Oder)

45 Im Ergebnis ebenso: EuGH Urteile vom 18.03.1980 in der Rechtssache 62/79 (Coditel), Slg. 1980, I-881 (901 ff.) und vom 18.3.1980 in der Rechtssache 52/79 (Debauve), Slg. 1980, I-833 (855, Rn. 9). Siehe auch die Rechtsprechung zum Fremdenführertourismus (Abschnitt III.C.1.a.).

46 Siehe oben Abschnitt II.C.1.a.

47 Wegen der Zulassungsvorschriften der §§ 25 ff. BRAO (§ 78 ZPO) sowie die Residenzpflicht der § 27 BRAO sieht der deutsche Anwalt an der Auftragserfüllung gehindert. Fraglich ist, ob der vorliegende Sachverhalt das Tatbestandskriterium der Grenzüberschreitung erfüllt, um als eine Dienstleistung i.S.d. Art. 49 ff. EGV zu gelten. Die Frage einer Behinderung der Dienstleistungsfreiheit der Art. 49 ff. EGV erfolgt erst später im Prüfungsschema.

48 So Schöne, a.a.O, S. 77.

49 So Schöne, a.a.O, S. 78.

transportiert werden, fänden die Vorschriften zum freien Warenverkehr keine Anwendung[50].

Beide Argumente überzeugen nicht. Das liegt daran, daß beide Argumente den falschen Ausgangspunkt wählen. Denn beide richten sich bei der Auslegung der „Grenzüberschreitung" lediglich an der Leistung selbst aus. Besser wäre es, im Fall einer „intrastate" Erbringungsart bei der Prüfung nach dem Grenzüberschreitungselement das *Rechtsverhältnis* in den Vordergrund zu stellen, das der Leistung zugrunde liegt. Weist dieses Rechtsverhältnis einen grenzüberschreitenden Bezug auf, erfüllt es das Element der Grenzüberschreitung, um die Tätigkeit als eine Dienstleistung i.S.d. Art. 49 ff. EGV anzusehen.

Diese Auslegung ergibt sich daraus, daß der EGV neben dem freien Austausch der Produkte im Interesse einer Optimierung der Wirtschaft auch den zwischenstaatlichen Einsatz aller Produktionsfaktoren, darunter auch Tätigkeiten und Leistungen, gestatten will[51]. So eine Auslegung dient im erheblichen Maße der Förderung eines freien Dienstleistungsmarktes in der EG nach dem Sinn und Zweck der Verwirklichung eines europäischen Binnenmarktes i.S.d. Art. 7a EGV. Diese Interpretation entspricht zudem der ständigen Rechtsprechung des EuGH zur „negativen" Dienstleistungsfreiheit[52], wonach die Rechtsstellung des Dienstleistungs*empfängers* zu berücksichtigen ist[53]. Bei der Verwehrung einer „intrastate" Dienstleistungsfreiheit wird der Empfänger völlig außer acht gelassen, der eine innergemeinschaftliche Dienstleistung in Anspruch nehmen will. Dies wäre nicht nur ein gravierender Bruch mit der ständigen Rechtsprechung, sondern auch ein Bruch mit dem von der Teleologie des Vertrages geforderten Verständnis, demzufolge die Grundfreiheiten des EGV auch Rechte für die Empfänger von Dienstleistungen beinhalten, denen der Zugang zu der Vielfalt unterschiedlicher Angebote an Dienstleistungen aus anderen Mitgliedstaaten eröffnet werden soll.

---

50 Ebenso bei den Vorschriften zum freien Kapitalverkehr und Zahlungsverkehr.

51 Zu Recht Bleckmannn, Die Ausnahmen der Dienstleistungsfreiheit nach dem EWG-Vertrag, EuR 1987, S. 28 (29).

52 Siehe oben Abschnitt II.C.I.a.

53 Id. Siehe auch EuGH Urteil vom 31. Januar 1984 in der Rechtssache 286/83 (Luisi und Carbone), Slg. 1984, I-377 (Rn. 16). In Luisi stellte der EuGH fest, „daß der Dienstleistungsverkehr die Freiheit der Leistungsempfänger einschließt, sich zur Inanspruchnahme einer Dienstleistung in einen anderen Mitgliedstaat zu begeben, ohne durch Beschränkungen ... daran gehindert zu werden." Im konkreten Fall ging es um einen italienischen Staatsbürger, der sich aus Italien nach Deutschland begeben wollte, um eine medizinische Behandlung in Anspruch zu nehmen bzw. um Studien zu betreiben; die italienischen Behörden hatten jedoch aus devisenrechtlichen Gründen der Mitnahme entsprechender Barmittel verboten.

Im angeführten Beispiel müßte demnach die richtige Auslegung auch dann zu einer Erfüllung des Tatbestandskriteriums der „Grenzüberschreitung" führen, wenn der in Deutschland ansässige deutsche Rechtsanwalt mit Zulassung in Düsseldorf seinen in Großbritannien ansässigen Mandanten vor dem Zivilgericht in *Saarbrücken* vertreten will. Das liegt daran, daß das *Rechtsverhältnis* zwischen dem Dienstleistungserbringer- und empfänger eine grenzüberschreitende Tätigkeit, nämlich die grenzüberschreitende anwaltliche Tätigkeit, zugrundeliegt. Nur eine solche Auslegung würde im übrigen den Dienstleistungsempfänger (hier den Mandanten) bei der freien Wahl seines Dienstleistungserbringers im Land der Leistung schützen.

c) Fazit/Tabellarischer Überblick

Zusammenfassend erfüllt jede der drei verschiedenen Erbringungsarten das Tatbestandskriterium der *Grenzüberschreitung* i.S.d. Art. 49 ff. Problematischer ist dies bei der vierten und fünften Erbringungsart, von denen der EuGH bislang nur die vierte („drittstaatliche Erbringung") mehr oder weniger anerkannt hat. Ziemlich umstritten ist die fünfte Erbringungsart („intrastate Erbringung"), die aber wegen des zugrundeliegenden Rechtsverhältnisses auch vom EuGH als grenzüberschreitende Erbringungsart anerkannt werden sollte, so daß sich der folgende tabellarische Überblick über die fünf verschiedenen Dienstleistungsarten i.S.d. Art. 49 ff. EGV ergibt:

2. Die Entgeltlichkeit

Um als eine Dienstleistung i.S.d. Art. 49 ff. EGV zu gelten, muß eine Tätigkeit nicht nur grenzüberschreitend sein, sondern sie muß auch im Regelfall gegen Entgelt erbracht werden[54]. Nach ständiger Rechtsprechung des EuGH kommen

54 Art. 50 I EGV wörtlich: „Dienstleistungen im Sinne dieses Vertrages sind Leistungen, die in der Regel gegen Entgelt erbracht werden, [...]".

Tabellarischer Überblick zu den Formen der Dienstleistung i.S.d. Art. 49 ff. EGV

Erbringungsart	Beschreibung	Beispiel	Von Art. 49 ff. EGV erfaßt?	Rechtsprechung
(1) „Positive“ Dienstleistung	Der Dienstleistungserbringer geht zum Dienstleistungsempfänger	Ein in Deutschland ansässiger zugelassener deutscher Rechtsanwalt geht nach Frankreich, um dort einen Mandanten im deutschen Recht zu beraten	Ja	Aus der Natur der Sache; Art. 50 III; Allg. Prog. Zur Aufhebung; van Binsbergen
(2) „Negative“ Dienstleistung	Der Dienstleistungsempfänger geht zum Dienstleistungserbringer, um dort die Dienstleistung in Anspruch zu nehmen	Ein Patient aus Spanien geht zu einem Arzt in Finnland, um sich dort einer Operation zu unterziehen	Ja (aber kein Aufenthaltsrecht)	Kholl; Luisi & Carbone; Cowan; Steymann
(3) „Korrespondenz“ Dienstleistung	Der Empfänger- und Erbringer bleiben in ihren Mitgliedstaaten – nur die Dienstleistung selbst überschreitet die Grenze	Ein Architekturplan aus Dänemark wird nach Italien geschickt	Ja (hier ist die Dienstleistung wie eine Ware)	Sacchi; Debauve; Kabelregelung; Versicherungsurteil (Komm ./. Deutschland)
(4) „Dritttstaatliche“ Dienstleistung	Erbringer und Empfänger begeben sich zur Erbringung der Dienstleistung in einem „Drittstaat der EG“ oder sie bleiben in ihren Mitgliedstaaten und die Dienstleistung selbst erfolgt in einem *anderen* Mitgliedstat	Ein in Italien ansässiger italienischer Reporter (Dienstleistungserbringer) geht nach Schweden, um dort für seine italienische Zeitschrift (Dienstleistungsempfänger) zu recherchieren	Umstritten, eigentlich ja Nein: Wortlaut der Art. 49 ff. dagegen, da hier nicht beide in verschiedenen MS „ansässig“ Ja: unfair, wenn hier ein Verlag aus UK geschützt wäre aber nicht aus Italien; gleiche Gemeinschaftsrelevanz; Verneinung widerspräche Art. 2	Komm ./. Frankreich (Slg. 1991, I-649 ff.); Komm ./. Italien (Slg. 1991, I-709 ff.); Komm ./. Griechenland (Slg. 1991, I-727 ff.) (Rechtsprechung zum Fremdenführer im Tourismus)

(5) „Intrastate" Dienstleistung	Erbringer und Empfänger bleiben in ihren jeweils zwei verschieden Mitgliedstaaten während die Leistung selbst im Mitgliedstaat des Erbringers erfolgt	Ein in Deutschland ansässiger deutscher Rechtsanwalt (Zulassung Düsseldorf) soll einen in Großbritannien ansässigen Mandanten in Zivilsachen vor Gericht in Saarbrücken vertreten	Umstritten Nein: Leistung selbst nicht grenzüberschreitend; Vertragssystematik der anderen Grundfreiheiten spricht dagegen Ja: das Rechtsverhältnis ist grenzüberschreitend; Verwirklichung der Ziele des Art. 2	Noch nicht entschieden

als Dienstleistungen nur Tätigkeiten in Betracht, „die einen Teil des Wirtschaftslebens ausmachen“[55]. Demgemäß muß der Dienstleistungserbringer einen gewissen Erwerbszweck verfolgen[56], wobei eine Gewinnerzielung damit nicht verbunden sein muß[57]. Dieses zweite der drei Kriterien, was bei der Auslegung weniger Probleme aufwirft als die anderen beiden Kriterien, bringt die primär wirtschaftliche Ausrichtung des Vertrages zum Ausdruck[58].

Im Fall *Grogan*[59] hat der EuGH allerdings die Auslegung des Tatbestandskriteriums der Entgeltlichkeit deutlich verkannt. In diesem Fall handelte es sich im wesentlichen darum, ob es in einem Mitgliedstaat, in dem die Abtreibung untersagt ist (Irland), nach dem Gemeinschaftsrecht verwehrt ist, Studentenvereinigungen (Herrn Grogan *et al.*) die Verbreitung von Informationen über den Namen und die Adresse von Kliniken in einem anderen Mitgliedstaat, in den Abtreibungen legal praktiziert werden (Großbritannien), sowie über die Möglichkeit der Kontaktaufnahme mit solchen Kliniken zu verbieten, wenn die Verbreitung dieser Informationen in keiner Weise von den betreffenden Kliniken ausgeht[60]. Mit anderen Worten ging es um eine staatliche Untersagung der Versorgung mit kostenlosen Informationen über eine in einem anderen Mitgliedstaat erlaubte Dienstleistung (Abtreibungen erfüllen alle drei Tatbestandskriterien der Art. 49

---

55 Siehe Urteil vom 5. Oktober 1988 in der Rechtssache 196/87 (Steymann), Slg. 1988, I-6159 (6172). Auch staatliche Entschädigungsleistungen für die Opfer von Gewalttaten besitzen das Merkmal der Entgeltlichkeit (siehe Urteil vom 2. Februar 1989 in der Rechtssache 186/87 (Cowan), Slg. 1989, I-195 ff.; vom GA Lenz verneint).

56 So Hailbronner, in: HKMM, a.a.O., Art. 60, Rn. 10.

57 Der Begriff des „regelmäßigen Entgelts“ ist weit auszulegen. Hierfür ist die Absicht der Gewinnerzielung keineswegs notwendig, vielmehr eine auf Kostendeckung ausgerichtete Tätigkeit ebenso wie eine gemeinnützige, aber regelmäßig gegen Entgelt ausgeübte Tätigkeit ausreichend. Siehe Schöne, a.a.O., S. 35.

58 Vgl. Hailbronner, in: HKMM, a.a.O., Art.60, Rn. 10.

59 EuGH Urteil vom 4. Oktober 1991 (Society for the Protection of Unborn Children Ireland Ltd. ./. Grogan u.a.), Slg. 1991, I-4685.

60 In einem parallelen Fall hatten irische Beratungsstellen, denen die Verbreitung von Informationen über Abtreibungsmöglichkeiten in Großbritannien verwehrt worden war, Beschwerde zu den EMRK-Organen erhoben. Sowohl die Europäische Kommission für Menschenrechte als auch der Europäische Gerichtshof in Straßburg bejahten eine Verletzung von Art. 10 EMRK (freie Meinungsäußerung) durch die Verbote; vgl. Appl. 14234 u. 14235/88, Open Door Counselling Ltd and Dublin Well Woman Centre Ltd and other against Ireland, Beschluß der EMRK vom 7. März 1991 und EGMR, Open Door u.a., Urteil vom 29. Oktober 1992, NJW 1993, S. 773.

EGV und gelten daher nach ständiger Rechtsprechung des EuGH als Dienstleistung i.S.d. Art. 49 EGV[61]).

Der EuGH kam ohne gründliche Analyse zu dem Schluß, daß Herr Grogans kostenlose Verteilung von Information das Tatbestandskriterium der *Entgeltlichkeit* nicht erfüllte, um seine Tätigkeit als Dienstleistung i.S.d. Art. 49 ff. zu subsumieren[62]. Als Begründung nannte der EuGH den „zu losen"[63] Zusammenhang zwischen Herrn Grogan bzw. seinen Studentenvereinigungen und den Kliniken in Großbritannien[64]. Anders als im herangezogenen Fall *GB-Inno-BM*[65], in dem ein Verbreitungsverbot *geschäftlicher* Werbung gegen den freien Warenverkehr verstoßen hat, da u.a. die verbotenen Informationen *im Auftrag eines in einem anderen Mitgliedstaat niedergelassenen Wirtschaftsteilnehmers* verbreitet wurden, ging es bei Herrn Grogan – so der EuGH – lediglich um eine „Inanspruchnahme der Meinungs- und Informationsfreiheit, ... die von der wirtschaftlichen Tätigkeit, welche die in einem anderen Mitgliedstaat niedergelassen Kliniken ausüben, unabhängig ist"[66]. Aus jenem „zu losen" Verhältnis folgerte der EuGH, daß keine Dienstleistung i.S.d. Art. 49 ff. EGV vorlag[67].

Wegen des Tatbestandskriteriums der Entgeltlichkeit im Art. 50 I EGV scheint der Schluß plausibel, daß Herr Grogans *kostenlose* Verteilung von Informationen aus dem Rahmen der Dienstleistungsfreiheit fällt, allerdings nur „auf den ersten Blick"[68]. So eine beschränkende Auslegung der Entgeltlichkeit bricht ganz deutlich mit ständiger Rechtsprechung des EuGH zur Interpretation des Tatbestands der Art. 49 ff. und widerspricht dem Sinn und Geist der Dienstleistungsfreiheit.

Bei der Heranziehung relevanter Rechtsprechung (*GB-Inno-BM*) hat sich der EuGH lediglich auf das eine Merkmal konzentriert, daß es sich in diesen Fällen

---

61 Siehe EuGH Urteil vom 4. Oktober 1991 (Society for the Protection of Unborn Children Ireland Ltd. ./. Grogan u.a.), Slg. 1991, I-4685. Der EuGH bejahte den Dienstleistungscharakter von ärztlichen Tätigkeiten, die Schwangerschaftsabbrüche sind.

62 Id., Rn. 24.

63 Id., Rn. 24.

64 Sehr kritisch dazu Curtin, Case C-159/60, 29 Common Market L.Rev. (1992), S. 585 (596): „ ... the Court's distinction in Grogan on a factual basis seems opportunistic and unconvincing".

65 EuGH Urteil vom 7. März 1990 in der Rechtssache 362/88 (GB-Inno-BM), Slg. 1990, I-667.

66 EuGH Urteil vom 4. Oktober 1991 (Society for the Protection of Unborn Children Ireland Ltd. ./. Grogan u.a.), Slg. 1991, I-4685 (I-4740, Rn. 26).

67 Id., Rn. 27.

68 So auch Bergman, Goebel et al., Cases and Materials on European Community Law, 1. Aufl. St. Paul 1993, S. 562 f.

um *gewerbliche* Werbung handelte, die im Auftrag eines in einem anderen Mitgliedstaat niedergelassenen Wirtschaftsteilnehmers verbreitet wurde. Der EuGH hat dann *lex specialis* zu *lex generalis* gefolgert, daß lediglich jene staatlichen Verbote der Verbreitung von Informationen, die im Auftrag eines in einem anderen Mitgliedstaat niedergelassenen Wirtschaftsteilnehmers verbreitet werden, gegen Art. 49 ff. EGV verstoßen konnten.

Dieser vom EuGH als Grund für die gegensätzlichen Ergebnisse erfundene Unterschied, der auf verschieden tatsächlichen Merkmalen zwischen *gewerblicher* Werbung wie im *GB-Inno-BM*-Urteil und *nichtgewerblicher* Werbung wie der von Herrn Grogan beruht, widerspricht der Rechtsprechung zur Auslegung des Tatbestandskriteriums der Entgeltlichkeit[69]. Nach dem Wortlaut des Art. 50 I EGV sowie nach ständiger Rechtsprechung muß die Entgeltlichkeit lediglich *in der Regel* bestehen, d.h. es ist unschädlich, wenn im einzelnen kein Honorar verlangt wird, z.B. Freundschaftsdienste für einen besonderen Kunden etc. Darüber hinaus muß die Entgeltzahlung *nicht* notwendigerweise zwischen dem Dienstleistungserbringer und dem Dienstleistungsempfänger fließen. Art. 50 verlangt nicht, daß die Dienstleistung von demjenigen bezahlt wird, dem sie zugute kommt[70].

Insofern steht die Hervorhebung der „zu losen" Verbindung zwischen Herrn Grogan und den Kliniken im Widerspruch zu der relevanten Rechtsprechung, die wie erwähnt die Erfüllung des Tatbestandskriteriums der Entgeltlichkeit nicht davon abhängig macht, ob eine gewerbliche Verbindung besteht oder nicht.

---

69 Siehe auch Curtin, a.a.O., S. 595: „The Court's attempt to distinguish GM-Inno-BM is unhappy."

70 Siehe EuGH Urteil vom 26. April 1988 in der Rechtssache 352/85 (Bond van Adverteerdes u.a. gegen Niederländischen Staat), Slg. 1988, I-2085 (ein Kabelnetzbetreiber leistet u.a. den Programm-Produzenten Dienste, während sein Entgelt aus den Gebühren der Teilnehmer und aus Werbeeinnahmen besteht). Darüber hinaus bricht die Entscheidung in Grogan mit ständiger Rechtsprechung zur Verbraucherinformation. Im GB-Inno-BM hat der EuGH im Zusammenhang mit dem Anbieten von Waren die Wichtigkeit der Verbraucherinformation betont. Die Freiheit des Verbrauchers, sich in einem anderen Mitgliedstaat Waren zu beschaffen, würde beeinträchtigt, wenn ihm im eigenen Land der Zugang zu der im Einkaufsland verfügbaren Werbung verboten würde (Rn. 8). Warum sollte diese Logik bei der Verbreitung von Informationen über Dienstleistungen nicht gelten? Die Freiheit des einzelnen, sich in einem anderen Mitgliedstaat zu begeben, um dort eine erbrachte Dienstleistung in Anspruch zu nehmen, kann genauso beeinträchtigt werden, wenn ihm in seinem eigenen Land der Zugang zu Informationen über den Namen und den Niederlassungsort sowie über die Dienstleistung selbst durch ein Informationsverbot (wie in Irland) verwehrt wird.

Bei der Auslegung der Entgeltlichkeit ist daher - wenn auch nicht immer vom EuGH so gesehen - festzuhalten, daß die Dienstleistung lediglich *in der Regel* gegen Entgelt erbracht werden muß.

3. Die subsidiäre Stellung der Dienstleistungsfreiheit und die Probleme bei der Abgrenzung

Das dritte und letzte Tatbestandskriterium, um als Dienstleistung i.S.d. Art. 49 ff. EGV zu gelten, ist negativ definiert. Wegen der in Art. 50 I EGV normierten Negativdefinition und des in den Vertragsvorschriften der Art. 50 I, II und Art. 55 EGV zum Ausdruck kommenden Subsidiaritätscharakters der Vorschriften über die Dienstleistungsfreiheit zu den anderen Vertragsfreiheiten ergibt sich die Notwendigkeit, die Dienstleistungsfreiheit zu den anderen Freiheiten *abzugrenzen*. Denn erst durch die Abgrenzung erfahren der Dienstleistungsbegriff sowie die als Dienstleistungen zu qualifizierenden Tätigkeiten die notwendige (positive) inhaltliche Bestimmung[71]. Im folgenden ist daher die Dienstleistungsfreiheit zunächst zur Freiheit des Warenverkehrs nach Art. 28 ff. EGV, sodann zur Niederlassungsfreiheit gemäß Art. 43 ff. EGV sowie zur Arbeitnehmerfreizügigkeit gemäß Art. 39 ff. EGV und zur Kapitalverkehrsfreiheit gemäß den Art. 56 ff. EGV abzugrenzen. Behandelt werden vor allem die Schwächen der herkömmlichen Abgrenzungsmethode und die daraus resultierenden Rechtsfolgen.

a) Freier Warenverkehr

Die Negativdefinition des Dienstleistungsbegriffs in Art. 50 I EGV („Dienstleistungen sind ... soweit sie nicht den Vorschriften über den *freien Warenverkehr*[72] ... unterliegen") macht eine Abgrenzung der Dienstleistungsfreiheit zu der Freiheit des Warenverkehrs nach Art. 28 ff. EGV erforderlich.

(1) Probleme mit der herkömmlichen Abgrenzungsmethode

Nach der Rechtsprechung des EuGH sind unter „Waren" i.S.d. Art. 28 ff. EGV Erzeugnisse zu verstehen, die einen Geldwert haben und deshalb Gegenstand von Handelsgeschäften sein können[73]. Infolgedessen ist Warenverkehr i.S.d. Art. 28

---

71 Zu Recht Schöne, a.a.O., S. 37.
72 Hervorhebung vom Verfasser.
73 Siehe Urteil vom 10. Dezember 1968 in der Rechtssache 7/68 (Kommission ./. Italien), Slg. 1969, I-633 ff.

ff. EGV der grenzüberschreitende Handel mit beweglichen Gütern[74]. Auf dieser Grundlage sollen beide Vertragsfreiheiten „klar voneinander abgrenzbare Konturen“ aufweisen[75]. Dienstleistungen sind daher *nicht* die Tätigkeiten, die primär den innergemeinschaftlichen Handel mit körperlichen Gegenständen beinhalten[76]. Vielmehr sind Dienstleistungen die Wirtschaftsvorgänge, die in erster Linie auf den grenzüberschreitenden Austausch von *Leistungen* ausgerichtet sind[77].

Allerdings mangelt es bei dieser herkömmlichen Abgrenzung an Rechtssicherheit. Das läßt sich an einem praktischen Beispiel verdeutlichen, und zwar sind das jene Bits, die Eigenschaften sowohl beweglicher Güter i.S.d. Art. 28 EGV als auch Leistungen i.S.d. Art. 49 EGV besitzen:

> „Das sind die Zwitter des Handels, elektronische Hybridgüter. Dazu zählt etwa eine medizinische Diagnose, die über das Internet eingeholt wird: Sie kann als elektronische Beratung und damit Dienstleistung sein. Wird sie auf Papier ausgedruckt, ist sie eine Ware“[78].

Was ist aber, wenn diese über das Internet eingeholte Diagnose per Fax weitergeleitet wird? Macht es einen Unterschied, wenn die per Fax weitergeleitete Diagnose zuerst ausgedruckt ist oder aufgrund eines Faxprogramms im Computer (also nicht ausgedruckt) weitergeleitet ist? Solch virtuelles Definieren ist auf keinen Fall bloß intellektuelle Spielerei. Die Produktkategorie (Ware oder Dienstleistung) entscheidet darüber, welche europarechtlichen Verpflichtungen EU-Mitgliedstaaten für den Handel einhalten müssen, da die Rechtfertigungsgründe für Handelsbeschränkungen - je nach Produktkategorie - (leider immer noch) unterschiedlich gestaltet sind[79]. Im Fall einer „Vermischung“ hat der EuGH den *Schwerpunkt* des stehenden Inhaltes analysiert[80]. Da es aber in einer wachsenden Zahl von Fällen fast unmöglich ist, zwischen einer Dienstleistung und einer Ware zu unterscheiden - auch wenn man den Schwerpunkt analysiert -, stellt sich die Frage, ob es noch sinnvoll ist, an der herkömmlichen Abgrenzung „Gegenstand“ oder „Leistung“ festzuhalten.

Die Zuordnung komplexer grenzüberschreitender Wirtschaftsvorgänge, wie eben geschildert, die sowohl Charakterzüge des Dienstleistungs- wie auch des

---

74 So Schöne, a.a.O., S. 54.
75 Etwa Schöne, a.a.O., S. 54.
76 Id.
77 Id. (Hervorhebung vom Verfasser.)
78 Näheres hierzu Mrusek, Zöllner im virtuellen Welthandel, Frankfurter Allgemeine Zeitung, 20.04.98, Nr. 9, S. 15.
79 Siehe unten Abschnitt III.C.
80 Siehe Hakenberg, in: Lenz, a.a.O., Art. 60, Rn. 9.

Warenverkehrs aufweisen[81], ist nicht allein an dem Kriterium der Form, in der die Leistung die Grenze überschreitet, auszurichten[82]. Daher muß man sich von der herkömmlichen Lehre lösen, die u.a. besagt, daß Dienstleistungen „nicht gelagert" werden können, oder „im Augenblick ihrer Erbringung 'verbraucht' werden müssen"[83]. So ein Ausgangspunkt bietet keine Lösungen für die Abgrenzungsprobleme des neuen Dienstleistungszeitalters. Was ist mit der oben geschilderten medizinischen Diagnose, die weiterhin im Laufwerk des Computers gespeichert ist? Was ist mit einer Reparaturleistung, die erst in einigen Tagen erfolgt? Oder wie verhält es sich mit einer Lebensversicherung, die erst in 30 Jahren zur Auszahlung kommen soll?

(2) Eigene Lösungsmethode

Eine effektivere Abgrenzung zwischen einer Ware und einer Dienstleistung ist daher die *ursprüngliche* Natur der jeweiligen Tätigkeit wertend vorzunehmen. Entsprechend dieser Abgrenzungsmethode müssen die Dienstleistungsvorschriften auch dann Anwendung finden, wenn die (unkörperliche) „Ursprungsleistung" die Grenze in verkörperter Form überschreitet. So ist etwa, um bei unserem Internet- Beispiel zu bleiben, eine medizinische Diagnose, die über das Internet eingeholt wird, eine elektronische Beratung und damit Dienstleistung, wenn sie auch auf Papier ausgedruckt wird, weil die ursprüngliche Tätigkeit die Erbringung einer medizinischen Diagnose (Dienstleistung) ist. Diese Abgrenzungsmethode bietet Klarheit sowie Rechtssicherheit und ist geeignet, die neuen Dienstleistungsarten effektiv von Waren abzugrenzen.

b) Niederlassungsfreiheit

Die Negativdefinition des Dienstleistungsbegriffs in Art. 50 I EGV („Dienstleistungen sind ... soweit sie nicht den Vorschriften über *die Freizügigkeit der Personen*[84] ... unterliegen") macht eine Abgrenzung der Dienstleistungsfreiheit zur Niederlassungsfreiheit nach Art. 43 ff. EGV erforderlich, da die „Freizügigkeit der Personen" das Niederlassungsrecht der Selbständigen umfaßt. Dies ergibt sich im übrigen auch aus dem Wortlaut des Art. 49 Abs. 1 EGV, der voraussetzt,

81 Ähnliche Abgrenzungsschwierigkeiten existieren bei der grenzüberschreitenden Lieferung von Gas, Wasser, Elektrizität, Rundfunkstrahlen usw. Siehe Schöne, a.a.O., S. 55 ff.

82 Vgl. Schöne, a.a.O., S. 57.

83 Zu Unrecht Troberg, in: GTE, a.a.O., Vorbemerkungen zu den Artikeln 49 bis 66, Rn. 22 ff.

84 Hervorhebung vom Verfasser.

daß der Dienstleistungserbringer und der Dienstleistungsempfänger in zwei verschiedenen Mitgliedstaaten „ansässig" sind[85]. Das bedeutet, daß eine *Abgrenzungsmethode* zwischen der Dienstleistungs- und Niederlassungsfreiheit entwikkelt werden muß. Ein gemeinsames Anliegen der beiden Grundfreiheiten liegt darin, daß die beiden eine Liberalisierung selbständiger Erwerbstätigkeiten als Ziel haben[86].

Aufgrund des unterschiedlichen Schutzumfangs der Niederlassungs- und Dienstleistungsfreiheit ist das Ergebnis der Abgrenzung (Niederlassung oder Dienstleistung) von besonderer praktischer Relevanz[87]. Der unterschiedliche Umfang resultiert daraus, daß im Bereich der Niederlassungsfreiheit dem Betroffenen eher zugemutet werden kann, das Recht des Bestimmungsstaates, d.h. des Staates, in dem er sich niederläßt, hinzunehmen als ein Dienstleistungserbringer das Recht des Empfängerstaates akzeptieren muß[88]. Demnach ist die bei den Rechtfertigungsgründen einer Handelsbeschränkung, vor allem die Verhältnismäßigkeit von nichtdiskriminierenden Beschränkungen (also sonstige Handelsbeschränkungen) im Bereich der Dienstleistungsfreiheit *schärfer* zu prüfen als im Bereich der Niederlassungsfreiheit[89].

(1) Die herkömmliche Abgrenzungsmethode

In der Regel richtet sich der Abgrenzungsmaßstab nach der *Tätigkeitsdauer*. Der Begriff der Niederlassungsfreiheit impliziert die Möglichkeit für einen Gemeinschaftsangehörigen, in *stabiler und kontinuierlicher Weise* am Wirtschaftsleben eines anderen Mitgliedstaats als seines Herkunftsstaats teilzunehmen und daraus

85 Siehe EuGH Urteil vom 30.11.1995 in der Rechtssache C-55/94 (Gebhard), Slg. 1995, I-4165 (Rn. 22). Mit dem Begriff „Ansässigkeit" grenzt der EGV die Dienstleistungsfreiheit von der Niederlassungsfreiheit ab. So auch Roth, in: Dauses (Hrsg.), Handbuch des EG-Wirtschaftsrechts, Stand April 1997, Art. 60, Rn. 103. Die Ansässigkeit richtet sich nach ständiger Rechtsprechung nach der Tätigkeitsdauer, so daß eine Leistung zwischen Gebietsfremden i.S.d. Art. 49 I nicht mehr existiert und Art. 43 anwendbar ist.

86 Hailbronner-Nachbaur, Die Dienstleistungsfreiheit in der Rechtsprechung des EuGH, EuZW 1992, S. 105 (106).

87 Schöne, a.a.O., S. 38 ff.

88 Siehe Jarass, a.a.O., S. 214 ff. sowie Roth, in: Dauses, a.a.O., Art. 60, Rn. 71.

89 Jarass, a.a.O., S. 215. Dieses Thema wird unten im Teil IV. ausführlich behandelt. Nach Ansicht des EuGH ist der Freiheitsbereich der Dienstleistungsfreiheit weiter als der der Niederlassungsfreiheit auszulegen. Auf dieser unterschiedlichen Auslegung der Grundfreiheiten basiert die vom EuGH in dem Versicherungsurteil vorgenommenne Abgrenzung der Dienstleistungsfreiheit von der Niederlassungsfreiheit. Näheres hierzu Schöne, a.a.O., S. 46. Vgl. auch Jarass, a.a.O., S. 215.

Nutzen zu ziehen[90]. Dagegen sieht der Begriff der Dienstleistungsfreiheit, insbesondere Art. 50 III EGV, für den Fall, daß sich der Dienstleistungserbringer in einen anderen Mitgliedstaat begibt, daß dieser seine Tätigkeit dort nur *vorübergehend* ausübt[91].

Der *vorübergehende* Charakter einer Tätigkeit i.S.d. Art. 50 III EGV ist nach ständiger Rechtsprechung „nicht nur unter Berücksichtigung der Dauer der Leistung, sondern auch ihrer Häufigkeit, regelmäßigen Wiederkehr oder Kontinuität zu beurteilen"[92]. Allerdings hat der EuGH hervorgehoben, daß der vorübergehende Charakter der Leistung nicht die Möglichkeit für den Dienstleistungserbringer im Sinne des Vertrages ausschließt, „sich im Aufnahmemitgliedstaat mit einer bestimmten Infrastruktur (einschließlich eines Büros, einer Praxis oder einer Kanzlei) auszustatten, soweit diese Infrastruktur für die Erbringung der fraglichen Leistung erforderlich ist"[93].

Diese Abgrenzungsmethode läßt sich wie folgt begründen: während im Fall der Niederlassung durch Errichtung eines Standorts im Gastland eine dauerhafte Beziehung zu einem anderen Mitgliedstaat (Bestimmungsland) hergestellt wird, die auf die Eingliederung in die Wirtschaft dieses Staates abzielt, geht es beim Dienstleistungsverkehr um den nur vorübergehenden Ortswechsel unter Beibehaltung des Standorts im Herkunftsstaat (Sitzstaat)[94].

(2) Zwei ungelöste Problemfelder der herkömmlichen Abgrenzungsmethode

Bei der Gründung eines selbständigen gewerblichen oder beruflichen Mittelpunktes oder über Agenturen, Zweigniederlassungen oder Tochtergesellschaften ist die herkömmliche Abgrenzungsmethode (gemessen an der Tätigkeitsdauer)

---

90 Siehe EuGH Urteile vom 30. November 1995 in der Rechtssache 55/94 (Gebhard), Slg. 1995, I-4165 (Rn. 25) und vom 21. Juni 1974 in der Rechtssache 2/74 (Reyners), Slg. 1974, I-631 (Rn. 21).

91 Siehe EuGH Urteil vom 30. November 1995 in der Rechtssache 55/94 (Gebhard), Slg. 1995, I-4165 (Rn. 26). (Hervorhebung vom Verfasser.)

92 Id., Rn. 27. Im Fall Gebhard hat der EuGH zur Auslegung des Art. 50 III EGV hinzugefügt, daß der vorübergehende Charakter einer Leistung nicht die Möglichkeit für den Dienstleistungserbringer im Sinne des Vertrages ausschließt, sich im Aufnahmemitgliedstaat mit einer bestimmten Infrastruktur (einschließlich eines Büros, einer Praxis oder einer Kanzlei) auszustatten, soweit diese Infrastruktur für die Erbringung der fraglichen Leistung erforderlich ist. Siehe oben EuGH Urteil vom 30. November 1995 in der Rechtssache 55/94 (Gebhard), Slg. 1995, I-4165 (Rn. 27). (Hervorhebung vom Verfasser.)

93 EuGH Urteil vom vom 30. November 1995 in der Rechtssache 55/94 (Gebhard), Slg. 1995, I-4165 (Rn. 27).

94 Hailbronner-Nachbaur, EuZW 1992, S. 106.

nahezu unproblematisch[95]. Allerdings ergeben sich Mängel aus dieser Formel („Tätigkeitsdauer") bei der Abgrenzung (Niederlassung oder Dienstleistung) in zwei großen Problemfeldern: Erstens bei ständig wiederholter, kurzfristiger Tätigkeiten über die Grenze hinweg (wie z.B. die Tätigkeit eines in Großbritannien ansässigen Architekten, der mehrere Aufträge hintereinander in Finnland ausführt) und zweitens wenn ein Geschäftsbetrieb von vornherein darauf ausgerichtet ist, Leistungen in einem anderen Mitgliedstaat als dem der Niederlassung zu erbringen (z.B. ein Direktversicherer bleibt in einem Mitgliedstaat, zielt aber auf Empfänger in einem anderen Mitgliedstaat)[96].

Zum ersten Problemfeld hat der EuGH gar keine effektive Abgrenzung entwickelt. Zum zweiten versuchte der EuGH eine Abgrenzungslösung im *Versicherungsurteil* zu entwickeln. Nach Ansicht des EuGH kann die Tätigkeit eines Dienstleistungserbringers den Bestimmungen des Niederlassungsrechts unterliegen, auch wenn dieser in dem Mitgliedstaat, auf dessen Gebiet seine Tätigkeit ganz oder vorwiegend ausgerichtet ist, lediglich eine „Präsenz" aufrechterhält, die nicht die Form einer Zweigniederlassung oder Agentur i.S.d. Art. 43 I EGV angenommen hat[97]. Die Zuordnung hängt im Regelfall vom Ergebnis einer Einzelfallwürdigung ab, die auf die Prüfung nach dem *Tätigkeitsschwerpunkt beruhend auf dem Gesamtverhalten eines Unternehmens* gerichtet ist[98].

Um diesen Tätigkeitsschwerpunkt beruhend auf Gesamtverhalten eines Unternehmens festzustellen, wird versucht, die Natur, den Zweck und den Umfang der Dienstleistung festzulegen, soweit konkrete vertragliche Abmachungen zwischen den Parteien keinen genaueren Aufschluß geben[99]. Als Kriterien können herangezogen werden die Frage, wo das Entgelt bezahlt bzw. kassiert wird, die Wohnsituation des Dienstleistungserbringers und seiner Familienangehörigen,

---

95 So auch Schöne, a.a.O., S. 39.

96 Siehe Heilbronner, in: HKMM, a.a.O., Art. 60, Rn. 17. Für den Bereich der Direktversicherung führt der EuGH im Versicherungsurteil aus, daß die Tätigkeit eines Dienstleistungserbringers den Bestimmungen des Niederlassungsrechts unterliegen kann, auch wenn dieser in dem Mitgliedstaat, auf dessen Gebiet seine Tätigkeit ganz oder vorwiegend ausgerichtet ist, lediglich eine „Präsenz" aufrechterhält, die nicht die Form einer Zweigniederlassung oder Agentur i.S.d. Art. 43 I S. 1 angenommen hat. So EuGH Urteil vom 4. Dezember 1986 in der Rechtssache 205/84 (Kommission ./. Deutschland), Slg. 1986, I-3755 (3801).

97 EuGH Urteil vom 4. Dezember 1986 in der Rechtssache 205/84 (Kommission ./. Deutschland), Slg. 1986, I-3755 (Rn. 26).

98 Siehe Heilbronner-Nachbaur, EuZW 1992, S. 107 (Hervorhebung vom Verfasser).

99 So Hakenberg, in: Lenz, a.a.O., Art. 60, Rn. 11.

die Aufrechterhaltung oder Aufgabe der ursprünglichen Betriebsräume[100]. Den Kriterien entsprechend wird eine Dienstleistung grenzüberschreitend in solchem Ausmaß erbracht, daß sie nach ihrer objektiven wirtschaftlichen Bedeutung der Tätigkeit einer Zweigniederlassung vergleichbar ist, so ist es „sachlich gerechtfertigt"[101], maßgeblich die im Bestimmungsland geltenden Regeln über das Niederlassungsrecht zu verwenden. Diese Abgrenzungsmethode soll damit verhindern, daß sich ein Dienstleistungserbringer die durch Art. 49 ff. EGV garantierte Freiheit nicht zunutzemacht, um sich den im Staat der Dienstleistungserbringung geltenden Berufsbestimmungen zu „entziehen", die ihn beträfen, wenn er im Bestimmungsstaat ansässig wäre[102].

Bei dieser Abgrenzungsmethode werden als grundsätzliche Orientierung die *wirtschaftlichen* Funktionen der beiden Vertragskapitel herangezogen[103]. Will etwa ein Unternehmer durch eine Standortveränderung die Produtionsfaktoren und sonstigen Kostenelemente der fremden Volkswirtschaft nutzen, so legt diese Standortveränderung die Anwendung der Art. 43 ff. EGV (Niederlassungsfreiheit) nahe. Will er aber nur die Leistung seines Betriebes in die fremde Volkswirtschaft einbringen, so legt diese Leistung der Art. 49 ff. EGV (Dienstleistungsfreiheit) nahe.

Nach diesen Abgrenzungskriterien wird das Gesamtverhalten des Unternehmers dahingehend beurteilt, ob eine betriebliche Einheit im Tätigkeitsland geschaffen worden ist, die nach ihrer sachlichen Ausstattung (z.B. durch Anmietung von Büroräumen), nach der Dauer und dem Schwerpunkt der Tätigkeit in großem Maße in die Wirtschaft eingebunden ist[104]. Dies führt im Endergebnis dazu, daß der EG-ausländische Architekt, der seine Berufstätigkeit ganz oder vorwiegend in einem anderen EG-Land (das erste genannte Problemfeld) ausübt, hinsichtlich entgegenstehenden nationalen Regelungen *nicht* auf die Dienstleistungsvorschriften der Art. 49 ff. EGV berufen kann[105]. Diese herkömmliche Abgrenzungsmethode hat den Nachteil, daß sie viele Folgeprobleme auslöst.

---

100 Siehe hierzu den Bericht der Kommission zum Allgemeinen Programm zur Aufhebung der Beschränkungen des freien Dienstleistungsverkehrs vom 28. Juli 1960, III/KOM [60] endg., 26.

101 So Hailbronner-Nachbaur, EuZW 1992, S. 107.

102 Siehe EuGH Urteil vom 4. Dezember 1986 in der Rechtssache 205/84 (Kommission ./. Deutschland), Slg. 1986, I-3755 (Rn. 27); Hailbronner-Nachbaur, EuZW 1992, S. 106 ff.; Schöne, a.a.O., S. 42.

103 Schöne, a.a.O., S. 42.

104 Id.

105 Id., S. 43.

(3) Analyse und Kritik

Die „praktisch untaugliche" Abgrenzungsformel[106] führt insbesondere zu mangelnder Rechtssicherheit und inadäquatem Rechtsschutz der vom EGV garantierten Dienstleistungsfreiheit.

Erstens bricht diese Abgrenzungsmethode mit der ständigen Rechtsprechung des EuGH, d.h. die vom EuGH entwickelte Lösung zur Abgrenzungsfrage in den Problemfeldern steht nicht im Einklang mit früheren Entscheidungen. Dieser Abgrenzungsmethode nach ist die Dienstleistungsfreiheit nur bei einer gelegentlichen (nicht „vorwiegenden") Tätigkeit in dem Bestimmungsland einschlägig. Dies führt wiederum zu einer Eliminierung bestimmter Wirtschaftsbereiche, deren Berufsaufnahme-/-ausübungsregelungen nur durch aufwendige Zulassungsverfahren überhaupt zugänglich sind[107]. Denn ein Aufwand, der für komplexe Wirtschaftsbereiche erforderlich ist, ist für eine nur *gelegentliche* Tätigkeit exzessiv und vom Erbringer nicht erfüllbar.

Mit anderen Worten kann sich in diesem Falle derjenige, der einem solchen Wirtschaftsbereich angehört und grenzüberschreitend vorübergehend tätig werden will, eben *nicht* auf die Dienstleistungsfreiheit des Art. 49 ff. EGV berufen. Durch die aus dieser Lösung entstandene Überlagerung und Verdrängung der Bestimmungen des Niederlassungsrechts gegenüber den Bestimmungen des Dienstleistungsrechts[108] bricht der EuGH mit seiner ständigen Rechtsprechung, wonach die Eliminierung der Dienstleistungsfreiheit in einzelnen Wirtschaftsbereichen gegen die Gleichrangigkeit der Grundfreiheiten verstößt und der Bedeutung der Dienstleistungsfreiheit als eines fundamentalen Grundsatzes des EGV widerspricht[109]. Außerdem steht diese Lösung auch der Zielbestimmungen der Schaffung eines freien Dienstleistungsmarktes im Binnenmarkt entgegen, der alle Wirtschaftsbereiche umfaßt.

Zweitens sorgen die vom EuGH entwickelten Abgrenzungskriterien für mangelnde Rechtssicherheit. Eine „objektive wirtschaftliche Bedeutung" einer Tätigkeit kann es bei dieser Abgrenzungsmethode nicht geben. Das liegt zum Teil daran, daß die Kriterien zur Feststellung dieser „objektiven wirtschaftlichen Bedeutung" unklar sind. Wo die Residenz des Dienstleistungserbringers ist, läßt sich nicht immer sagen, vor allem wenn er mehrere Aufträge im Binnenmarkt erfüllt. Die Umsätze lassen auch nichts sagen, wo der Dienstleistungserbringer seinen

---

106 Id., S. 44.

107 Id., S. 45.

108 So Hailbronner-Nachbaur, EuZW 1992, S. 106.

109 Siehe EuGH Urteile vom 17. Dezember 1981 in der Rechtssache 279/80 (Webb), Slg. 1981, I-3305 (Rn. 17) und vom 4. Dezember 1986 in der Rechtssache 205/84 (Kommission ./. Deutschland), Slg. 1986, I-3755 (3803).

Sitz hat. Solche unklaren Kriterien schaffen keine Rechtssicherheit und widersprechen dem Bestimmtheitsgrundsatz, weil sie keinen klaren Wertungs- und Beurteilungsspielraum schaffen[110].

Drittens führt diese Lösung dazu, daß die Dienstleistungsfreiheit insoweit von den Bestimmungen des Niederlassungsrechts überlagert wird[111]. Das liegt daran, daß kleinere Dienstleistungsunternehmen bei einem gegenüber größeren Mitbewerbern kleineren Ausmaßes der Geschäftstätigkeit im Bestimmungsland auf die Niederlassungsfreiheit verwiesen werden. Wegen der kleineren Reichweite der Niederlassungsfreiheit im Vergleich zur Dienstleistungsfreiheit stellt diese Abgrenzungslösung eine Diskriminierung des kleineren Unternehmers dar.

Viertens führt diese Lösung zu einer Diskriminierung des Dienstleistungempfängers, was ebenfalls einen Gegensatz zu ständiger Rechtsprechung des EuGH bricht. Nach dieser vom EuGH entwickelten Abgrenzungsmethode wird lediglich die Stellung des Dienstleistung*serbringers* berücksichtigt und beurteilt. Die Rechtsstellung des Dienstleistungsempfängers wird dabei gar nicht berücksichtigt. Diese Außerachtlassung bricht mit ständiger Rechtsprechung des EuGH zur „negativen Dienstleistungsfreiheit“, nach der die Rechtsstellung des Dienstleistungsempfängers zu berücksichtigen ist.[112]

Fünftens führt diese Lösung zum sogenannten „Kumulverbot“. Diese Abgrenzungsmethode des EuGH besagt, daß sich „in Anbetracht der erwähnten Definition des Art. 50 I EGV ein solches [Dienstleistungserbringers],“ (der über eine die Anwendbarkeit des Niederlassungsrechts nach Art. 43 ff. EGV begründende „ständige Präsenz“ im Bestimmungsstaat verfügt,) „daher hinsichtlich seiner Tätigkeit in dem betreffenden Mitgliedstaat nicht auf die Art. 49 und 50 berufen (kann)“[113]. Es kann aber nicht dem Geist des EGV entsprechen, daß mit der Er-

110 So Schöne, a.a.O., S. 44. Dieser Bestimmtheitsgrundsatz ergibt sich, so Schöne, aus der EuGH-Rechtsprechung in den Urteilen vom 6. April 1962 in der Rechtssache 13/61 (Bosch), Slg. 1962, I-97 (113); vom 23. März 1973 in der Rechtssache 43/75 (Henck), Slg. 1972, I-187 (198, Rn. 4); vom 8. April 1976 in der Rechtssache 43/75 (Defrenne ./. Sabena), Slg. 1976, I-455 (480, Rn. 74); vom 14. Juli 1976 in der Rechtssache 3,4,6/76 (Kramer), Slg. 1976, I-1279 (1284); und vom 3. Juli 1986 in der Rechtssache 34/86 (Rat ./. Parlament).

111 So auch Hailbronner-Nachbaur, EuZW 1992, S. 106.

112 Siehe oben Abschnitt II.C.1.b.2. bei der Verneinung des Tatbestandelements der „Grenzüberschreitung“ im Fall einer „intrastate“ Erbringungsart, sowie EuGH Urteil vom 31. Januar 1984 in der Rechtssache 286/83 (Luisi und Carbone), Slg. 1984, I-377 (Rn. 16). In Luisi stellte der EuGH fest, „daß der Dienstleistungsverkehr die Freiheit der Leistungsempfänger einschließt, sich zur Inanspruchnahme einer Dienstleistung in einen anderen Mitgliedstaat zu begeben, ohne durch Beschränkungen ... daran gehindert zu werden.“

113 EuGH Urteil vom 4. Dezember 1986 in der Rechtssache 205/84 (Kommission ./. Deutschland), Slg. 1986, I-3755 (Rn. 21).

richtung auch nur eines untergeordneten Betriebsteiles in einem anderen Mitgliedstaat die Möglichkeit, Dienstleistungen dorthin zu bringen, für das gesamte Unternehmen abgeschnitten wäre[114]. Vielmehr muß ein Unternehmen von verschiedenen Freiheiten profitieren können, also Niederlassungs- und Dienstleistungsfreiheit „kumulieren“ können, wie etwa in Fällen, in welchen einer Zweigstelle, z.B. einer Bankfiliale, Geschäftsabschlüsse bis zu einer bestimmten Größenordnung übertragen, größere Geschäfte aber dem Haupthaus vorbehalten werden[115]. Der EuGH hat dieses Prinzip verkannt, indem er erklärte, daß ein Dienstleistungserbringer (im konkreten Fall ein Versicherer) sich wegen Art. 50 I EGV nicht mehr auf die Bestimmungen über die Dienstleistungsfreiheit berufen kann, wenn er in dem Bestimmungsland seiner Leistung eine ständige Präsenz aufrechterhalte[116].

Ein solches „Kumulverbot“ findet im übrigen keine Stütze im EGV. Durch diese Abgrenzungsmethode wird eine Zuordnung der beiden Grundfreiheiten geschaffen, wodurch die im EGV verankerte Organisationsfreiheit[117] auf dem Dienstleistungsmarkt weitestgehend eingeschränkt wird[118]. Diese Organisationsfreiheit umfaßt die Freiheit des Selbständigen, sein Vertriebssystem vorbehaltlich gewerblicher (z.B. Standort) Regelungen der Mitgliedstaaten im Binnenmarkt nach eigenen Entscheidungskriterien zu organisieren. Art. 50 III EGV bestimmt keine Priorität der Niederlassungsfreiheit gegenüber der Dienstleistungsfreiheit, so daß die Dienstleistung immer dann ausscheidet, wenn die Marktbürger für die grenzüberschreitende Tätigkeit die ihnen eingeräumte Niederlassungsfreiheit wahrnehmen könnten. Die Unternehmen entscheiden, in welcher Weise sie ihr Vertriebssystem organisieren sollen. Zwar sind die Vorschriften zur Dienstleistungsfreiheit „subsidiär“ gegenüber der Niederlassungsfreiheit[119], wenn der Erbringer im Bestimmungsland über eine Niederlassung (z.B. Tochtergesellschaft, Agentur usw.) tätig wird, aber Art. 50 III EGV sieht keine Priorität der Niederlassungsfreiheit vor. Eine solche Auslegung läßt sich daher nicht aus der Vorschrift des Art. 50 I EGV ableiten[120].

---

114 So Troberg, in: GTE, a.a.O., Art. 60, Rn. 11.

115 Id.

116 Näheres zum Kumulierungsverbot für die Versicherung von Massenrisiken in Troberg, in: GTE, a.a.O., Art. 60, Rn. 12.

117 Siehe Steindorff, Dienstleistungsfreiheit im EG-Recht, RIW 1983, S. 831 (832).

118 Zu Recht Schöne, a.a.O., S. 52.

119 Mehr dazu oben im Abschnitt III.D.5.

120 Zu Recht Schwintowski, Der private Versicherungsvertrag zwischen Recht und Markt. Zugleich eine Analyse der Konstruktionsprinzipien des privaten Versicherungsvertrags unter Berücksichtigung des Wettbewerbsrechts und des Europäischen Rechts, 1987, S. 289 f. Diese Vorschrift enthält nicht den Gedanken: „Wenn Niederlassung, dann keine Dienstleistung“, sondern bringt lediglich zum Ausdruck, daß

(4) *Eigener Lösungsansatz*

Bei der Gründung eines selbständigen gewerblichen oder beruflichen Mittelpunktes oder über Agenturen, Zweigniederlassungen oder Tochtergesellschaften ist die herkömmliche Abgrenzungsmethode (gemessen an der Tätigkeitsdauer) nahezu unproblematisch, so daß ein eigener Lösungsansatz nicht nötig ist. Allerdings ist die herkömmliche Abgrenzung („Tätigkeitsdauer") bei den zwei oben geschilderten Problemfeldern (erstens bei ständig wiederholten, kurzfristigen Tätigkeiten über die Grenze hinweg und zweitens bei einem Geschäftsbetrieb, der von vornherein darauf ausgerichtet ist, Leistungen in einem anderen Mitgliedstaat als dem der Niederlassung zu erbringen) aus den o.g. Gründen korrekturbedürftig.

Zunächst einmal soll erwähnt werden, daß die Probleme, die mit der vom EuGH zwischen der Dienstleistungs- und Niederlassungsfreiheit entwickelten Abgrenzungsmethode zusammenhängen, sofort beseitigt werden könnten, wenn die Freiheits-/Schutzbereiche dieser Grundfreiheiten in einem gleichen, jegliche Hindernisse erfassenden Sinn verstanden würden[121]. Das ist nicht der Fall, da die Niederlassungsfreiheit nach ständiger Rechtsprechung nicht so weit wie die Dienstleistungsfreiheit reicht[122].

Bei den zwei Problemfeldern muß also der Ansatzpunkt einer Abgrenzungsmethode zwischen der Niederlassung und der Dienstleistung wie folgt gewählt werden. Mit dem Hintergrund, daß ein gemeinsames Anliegen der beiden Grundfreiheiten darin liegt, daß beide eine Liberalisierung selbständiger Erwerbstätigkeiten als Ziel haben[123], muß zuerst geprüft werden, wo der Leistungserbringer *de jure* seinen Sitz innerhalb der EG hat. Nach dieser Feststellung muß dann im nächsten Schritt geprüft werden, wo er seine Leistung erbringt.

Erfolgt die Leistung im selben Mitgliedstaat wie dem *de jure* Sitzstaates, muß dann geprüft werden, ob das Tatbestandselement der „Grenzüberschreitung" erfüllt ist[124]. Bloß weil er in dem gleichen Staat niedergelassen ist als der Dienstleistungsempfänger, ist dies kein Grund, die Dienstleistungsfreiheit von vornherein auszuschließen, anderenfalls entsteht das o.g. Kumulverbot. Erfolgt die Leistung in einem *anderen* Mitgliedstaat als seinem Niederlassungsstaat, kann sich der Erbringer auf die Dienstleistungsfreiheit berufen. Dies gilt, egal wie oft er seine Tätigkeiten über die Grenzen hinweg erbringt (Problemfeld 1) oder ob er von

---

das Dienstleistungsrecht ausgeschlossen ist, soweit das Niederlassungsrecht eingreift.

121 So Schöne, a.a.O., S. 53.

122 Siehe oben im Abschnitt III.D.5.

123 Hailbronner-Nachbaur, EuZW 1992, S. 106.

124 Siehe oben im Abschnitt II.C.1.

vornherein darauf ausgerichtet ist, Leistungen in diesem anderen Mitgliedstaat als dem der Niederlassung zu erbringen (Problemfeld 2).

Die Angst vor einer „Umgehung“ oder „Entziehung“ der im Staat der Erbringung geltenden Berufsbestimmungen entbehrt jeder Grundlage. Die freie Erbringung von Dienstleistungen ist genau das, was der Binnenmarkt anstrebt. Ist der Dienstleistungserbringer intelligent genug, den am wenigsten reglementierenden Mitgliedstaat auszusuchen, von dem aus er seine Leistungen in die anderen Mitgliedstaaten erbringen kann, soll er nicht später bestraft werden. Diese Abgrenzungsmethode schafft Klarheit und Rechtssicherheit. Zudem dient sie dem Ziel des Binnenmarktes, indem sie einen freien Dienstleistungsmarkt weiter vorantreibt.

c) Freizügigkeit der Arbeitnehmer (Personenfreizügigkeit)

Die Negativdefinition des Dienstleistungsbegriffs in Art. 50 I EGV („Dienstleistungen sind ... soweit sie nicht den Vorschriften über *die Freizügigkeit der Personen*[125] ... unterliegen“) macht eine Abgrenzung der Dienstleistungsfreiheit zu der Arbeitnehmerfreizügigkeit nach Art. 39 ff. EGV erforderlich, da die „Freizügigkeit der Personen“ sowohl das Niederlassungsrecht als auch die Arbeitnehmerfreizügigkeit umfaßt. Da die Art. 39 ff. EGV ein abhängiges Beschäftigungsverhältnis voraussetzen[126], ist im Verhältnis zur Freizügigkeit i.S.d. Art. 39 EGV die Dienstleistung immer dann einschlägig, wenn es um eine *selbständige* Erbringung von Dienstleistungen geht. Diese herkömmliche Abgrenzung der Dienstleistungsfreiheit zur Arbeitnehmerfreizügigkeit wirft keine Probleme hinsichtlich der Klarheit und Rechtssicherheit auf und ist daher nicht korrekturbedürftig[127].

d) Freiheit des Kapital- und Zahlungsverkehrs

Die Negativdefinition des Dienstleistungsbegriffs in Art. 50 I EGV („Dienstleistungen sind ... soweit sie nicht den Vorschriften über den *freien Kapitalverkehr*[128] ... unterliegen“) macht eine Abgrenzung der Dienstleistungsfreiheit zur Freiheit des Kapitalverkehrs nach Art. 56 ff. EGV erforderlich.

125 Hervorhebung vom Verfasser.
126 Hailbronner-Nachbaur, EuZW 1992, S. 106.
127 So auch Schöne, a.a.O., S. 38.
128 Hervorhebung vom Verfasser.

Angesichts der fehlenden unmittelbaren Anwendbarkeit des Art. 56 ff. EGV[129] ist die Rechtsfolge dieser Abgrenzung von großer Bedeutung. Wegen der unmittelbaren Anwendbarkeit können mit dem Kapitalverkehr verbundene Dienstleistungen ungeachtet der unmittelbaren Anwendbarkeit des Art. 49 ff. EGV faktisch auch heute noch Beschränkungen unterworfen sein, soweit mangels Liberalisierung durch sekundäres Gemeinschaftsrecht für den Kapitalverkehr gelten, wie etwa auf die Einzahlung von Spareinlagen[130]. Die Abgrenzungsfrage zwischen diesen beiden Grundfreiheiten spielt vor allem bei Kapitalbewegungen verbundenen Bank- und Versicherungsdienstleistungen eine große Rolle[131].

Was unter dem Rechtsbegriff „Kapitalverkehr" zu verstehen ist, ist im EGV nicht definiert[132]. Eine Definition läßt sich bestenfalls aus dem Sekundärrecht ableiten, und zwar aus der Richtlinie 88/361 EWG (ABl. 1988, L 178/5). Aber auch die dort vorgefundene Aufzählung kann nach ständiger Rechtsprechung des EuGH nicht unter allen Umständen als Kapitalverkehr angesehen werden (z.B. Vermögenswerten)[133]. Der Transfer von Kapital kann auch der Vorschrift des Art. 73b Abs. II EGV über den *Zahlungsverkehr* unterfallen. Hieraus ergibt sich die Notwendigkeit, den freien Kapitalverkehr von dem freien Zahlungsverkehr abzugrenzen („doppelte Abgrenzung").

Aufgabe dieser Arbeit ist nicht, die Kapitaldienstleistungen im Rahmen dieser „doppelten Abgrenzung" im einzelnen zu prüfen[134], sondern die Abgrenzungsmethode zu prüfen. Für diese Zwecke reicht es vollkommen aus, wenn man die Abgrenzung zwischen dem Zahlungsverkehr und dem Kapitalverkehr wie folgt definiert (im Einklang mit ständiger Rechtsprechung): Die Zahlungsfreiheit erfaßt nur die einmaligen oder laufenden Zahlungen, die *in Gegenleistung* für die Ausübung der vier Grundfreiheiten erbracht werden. Zweck der Zahlungsfreiheit ist zu verhindern, daß die vier Grundfreiheiten mittelbar durch devisenrechtliche Bestimmungen beschränkt werden.

---

129 Anders als für die anderen Grundfreiheiten sind die Vertragsvorschriften zur Liberalisierung des Kapitalverkehrs vom EuGH auch nach Ablauf der Übergangszeit für nicht unmittelbar anwendbar erklärt worden. Näheres hierzu EuGH Urteil vom 11. November 1981 in der Rechtssache 203/80 (Strafverfahren gegen Guerrino Casati), Slg. 1981, I-2595 (2613 ff.).

130 Siehe Hailbronner-Nachbaur, EuZW 1992, S. 107.

131 Hailbronner, in: HKMM, Art. 60, Rn. 20.

132 „Der EGV enthält keine Definition dessen, was unter Kapitalverkehr i.S.d. Art. 67 ff. [Art. 56 in der Amsterdamer Fassung] zu verstehen ist." So der EuGH im EuGH Urteil vom 31. Januar 1984 in der Rechtssache 286/83 (Luisi und Carbone), Slg. 1984, I-377 (403, Rn. 20).

133 Id. (I-402).

134 Näheres hierzu Troberg, in: GTE, a.a.O., Art. 61 ff.

Während die Zahlungsfreiheit die Gegenleistung erfaßt, bleibt für die Kapitalfreiheit nur solche grenzüberschreitenden finanziellen Transaktionen übrig, die selbständig sind und nicht im Zusammenhang mit Warenlieferungen, Dienstleistungs- oder Arbeitsentgelten stehen[135]. Nach ständiger Rechtsprechung handelt es sich beim Kapitalverkehr daher um „Finanzgeschäfte, bei denen es in erster Linie um die Anlage oder die Investition des betreffenden Betrages" und nicht um die Bezahlung (Vergütung) einer Dienstleistung oder Ware usw. geht[136]. Die Abgrenzung zum Zahlungsverkehr ist demgemäß die einseitige, grenzüberschreitende Wertübertragung (Geld-, Sachkapital), die regelmäßig zugleich eine Vermögensanlage darstellt[137].

Schwierigkeiten können aus der o.g. Abgrenzung entstehen, wenn Bankdienstleistungen mit Kapitalverkehr unmittelbar verbunden sind. Nach ständiger Rechtsprechung des EuGH fallen Kreditvergabe und Spareinlagen unter das Kapitel zum Kapitalverkehr[138]. Diese Abgrenzungsmethode des EuGH schafft die notwendige Klarheit und Rechtssicherheit und ist daher nicht korrekturbedürftig, so daß eigene Lösungsansätze zu einer besseren Abgrenzung – wie oben zum Warenverkehr und zur Niederlassungsfreiheit geschildert – hier nicht erforderlich sind.

e) Fazit: Abgrenzungstabelle

Aus allem ergibt sich folgender tabellarischer Überblick, der die Problemfelder bei der Abgrenzung der Dienstleistungsfreiheit zu den anderen Grundfreiheiten abbildet.

---

135 Zu Recht Schöne, S. 61.

136 EuGH Urteil vom 31. Januar 1984 in der Rechtssache 286/83 (Luisi und Carbone), Slg. 1984, I-377 (403 ff.). Siehe auch Hailbronner-Nachbaur, EuZW 1992, S. 107.

137 Ress, in Grabitz/Hilf, Kommentar zur Europäischen Union, Band II, Stand 1992, Art. 106, Rn. 7.

138 EuGH Urteile in Slg. 1988, I-4769 (4793) sowie in Slg. 1978, I-1971 (1979). Für die Rechtsprechung zu Lizensen, siehe Roth, in: Dauses, a.a.O., Rn 111.

Tabellarischer Überblick: Problemfelder bei der Abgrenzung

Grundfreiheit	**Problemfelder**	**Beispiel**	**Vom EuGH entwickelten Kriterien**	**Würdigung und Kritik**	**Eigener Lösungsansatz**
Der freie Warenverkehr (Art. 28 ff. EGV)	1) Fall des „Hintereinanderschaltens", d.h. die Lieferung einer Ware ist mit einer Dienstleistung eng verbunden; 2) Fall der Vermischung eines verkörperten und nicht verkörperten Gegenstandes	1) Lieferung eines Netzwerksystems zusammen mit Installation und Wartung 2) Eine aus dem Internet eingeholte medizinische Diagnose	1) *Aufspaltung* der beiden Bereiche (Sacchi) oder, soweit die Leistung eine Annex-D/L Tätigkeit ist, ist sie von Art. 28 ff. mit umfasst (F ./. Komm) 2) *Schwerpunkt* (cf. Hakenberg S. 291 ff.)	1) Keine Rechtssicherheit Zu technisch Schwer anwendbar Entspricht nicht der eigentlichen Tätigkeit 2) Keine Rechtssicherheit Entspricht nicht der eigentlichen Tätigkeit	1) *Ursprung des Rechtsverhältnisses* 2) *Ursprüngstätigkeit*
Die Niederlassungsfreiheit (Art. 43 ff. EGV)	1) Ständig wiederholte, kurzfristige Tätigkeiten über die Grenze hinweg; 2) Wenn ein Geschäftsbetrieb von vornherein darauf ausgerichtet ist, Leistungen in einem anderen Mitgliedstaat als dem der Niederlassung zu erbringen.	1) Tätigkeit des UK Architekten, der mehrere Aufträge hintereinander in Finnland ausführt (auch mit vorübergehend besetztem Büro in Finnland); 2) Direktversicherer bleibt in einem Mitgliedstaat, zielt aber auf Empfänger in einem anderen Mitgliedstaat	*Tätigkeitsdauer* Der vorübergehende Charakter der Tätigkeit, gemessen an: (i) Dauer der Leistung; (ii) Häufigkeit; (iii) regelmäßiger Rückkehr; (iv) Kontinuität (Gebhard, Rn. 27).	- Keine Rechtssicherheit - Verhinderung des freien Dienstleistungshandels - Vereitlung der Ziele des Binnenmarktes	Auf alle anderen Tätigkeiten, unabhängig von Dauer und Häufigkeit, gelten Art. 49 ff. EGV (Schöne)

Die Arbeitnehmerfreizügigkeit (Art. 39 ff. EGV)	Arbeitnehmer eines in einem bestimmten Mitgliedstaat ansässigen Unternehmens begibt sich in einen anderen Mitgliedstaat, um dort für seinen Arbeitgeber Dienstleistungen zu erbringen	Unternehmen entsendet eigenes Personal eines Montagetrupps in anderen Mitgliedstaat, um dort vorübergehend Dienstleistung durch Aufbauen zu erbringen.	Beschäftigungsverhältnis (A/N) gegen Selbständigkeit (D/L) Wenn Entsendung vorübergehend, dann gilt Art. 49 ff. (cf. Rush, Vander Elst) für das Unternehmen, jedoch können sich die Arbeitnehmer auf Art. 39 ff. berufen; sofern auf Dauer im anderen MS darf Unternehmen nicht auf 49 ff. stützen (aber Arbeitnehmer noch bei 39)	Diese Abgrenzung nur für die aktive D/L von Bedeutung	N/A
Die Kapitalverkehrsfreiheit (Art. 56 ff.)	Zahlungsverkehr wie etwa Bank- und Versicherungsdienstleistungen	Transfer von Banknoten, wenn er sich aus einer Transaktion einer Anwaltstätigkeit ergibt	Einseitige Selbständige Wertübertragung (Kapitalverkehr) Grenzüberschreitende finanzielle Transaktionen, die selbständig (einseitige Wertübertragungen) sind und nicht im Zusammenhang mit Warenlieferungen, Dienstleistungs- oder Arbeitsentgelten stehen, also Kapitalanlagen NICHT Vergütung (vgl. Luisi)	Nicht korrekturbedürftig	N/A

III. Der Inhalt der Dienstleistungsfreiheit: Die schrittweise Herstellung des freien Handels

A. Überblick

Mit einer klaren Definition der „Dienstleistung" i.S.d. Art. 49 ff. EGV hat der Rechtsanwender zwar das Objekt der anzuwendenden Norm festgestellt, weiß aber immer noch nicht, wie *weit* die Dienstleistungsfreiheit auszulegen ist. Was besagen die relevanten EG-Bestimmungen zur Auslegung der Dienstleistungsfreiheit? Ist der freie Dienstleistungshandel durch die vom EuGH angewandte Auslegung stark genug geschützt oder erlaubt der EuGH staatliche Eingriffe, die in Wahrheit den innergemeinschaftlichen Handel zu weitgehend beschränken?

Dieser Abschnitt versucht, u.a. diese Fragen zu beantworten. Besonders intensiv wird die herkömmliche Klassifizierung einer staatlichen Regelung als eine „offene" oder „versteckte" Diskriminierung überprüft und kritisiert. Diese Auseinandersetzung ist deshalb nötig, weil die Differenzierung zwischen offenen und versteckten diskriminierenden Maßnahmen[139] und sonstigen unterschiedslos anwendbaren Regelungen von wesentlicher Bedeutung für die Rechtfertigung dieser den freien Dienstleistungsverkehr beschränkenden Maßnahmen ist[140]. Schließlich werden auch im Zusammenhang mit dem Beschränkungsverbot eigene Lösungsansätze vorgeschlagen.

B. Einführung in die herkömmlichen Formen von staatlichen Handelsbeschränkungen

Staatliche Handelsbeschränkungen- und Hemmnisse des freien Dienstleistungsverkehrs fallen in eine von drei Kategorien: (1) in Form der *Diskriminierung* des Dienstleistungserbringers aufgrund entweder seiner Staatsangehörigkeit oder der Tatsache, daß er in einem anderen Mitgliedstaat ansässig ist als dem, in dem die Dienstleistung erbracht wird (Art. 49 I EGV), oder (2) in Form *sonstiger Beschränkungen* aufgrund innerstaatlicher Vorschriften oder Praktiken, die zwar

---

139 In der Literatur werden die Begriffe formale, unmittelbare und offene Diskriminierung einerseits, materielle, mittelbare und versteckte Diskriminierung andererseits synonym verwendet.

140 Vgl. dazu nachfolgend IV.B.

unterschiedslos auf alle inländische und EG-ausländische Dienstleistungserbringer anwendbar sind, aber sich für die in einem anderen Mitgliedstaat ansässigen Dienstleistungserbringer restriktiv auswirken, oder (3) in Form von *Zugangserfordernissen* zu einzelnen Berufen und Tätigkeiten[141]. Die dritte Form (von Zugangserfordernissen) wird nicht direkt von Art. 49 ff. EGV erfaßt, jedoch verweist Art. 55 EGV auf die entsprechende Anwendung von Art. 47 EGV, der die Rechtsangleichung für das Niederlassungsrecht regelt[142]. Beschränkungen des freien Dienstleistungsverkehrs sind in dieser dritten Form solange hinzunehmen, bis eine Rechtsangleichung erfolgt ist. Jedoch sind die Mitgliedstaaten nach ständiger Rechtsprechung des EuGH verpflichtet, in jedem Einzelfall zu prüfen, ob ausländische Qualifikationen nicht bereits die inländischen Voraussetzungen erfüllen[143].

Nach ständiger Rechtsprechung des EuGH sind die Artikel 49 und 50 EGV nach Ablauf der Übergangszeit (31.12.1969, siehe Art. 7 I) unmittelbar anwendbar geworden, ohne daß ihre Anwendbarkeit von der Harmonisierung oder Koordinierung der Rechtsvorschriften der Mitgliedstaaten abhängig ist[144]. Infolgedessen können Art. 49 I und Art. 50 III vor den staatlichen Gerichten als selbständige Rechtsgrundlage herangezogen werden[145]. Das bedeutet, daß die sich mit dem personalen Schutzbereich umschriebenen Personen gegenüber den Mitgliedstaaten direkt auf die Dienstleistungsfreiheit berufen können und damit ihre Einhaltung gerichtlich und außergerichtlich geltend machen[146].

---

141 Hakenberg, in: Lenz, a.a.O., Art. 60, Rn. 19.

142 Id.

143 Näheres hierzu in den EuGH Urteilen vom 7. Mai 1991 in der Rechtssache 340/89 (Vlassopoulou), Slg. 1991, I-2357 und vom 30.11.1995 in der Rechtssache C-55/94 (Gebhard), Slg. 1995, I-4165 (Rn. 22). Zum Thema Rechtsangleichung und Harmonisierung auf dem Gebiet des Dienstleistungsverkehrs, siehe Roth, Die Harmonisierung des Dienstleistungsrechts in der EWG, EuR 1986, S. 340 ff.

144 EuGH Urteil vom 4. Oktober 1991 (Society for the Protection of Unborn Children Ireland Ltd. ./. Grogan u.a.), Slg. 1991, I-4685 (4711). Die beiden Artikel sind seit dem Ablauf der Übergangszeit unmittelbar anwendbar. Siehe Urteil vom 3. Dezember 1974 in der Rechtssache 33/74 (van Binsbergen), Slg. 1974, I-1299.

145 Jarass definiert die unmittelbare Anwendbarkeit wie folgt: „Unmittelbare Wirkung bedeutet, daß die Grundfreiheiten über ihren primären Gehalt hinaus die Mitgliedstaaten gegenüber der Gemeinschaft binden und diese daher ihre Beachtung von den Mitgliedstaaten verlangen kann." Siehe Jarass, EuR 1995, S. 209.

146 Etwa Jarass, EG-Recht und nationales Recht, DVBl. 1995, 955 f. Siehe auch Jarass, EuR 1995, S. 209.

C. Diskriminierungsverbot

Art. 49 I EGV sieht die „Beseitigung aller Diskriminierungen des Leistungserbringers" vor, „die auf seiner Staatsangehörigkeit oder auf dem Umstand beruhen, daß er in einem anderen Mitgliedstaat als demjenigen ansässig ist, in dem die Leistung erbracht werden soll"[147]. Notwendig ist also eine Ungleichbehandlung der ausländischen Dienstleistung, und zwar wegen der Staatsangehörigkeit[148]. Nach Art. 50 III EGV liegt ein unerlaubter Eingriff in den freien Dienstleistungsverkehr dann vor, wenn Dienstleistungen nicht „unter den Voraussetzungen, welche [der] Staat für seine eigenen Angehörigen vorschreibt", erlaubt werden. Schließlich sieht der EuGH bei der Auslegung dieser Vorschriften sowohl in einer Differenzierung wegen der Staatsangehörigkeit wie anhand der Ansässigkeit eine Beeinträchtigung der Dienstleistungsfreiheit[149].

Damit erfaßt die Dienstleistungsfreiheit der Art. 49 ff. EGV nicht nur offene diskriminierende Regelungen, sondern auch Normen und Praktiken,[150] die sich gleichermaßen an inländische und ausländische Dienstleistungserbringer richten, aber „in anderer Weise geeignet sind, die Tätigkeit des Leistenden (mit Sitz im Ausland) zu unterbinden oder zu behindern"[151].

Insoweit verankern die Vorschriften der Art. 49 ff. EGV nach der herkömmlichen Auslegung das „offene" und „versteckte" *Diskriminierungsverbot.* Jedoch

---

147 Siehe folgende Urteile vom EuGH: Urteil vom 18. März 1980 in der Rechtssache 52/79 (Debauve), Slg. 1980, I-833 (856, Rn. 11); Urteil vom 18. Januar 1979 in der Rechtssache 110, 111/78 (van Wesemael), Slg. 1979, I-35 (52, Rn. 27); Urteil vom 26. November 1975 in der Rechtssache 39/75 (Coenen), Slg. 1975, I-1547 (1554, Rn. 5); und Urteil vom 3. Dezember 1974 in der Rechtssache 33/74 (van Binsbergen), Slg. 1974, I-1299 (1309 Rn. 10).

148 Vgl. zur historischen Auslegung dieser Vorschrift Everling, Vertragsverhandlung 1957 und Vertragspraxis 1987, in: Festschrift v.d. Groeben, 1987, S. 120 ff.

149 So Jarass, EuR 1995, S. 211 f.

150 Erfaßt werden Rechts- und Verwaltungsvorschriften, aber auch Einzelfallentscheidungen sowie Realakte, d.h. Maßnahmen, die keine Regelung bzw. rechtliche Wirkung haben, sondern beschränken sich auf rein faktische Maßnahmen wie etwa die Werbung für inländische Produkte. Siehe hierzu Jarass, EuR 1995, S. 219 f. sowie Hakenberg, in: Lenz, a.a.O., Art. 60, Rn. 21. Auch staatliche Monopole werden erfaßt. Zum staatlichen Rundfunk- und Fernsehmonopol, siehe EuGH Urteil in der Rechtssache 260/89 (Elliniki Tileorassi), Slg. 1991, I-2925 sowie zum deutschen Arbeitsvermittlungsmonopol im Urteil vom EuGH in der Rechtssache 41/90 (Höfner und Elser/Macroton, Slg. 1991, I-1979). Schließlich können auch Vorschriften einer privatrechtlichen Vereinigung oder Einrichtung wie etwa die Satzung eines privaten Sportverbandes erfaßt werden. Siehe EuGH Urteil vom 12. Dezember 1974 in der Rechtssache 36/74 (Walrave und Koch), Slg. 1974, I-1405.

151 Siehe EuGH Urteil vom 3. Dezember 1974 in der Rechtssache 33/74 (van Binsbergen), Slg. 1974, I-1299 (Rn. 10).

besagt dieses Diskriminierungsverbot nichts über den *Inhalt* dieses Verbotes und läßt die Frage offen, wie zwischen „offenen" und „versteckten" Diskriminierungen sowie zwischen „sonstigen Beschränkungen" abzugrenzen und zu differenzieren ist. Diese Differenzierung ist von wesentlicher Bedeutung für die Rechtsfolge des gewonnenen Schutzbereichs und der Rechtfertigung[152] dieser den freien Dienstleistungsverkehr beschränkenden Maßnahmen[153].

1. Offene diskriminierende Regelungen

a) Rechtsbegriff

Unter die Beschränkungen, deren Beseitigung die Art. 49 und Art. 50 EGV vorsehen, fallen - wie oben angedeutet - alle Anforderungen, die an den Dienstleistungserbringer, namentlich aus Gründen seiner Staatsangehörigkeit, gestellt werden und nicht für im Staatsgebiet ansässige Personen gelten oder in ähnlicher Weise geeignet sind, die Tätigkeiten des Leistungserbringers zu unterbinden oder behindern[154]. „Offene" Diskriminierungen, die weit zu fassen sind[155], sind staatliche Regelungen, die ein oder mehrere Sonderrechte für EG-Ausländer schaffen, indem sie die benachteiligenden Rechtsfolgen ausdrücklich an das Tatbestandsmerkmal der Staatsangehörigkeit knüpfen[156] oder staatliche Maßnahmen, die aus Gründen der Staatsangehörigkeit den innergemeinschaftlichen freien Dienstleistungshandel beschränken. Damit gilt die Dienstleistungsfreiheit in erster Linie als spezielle Ausprägung des in Art. 12 EGV niedergelegten allgemeinen Diskriminierungsverbotes[157].

---

152 Die Rechtfertigungsproblematik wird unter Abschnitt IV.B. behandelt.

153 Siehe auch Schöne, a.a.O., S. 85.

154 Siehe EuGH Urteil vom 3. Dezember 1974 in der Rechtssache 33/74 (van Binsbergen), Slg. 1974, I-1299 (Rn. 10).

155 So Hakenberg, in: Lenz, a.a.O., Art. 60, Rn. 22.

156 Vgl. Schöne, a.a.O., S. 87.

157 Art. 12 I EGV so wörtlich: „Unbeschadet besonderer Bestimmungen dieses Vertrages ist in seinem Anwendungsbereich jede Diskriminierung aus Gründen der Staatsangehörigkeit verboten". (Hervorhebung vom Verfasser.) Siehe auch Bleckmann, Europarecht, 6. Aufl. (1997), § 20, Rn. 1679. Siehe auch EuGH Urteil vom 25. Februar 1988 in der Rechtssache 427/85 (Kommssion ./. Deutschland), Slg. 1988, I-1123 (Rn. 39) („... nach Art. 59 EGV (sind) alle Beschränkungen des freien Dienstleistungsverkehrs zu beseitigen, um es insbesondere dem Erbringer einer Dienstleistung, wie es in Art. 50 III EGV heißt, zu ermöglichen, seine Tätigkeit in dem Staat, in dem die Leistung erbracht wird, unter den Voraussetzungen auszuüben, welche dieser Staat für seine eigenen Angehörigen vorschreibt").

Beispiele staatlicher diskriminierender Regelungen „offener“ Art, vom EuGH als Verstoß gegen das Diskriminierungsverbot angesehen, sind etwa ein Verbot der Erbringung von Dienstleistungen durch Ausländer, die Erteilung einer Erlaubnis nur nach vorherigem Aufenthalt oder einer vorherigen beruflichen Probezeit im Aufnahmeland[158]. Nach ständiger Rechtsprechung des EuGH verstößt eine staatliche Regelung auch dann gegen Art. 49 ff. EGV, wenn sie den Zugang zum Beruf des Fremdenführers vom Besitz der Staatsangehörigkeit des Staates abhängig macht[159]. Eine staatliche Regelung, die die eigenen Staatsbürger kostenlosen Eintritt in die staatlichen Museen gewährleistet, jedoch Eintrittsgebühren für EG-Ausländer vorsieht, verstößt nach ständiger Rechtsprechung des EuGH ebenso gegen den freien Dienstleistungsverkehr[160].

Heute kommen jedoch offene Formen der Diskriminierung wegen des inzwischen erreichten Standes der Rechtsangleichung kaum noch vor[161]. Soweit offene Diskriminierungen heute noch auftauchen, beschränken sie sich auf nicht harmonisierte Wirtschaftsbereiche, wie etwa private Sicherheitsdienste, hafenwirtschaftliche Dienstleistungen sowie Messen und Ausstellungen[162].

b) Umfang: Absolutes Verbot

Das Verbot der offenen Diskriminierung gilt absolut. Auch objektive Gründe wie etwa Gründe des Allgemeininteresses[163] rechtfertigen eine Ungleichbehandlung aufgrund der Staatsangehörigkeit nicht[164]. Staatliche Vorschriften, die so diskriminieren, sind nach dem Gemeinschaftsrecht deshalb nur mit dem EGV vereinbar, wenn sie unter eine der ausdrücklich abweichenden Bestimmungen der Art. 45 und 46 EGV fallen, die gem. Art. 55 EGV im Rahmen des freien Dienstleistungsverkehrs entsprechend anwendbar sind[165].

---

158 Hakenberg, in: Lenz, a.a.O., Art. 60, Rn. 22.

159 Siehe hierzu EuGH Urteile vom 22. März 1994 in der Rechtssache 375/92 (Kommission ./. Spanien), Slg. 1994, I-935 sowie in der Rechtssache 180/89 (Kommission ./. Italien), Slg. 1991, I-718 ff.

160 Hierzu EuGH Urteil vom 15. März 1994 in der Rechtssache 45/93 (Kommission ./. Spanien), Slg. 1994, I-916. Weitere Beispiele gibt es bei Hakenberg, in: Lenz, a.a.O., Art. 60, Rn. 22.

161 Siehe Kilian, Europäisches Wirtschaftsrecht, Stand 1996, Rn. 296.

162 Id.

163 Mehr hierzu unten im Abschnitt IV.C.

164 Hailbronner, in: HKMM, a.a.O., Art. 60, Rn. 26.

165 Siehe EuGH Urteil vom 26. April 1988 in der Rechtssache 352/85 (Bond van Adverteerdes u.a. gegen Niederländischen Staat), Slg. 1988, I-2085 (2134). Vlg. aber EuGH Urteil vom 3. Dezember 1974 in der Rechtssache 33/74 (van Binsbergen),

2. *Versteckte diskriminierende Regelungen*

a) *Rechtsbegriff*

Unter die Beschränkungen, deren Beseitigung die Art. 49 und Art. 50 EGV vorsehen, fallen nach der Rechtsprechung und der herrschenden Lehre auch sogenannte „versteckte Diskriminierungen," weil das Verbot von Diskriminierungen verhältnismäßig einfach unterlaufen werden kann[166]. Eine Diskriminierung kann nicht nur durch *de jure* staatliche Regelungen erreicht werden, sondern auch durch *de facto* staatliche Regelungen. Dasselbe Ergebnis einer Diskriminierung kann erreicht werden, indem etwa an eine Eigenschaft angeknüpft wird, die regelmäßig nur bei Inländern anzutreffen ist[167].

Unter das Verbot „versteckter Diskriminierungen" fallen nach der herkömmlichen Lehre also staatliche Regelungen, die zwar nicht ausdrücklich, aber faktisch zu einer Schlechterstellung aufgrund der Staatsangehörigkeit führen[168]. Versteckte Diskriminierungen sind Regelungen, deren diskriminierende Wirkung erst auf den zweiten Blick offenbar wird[169], wenn eine unterschiedliche Behandlung von EG-Ausländern und Inländern „zwar scheinbar auf neutralen Kriterien (beruht), tatsächlich jedoch zum gleichen Ergebnis einer Schlechterstellung der Ausländer führt"[170]. Entscheidend für eine versteckte Diskriminierung ist, ob sich eine staatliche Regelung „wirtschaftlich gesehen als eine zusätzliche Belastung" für die in einem anderen Mitgliedstaat ansässigen Dienstleistungserbringer darstellt, „die im Ergebnis stärker belastet werden, als die im Inland ansässigen Leistenden"[171].

b) *Umfang*

Wegen des diskriminierenden Charakters der „versteckten" Form würde man denken, daß das Verbot dieser Form - wie bei der „offenen" Form - absolut gelten muß. Schließlich ist die negative Wirkung auf den freien Dienstleistungsver-

---

Slg. 1974, I-1299, wo der EuGH eine staatliche Regelung, die gegen das Diskriminierungsverbot verstoßen hat, aus Gründen des Allgemeininteresses (!) geprüft hat.

166 Jarass, EuR 1995, S. 213.

167 Jarass, EuR 1995, S. 213.

168 Siehe EuGH Urteil vom 3. Februar 1982 in der Rechtssache 62 u. 63/81 (Seco ./. Evi), Slg. 1982, 223 (235).

169 So Hakenberg, in: Lenz, a.a.O., Art. 60, Rn. 244.

170 So der EuGH im Urteil vom 3. Februar 1982 in der Rechtssache 63/81 (Seco ./. Evi), Slg. 1982, I-223 (235, Rn. 8).

171 Schöne, a.a.O., S. 89.

kehr, nämlich die Verhinderung des freien Dienstleistungshandels aufgrund der Staatsangehörigkeit, in beiden Formen der Diskriminierung (offen und versteckt) gleich. Allerdings unterscheidet der EuGH den Umfang des Verbots der versteckten Diskriminierung vom Umfang des *Beschränkungsverbots*, dessen Schutzumfang nicht absolut ist, nicht mit Klarheit (dies wird näher bei den Rechtfertigungsgründen unten behandelt); in der Rechtsprechung des EuGH hierzu fehlt eine verständliche Einordnung[172].

c) Würdigung und Kritik

Was ist eigentlich der Unterschied zwischen einer „versteckten" Diskriminierung und einer „sonstigen Handelsbeschränkung"? Als *Beschränkungen* des freien Dienstleistungsverkehrs i.S.d. Art. 49 ff. EGV gelten staatliche Regelungen, die an den Dienstleistungserbringer „wegen des Fehlens eines ständigen Aufenthalts in dem Staate, in dem die Leistung erbracht wird, gestellt werden und nicht für im Staatsgebiet ansässige Personen gelten, oder in anderer Weise geeignet sind, die Tätigkeiten des Leistenden zu unterbinden oder zu behindern"[173]. Aber gleichwohl könnte man solche staatlichen Regelungen unter den Begriff der „versteckten" Diskriminierung subsumieren, da diese staatlichen Regelungen zwar nicht ausdrücklich, aber faktisch zu einer Schlechterstellung aufgrund der Staatsangehörigkeit führen, was der soeben vorgestellten Definition der „versteckten" Diskriminierung entspräche. Warum stellen staatliche Regelungen, die den Wohnsitz, die Beherrschung der Sprache oder des nationalen Rechts eine „versteckte" Diskriminierung aber keine sonstige Beschränkung dar? Schließlich sind solche Regelungen geeignet, die Tätigkeit des ausländischen Dienstleistungserbringers zu unterbinden oder zu behindern. Insofern könnte man aufgrund der Rechtsbegriffe solche staatlichen Regelungen *sowohl* als eine versteckte Diskriminierung, *als auch* eine sonstige Handelsbeschränkung ansehen.

Was hat die Bezeichnung der „versteckten" Diskriminierung für eine Rechtsfolge? Macht es einen Unterschied, ob man eine staatliche Regelung als eine „versteckte" Diskriminierung oder eine „sonstige Beschränkung" des freien Dienstleistungsverkehrs einordnet? Eigentlich hat die Bezeichnung einer staatlichen Regelung als „versteckte" Diskriminierung oder als „sonstige Beschränkung" keine *praktische* Auswirkung. Theoretisch *sollte* eine versteckte Diskriminierung wegen des absoluten Schutzumfangs nur unter den Voraussetzung der

---

172 Vgl. Hakenberg, in: Lenz, a.a.O., Art. 60, Rn. 27.

173 Siehe EuGH Urteil vom 3. Dezember 1974 in der Rechtssache 33/74 (van Binsbergen), Slg. 1974, I-1299 (1309).

Art. 45, 46 EGV gerechtfertigt werden[174]. Also müßte auch eine staatliche Regelung, die eine „versteckte" Diskriminierung darstellt, *nur* nach Art. 45, 46 EGV geprüft und ggf. gerechtfertigt werden.

Die Rechtsprechung sieht aber völlig anders aus: „versteckte" Diskriminierungen können auch aus *Gründen des Allgemeininteresses* gerechtfertigt werden; eine Rechtfertigung, die nur für „sonstige Beschränkungen" gilt[175]. Insofern macht die Bezeichnung „versteckte Diskriminierung" oder „sonstige Beschränkung" keinen Unterschied aus, da beide aus Gründen des Allgemeininteresses gerechtfertigt werden können.

Einige Kommentatoren betonen allerdings, daß diese vom EuGH gewählte Auslegung „systemwidrig" ist, weil das Allgemeininteresse im Rahmen des Art. 49 EGV nur *nichtdiskriminierende* Beschränkungen rechtfertigen kann[176]. Wenn ausländische Dienstleistungserbringer in diskriminierender Weise schlechtergestellt werden als inländische Dienstleistungserbringer, so ist die Prüfung, ob diese Schlechterstellung durch ein Allgemeininteresse gerechtfertigt ist, überflüssig[177]. Für andere geht die Reichweite der versteckten Diskriminierung einfach zu weit, weil jede staatliche Regelung als eine „wirtschaftliche Mehrbelastung" der EG-ausländischen Dienstleistungserbringer angesehen werden könnte.[178]

Der Grund dieser Unzufriedenheit und Verwirrung liegt daran, daß selbst der EuGH den Unterschied zwischen einer „versteckten" Diskriminierung und einer „sonstigen Beschränkung" nicht kennt, weil eben eine „sonstige Beschränkung" eine „versteckte" Diskriminierung darstellt. Daher sollte der Begriff „versteckter" Diskriminierung aufgrund der fehlenden Rechtssicherheit nicht mehr angewandt werden. Entweder stellt eine staatliche Regelung, die den innergemeinschaftlichen Handel behindert, daher eine Diskriminierung oder eine sonstige Handelsbeschränkung i.S.d. oben geschilderten Definitionen dar oder nicht. Im ersten Fall gilt der Schutzumfang absolut und Rechtfertigungsgründe kommen nur nach Art. 45 und 46 EGV in Betracht. Im zweiten Fall gelten alle Regeln zum Beschränkungsverbot, was jetzt erläutert und teilweise revidiert wird.

---

174 Siehe oben Abschnitt III.C.

175 Siehe EuGH Urteil vom 3. Februar 1982 in der Rechtssache 62 u. 63/81 (Seco ./. Evi), Slg. 1982, 223 (235), wo der EuGH, trotz der Verwendung des Diskriminierungsbegriffs anschließend jeweils die Möglichkeit einer Rechtfertigung solchermaßen „diskriminierender" Beschränkungen durch das Allgemeininteresse.

176 Etwa Hailbronner, in: Lenz, a.a.O., Art. 60, Rn. 27 sowie Troberg, in: GTE, Art. 59, a.a.O., Rn. 18.

177 Hailbronner, in: Lenz, Art. 60, Rn. 27.

178 Siehe z.B. Schöne, a.a.O., S. 89.

D. Beschränkungsverbot

Bereits im Jahre 1961 hat die Kommission die Aufhebung *sonstiger Beschränkungen* des freien Dienstleistungsverkehrs gefordert, weil die Dienstleistungsfreiheit nur durch die Beseitigung sowohl aller Ausländerdiskriminierungen aber auch in den Fällen verwirklicht werden könnte, in denen der freie Dienstleistungsverkehr im Wege einer Orts- bzw. Aufenthaltswechsels des Dienstleistungsempfängers oder im Korrespondenzverkehr realisiert wird[179].

I. Rechtsbegriff

Während staatliche Regelungen, die aufgrund der Staatsangehörigkeit diskriminieren, im Rahmen der Rechtsangleichung fast verschwunden sind[180], bestehen noch erhebliche Handelsbeschränkungen im Dienstleistungsbereich in Form von Beeinträchtigungen, wie unangemessene oder ungerechtfertigte Forderungen gegenüber ausländischen Dienstleistungserbringern, Meldepflichten, Genehmigungen, die Pflicht zur Vorlage eines Befähigungsnachweises, Zulassungsverfahren, die Nichtverzinsung von Steuerrückvergütungen, Sprachvorschriften usw.[181]. Obwohl man von einer „Beeinträchtigung" des freien Dienstleistungsverkehrs sprechen könnte, findet sich im Wortlaut der Dienstleistungsfreiheit (Art. 49 I EGV) der Begriff der „Beschränkung"[182].

Nach neuester Rechtsprechung kann es keinen Zweifel mehr daran geben, daß der Schritt vom Diskriminierungsverbot zum Beschränkungsverbot ein und für allemal vollzogen ist. Eigentlich war das Beschränkungsverbot mit der Entscheidung im Urteil *Webb* aus dem Jahre 1980 vollzogen, spätestens jedenfalls mit dem *Versicherungsurteil* im Jahre 1986[183]. Jedoch gab es auch danach noch Stimmen, die versucht haben, das Beschränkungsverbot zu verneinen[184]. Im Ur-

---

179 Die Kommission der Europäischen Gemeinschaften, Vollendung des Binnenmarktes, Weißbuch der Kommission an den Europäischen Rat, Juni 1985, KOM (85) 310 endg., S. 33, wo typische staatliche Regelungen, die den freien Dienstleistungsverkehr beschränken, aufgelistet sind.

180 Siehe oben Abschnitt III.C.1.a.

181 Kilian, a.a.O., S. 120, Rn. 296.

182 Dies gilt auch für die Arbeitnehmerfreizügigkeit und die Niederlassungsfreiheit. Vlg. Art. 39 III EGV und Art. 43 I EGV.

183 Vgl. EuGH Urteil vom 17. Dezember 1981 in der Rechtssache 279/80 (Webb), Slg. 1981, I-3305 mit dem EuGH Urteil vom 4. Dezember 1986 in der Rechtssache 205/84 (Kommission ./. Deutschland), Slg. 1986, I-3755.

184 Etwa Trautwein, Dienstleistungsfreiheit und Diskriminierungsverbot im Europäischen Gemeinschaftsrecht, Jura 1995, S. 191 ff.

teil *Kholl* aus dem Jahre 1998 hat der EuGH dann aber noch einmal klar herausgestellt, daß „nach der Rechtsprechung des EuGH jede nationale Regelung gegen Art. 49 EGV verstößt, die die Leistung von Diensten zwischen Mitgliedstaaten im Ergebnis gegenüber der Leistung von Diensten im Inneren eines Mitgliedstaates erschwert“[185]. Der freie Dienstleistungsverkehr verankert ein Beschränkungsverbot und damit für die EG-Ausländer ein dem deutschen Art. 12 GG entsprechendes Grundrecht, welches sich insbesondere gegen die Einführung neuer objektiver oder subjektiver Zulassungsbeschränkungen richtet[186].

2. *Umfang*

Das Beschränkungsverbot umfaßt insbesondere das Verbot von Beschränkungen der Mobilität potentieller Dienstleistungserbringer sowie Regeln über die Zulassung zu einer bestimmten Tätigkeit bzw. ihrer Ausübung[187]. Typische Beispiele für „sonstige Beschränkungen“ sind - wie aus dem Fall *Kholl* - das Erfordernis einer behördlichen Erlaubnis bzw. Genehmigung für die Inanspruchnahme einer Dienstleistung, die in einem anderen Mitgliedstaat (Bestimmungsland) nicht erlaubnis- bzw. genehmigungsfähig ist[188].

Im Urteil *Alpine Investments*[189] hat der EuGH die Reichweite des Beschränkungsverbots ausgedehnt, und zwar auf staatliche Regelungen, die Beschränkungen durch den Heimatstaat des Dienstleistungserbringers darstellen. In diesem Urteil hat der EuGH ein Verbot an eine *inländische* Gesellschaft, über unbestellte Telefonanrufe Privatpersonen in anderen Mitgliedstaaten Warentermingeschäfte

---

185 EuGH Urteil vom 28. April 1998 in der Rechtssache 158/96 (Raymond Kholl ./. Union des caises de maladie), EuZW 1998, S. 345 ff. (Rn. 33). Im konkreten Fall sah der EuGH eine Beschränkung des freien Dienstleistungsverkehrs in einer staatlichen Regelung, die die Erstattung von gewissen Gesundheitskosten, die in diesem Mitgliedstaat angefallen sind, von einer vorherigen Genehmigung abhängig macht.

186 So Bleckmann, EuR 1987, S. 33. Art. 12 I GG lautet: „Alle Deutschen haben das Recht, Beruf, Arbeitsplatz und Ausbildungsstätte frei zu wählen. Die Berufsausübung kann durch Gesetz oder auf Grund eines Gesetzes geregelt werden.“

187 Hakenberg, in: Lenz, Art. 60, Rn. 27.

188 Siehe EuGH Urteil vom 28. April 1998 in der Rechtssache 158/96 (Raymond Kholl ./. Union des caises de maladie), EuZW 1998, S. 345 ff. sowie EuGH Urteil vom 25. Juli 1991 in der Rechtssache 76/90 (Säger ./. Dennemeyer), Slg. 1991, I-4221 (deutsches Genehmigungserfordernis für die Überwachung von Patentfristen stellt für einen Dienstleistungserbringer aus dem EG-Ausland eine unzulässige Beschränkung dar).

189 EuGH Urteil in der Rechtssache 384/93 (Alpine Investments), Slg. 1995, I-1141.

anzubieten, als eine Beschränkung des freien Dienstleistungsverkehrs (allerdings dann gerechtfertigt) unter Art. 49 ff. EGV subsumiert[190].

3. Begründung des Beschränkungsverbots

Daß der EuGH die Auslegung der Dienstleistungsfreiheit auf ein Beschränkungsverbot erstreckt hat, befreit nicht von der Notwendigkeit, einer EG-vertraglichen Überprüfung dieser Rechtsprechung. „Im Gegenteil ist aufgrund der Tatsache, daß die Rechtsprechung des EuGH zu diesem Problemkreis jede argumentative Stütze vermissen läßt, eine EG-vertragliche Überprüfung und Absicherung des gewonnenen Ergebnisses gerade notwendig"[191].

Ausgangspunkt einer solchen Überprüfung sind immer die Vertragsvorschriften, die selbst aber keine eindeutige Interpretation erkennen lassen. Einerseits kann man eine restriktive Auslegung des Art. 50 III EGV für richtig halten[192]. Auf den ersten Blick wirkt der Wortlaut des Art. 50 III EGV beschränkend, nämlich, daß ein Dienstleistungserbringer seine Tätigkeit vorübergehend in einem anderen Mitgliedstaat ausüben dürfe, „und zwar unter den Voraussetzungen, welche dieser Staat für seine eigenen Angehörigen vorschreibt". Daraus könnte man vielleicht den Schluß ziehen, daß der Art. 50 III EGV nur ein Diskriminierungsverbot enthalte[193]. Andererseits muß man den ganzen Kontext des Art. 50 EGV berücksichtigen[194]. Der ganze Zweck des Art. 50 EGV ist nicht darauf gerichtet, den Dienstleistungserbringer unter erschwerende Bestimmungslandvorschriften zu bringen, sondern im Gegenteil darauf, ihm den Zugang zu dem Land zu sichern, in dem er seine Dienstleistung erbringen will, und zwar unter nichtdiskriminierenden Bedingungen[195]. Nach ständiger Rechtsprechung des EuGH[196] ist Art. 50 III EGV als eine marktaufbrechende und liberalisierende Bestimmung zugunsten des freien Dienstleistungsverkehrs im Binnenmarkt auszulegen. Jedoch ist der Vertrag im Endeffekt aufgrund der Unklarheit seiner Bestimmungen (zum Beschränkungsverbot) selber zwar Ausgangspunkt und Indiz,

---

190 Siehe Hailbronner, in: Lenz, Art. 60, Rn. 28a.

191 Schöne, a.a.O., S. 103.

192 Vgl. Trautwein, Jura 1995, S. 192 („Allerdings gestatte Art. 60 [50 nach der Amsterdamer Fassung] III EGV, der 'in erster Linie' die Inländergleichbehandlung ... nicht ein absolutes Verbot jeglicher Beschränkung").

193 So haben auch viele argumentiert! Siehe z.B. Trautwein, a.a.O., S. 192 ff.

194 So auch Troberg, in: GTE, a.a.O., Art. 59, Rn 37.

195 Id.

196 Siehe etwa EuGH Urteil vom 17. Dezember 1981 in der Rechtssache 279/80 (Webb), Slg. 1981, I-3305 (Rn. 16).

jedoch keine Hilfe bei der Interpretation der Reichweite des Beschränkungsverbots.

Für eine Auslegung der Dienstleistungsfreiheit als Garant des Beschränkungsverbots sprechen aber viele Gründe. Erstens entspricht eine solche Auslegung der Teleologie des Art. 3c EGV, der den Abbau der rechtlichen Hindernisse für den Dienstleistungsverkehr und gerade nicht nur die Inländergleichbehandlung fordert[197]. Klares Ziel des EGV war von Anfang an die Schaffung eines einheitlichen integrierten Binnenmarktes unter gleichzeitiger Beseitigung der Hindernisse für den freien Dienstleistungsverkehr[198]. Demnach mußten die staatlichen Grenzen innerhalb der Gemeinschaft in wirtschaftlicher Hinsicht abgebaut werden, um damit die innerstaatlichen Märkte aufzubrechen. Insoweit dient und prägt die Dienstleistungsfreiheit den Binnenmarkt[199]. Daraus folgt, daß es hier nicht nur um die Beseitigung aller Hemmnisse für einen freien Dienstleistungsmarkt gehen kann, sondern um die Beseitigung aller Hemmnisse, die mit den innergemeinschaftlichen Grenzen zusammenhängen. Aber auch diese begrenzte Zielrichtung wird nicht allein durch die offene oder versteckte Diskriminierung beeinträchtigt[200]. Staatliche Regelungen, die die Erbringung inländischer und ausländischer Dienstleistungen im Inland wie im Ausland ansässige Personen rechtlich völlig gleichbehandeln (sog. „unterschiedslose" Regelungen), beeinträchtigen den freien Handel, wenn sie rein tatsächlich und im Ergebnis zu einer Schlechterstellung grenzüberschreitender Dienstleistungen führen[201]. Nach Ansicht der Kommission „liegen weder ideologische noch schönfärberische Gründe" dem Willen zugrunde, alle materiellen und anderen Handelshemmnisse zwischen den Mitgliedstaaten völlig abzubauen,

> „sondern die schlichte Tatsache, ... daß die Fortdauer jedweder Kontrollen an den Binnengrenzen die Kosten und Nachteile des aufgespaltenen Marktes verewigt; je geringer die Notwendigkeit solcher Kontrollen wird, bis sie völlig schwindet, de-

---

197 Bleckmann, EuR 1987, S. 33. Art. 3c im Zusammenhang mit Art. 3 EGV lautet: „Die Tätigkeit der Gemeinschaft im Sinne des Art. 2 umfaßt nach Maßgabe dieses Vertrags ... einen Binnenmarkt, der durch die Beseitigung der Hindernisse für den freien ... Dienstleistungsverkehr zwischen den Mitgliedstaaten gekennzeichnet ist."

198 Die Kommission der Europäischen Gemeinschaften, Vollendung des Binnenmarktes, Weißbuch der Kommission an den Europäischen Rat, Juni 1985, KOM (85) 310 endg., S. 4.

199 Etwa Jarass, EuR 1995, S. 210.

200 Jarass, EuR 1995, S. 214.

201 Dies gilt auch für Waren. Näheres hierzu im EuGH Urteil vom 11. Juli 1974 in der Rechtssache 8/74 (Dassonville), Slg. 1974, I-837 (Rn. 5).

sto unverhältnismäßiger werden die Kosten, Ausgaben und Nachteile der fortdauernden Grenzen und des aufgesplitterten Marktes“[202].

Zweitens hätte die Dienstleistungsfreiheit keinen selbständigen Inhalt neben Art. 12 EGV (Diskriminierungsverbot), wenn sie nur die Inländergleichbehandlung beinhaltete, was dem *effet-utile* Prinzip widerspräche[203]. Demnach ist es erforderlich, die Art. 49 ff. EGV mit einen eigenständigen Sinngehalt neben Art. 12 EGV auszulegen.

Drittens ist der Grundgedanke die Anerkennung fremder Diplome nach Art. 47 EGV der, daß es dem EG-Vertrag gerade auch um die Aufhebung der rechtlichen *Hindernisse* geht[204]. Insofern steht ein Beschränkungsverbot im Einklang mit der Anerkennung fremder Diplome.

Viertens steht diese Auslegung auch im Einklang mit Prinzipien, die frühzeitig vom EuGH anerkannt wurden, wie etwa im Urteil *van Binsbergen* und *Coenen*[205] bis hin zu *Kholl, Webb, Versicherungsurteil* und *Kommission/Niederlande*[206]. Im letztgenannten Fall hat der EuGH zum niederländischen Medienbereich ausgeführt, Verstöße gegen die Dienstleistungsfreiheit könnten auch darin liegen, daß unterschiedslos geltende Vorschriften auch auf EG-Ausländer angewandt würden, die bereits den Vorschriften ihres eigenen Mitgliedstaates genügen müßten.

---

202 Die Kommission der Europäischen Gemeinschaften, Vollendung des Binnenmarktes, Weißbuch der Kommission an den Europäischen Rat, Juni 1985, KOM (85) 310 endg., S. 6, Rn. 12.

203 Bleckmann, EuR 1987, S. 33. Das effet-utile Prinzip besagt, daß die praktische Nützlichkeit bzw. Wirksamkeit einer Vorschrift bei deren Auslegung berücksichtigt werden muß. Siehe auch Streinz, Europarecht, 3. Aufl. (1995), Rn. 398. Demgemäß sind die Vorschriften des EGV so auszulegen, daß sie einen eigenen, selbständigen Gehalt aufweisen.

204 Bleckmann, EuR 1987, S. 33.

205 In diesen zwei Urteilen hat der EuGH die Dienstleistungsfreiheit so ausgelegt, daß die gesetzliche Forderung nach einem Wohnsitz im Inland grundsätzlich selbst eine Beschränkung der Dienstleistungsfreiheit darstellt, wenn In- und Ausländer durch dieses Gesetz gleichbehandelt werden. Siehe Bleckmannn, EuR 1987, S. 33.

206 Siehe EuGH, Rs. 353/89 / EuZW 1991, 542, 543.

4. *Parallelen zum freien Warenverkehr*

Das Beschränkungsverbot des freien Dienstleistungsverkehrs gilt also analog zur „Cassis-de-Dijon"-Rechtsprechung des EuGH zum freien Warenverkehr[207]. Ob der EuGH die „Keck-Rechtsprechung" zum Warenverkehr auf die Dienstleistungsfreiheit übertragen wird, bleibt abzuwarten, allerdings tendiert die Rechtsprechung dorthin[208]. Jedoch hat es der EuGH mit der Begründung, daß auf die Behinderung des Marktzugangs abzustellen sei, abgelehnt, nichtdiskriminierende Regelungen vom Anwendungsbereich des Art. 49 EGV auszunehmen, solange unmittelbar der Zugang zum Dienstleistungsmarkt beschränkt wird[209].

Sonstige Beschränkungen des freien Dienstleistungsverkehrs sind mit den technischen Hemmnissen vergleichbar, die den freien Warenverkehr behindern[210]. Nach Ansicht der Kommission gehören diese Hemmnisse zur gleichen Kategorie[211]. Die einheitliche Behandlung dieser Handelshemmnisse hat den Vorteil, die Erbringung von Gütern und Dienstleistungen gleich zu behandeln, da die herkömmliche Dichotomie zwischen „Gütern" und „Leistungen" dazu geführt hat, daß die „Leistungen" aus irgendeinem Grunde als minderwertig galten und ganz hinten angestellt wurden[212]. Wie die Kommission in ihrem Weißbuch richtig ausgeführt hat, sind „technische Schranken technische Schranken, gleich ob sie Güter oder Leistungen betreffen; sie sollten alle gleich behandelt werden"[213].

---

207 Hakenberg, in: Lenz, a.a.O., Art. 60, S. 27. Siehe Urteile vom 20. Februar 1979 in der Rechtssache 120/78 (Rewe-Zentral AG/Bundesmonopolverwaltung für Branntwein), Slg. 1979, I-649.

208 Siehe etwa EuGH Urteil in der Rechtssache 384/93 (Alpine Investments), Slg. 1995, I-1141.

209 Hailbronner, in: Lenz, Art. 60, Rn. 28b.

210 Die Kommission der Europäischen Gemeinschaften, Vollendung des Binnenmarktes, Weißbuch der Kommission an den Europäischen Rat, Juni 1985, KOM (85) 310 endg., S. 6, Rn. 13.

211 Id.

212 Id.

213 Die Kommission der Europäischen Gemeinschaften, Vollendung des Binnenmarktes, Weißbuch der Kommission an den Europäischen Rat, Juni 1985, KOM (85) 310 endg., S. 6, Rn. 13. So die Kommission weiter: „Die generelle Stoßrichtung der Kommission in diesem Bereich ist es, vom Ansatz der Rechtsangleichung wegzukommen und das Gewicht auf die gegenseitige Anerkennung und die Gleichwertigkeit der nationalen Regeln zu legen."

5. *Praktische Relevanz des Umfangs der Dienstleistungsfreiheit gegenüber der Niederlassungsfreiheit*

Die Notwendigkeit, sich von vornherein im klaren darüber zu sein, ob eine Tätigkeit oder eine Leistung eine „Dienstleistung" i.S.d. Art. 49 ff. EGV oder eine „Niederlassung" i.S.d. Art. 43 ff. EGV darstellt, spielt wegen des unterschiedlichen Schutzumfangs durch den EGV eine erhebliche Rolle[214]. Durch das allgemeine Beschränkungsverbot unterscheidet sich die Dienstleistungsfreiheit grundlegend von der Niederlassungsfreiheit, die nur auf ein reines Diskriminierungsverbot beschränkt bleibt[215]. Wie oben geschildert[216], erklärt sich dieser Unterschied, daß von einer Person, die sich auf Dauer[217] in einem anderen Mitgliedstaat niederlassen will, in besonderer Weise erwartet werden kann, alle dort geltenden Einzelvorschriften zu erfüllen[218]. Wäre dies der Fall im Dienstleistungsbereich, bedeutete dies eine völlige Untergrabung der Dienstleistungsfreiheit als solcher[219].

E. Fazit

Die herkömmliche Lehre und Klassifizierung diskriminierender staatlicher Maßnahmen als „versteckter" oder „offener" Art muß aufgegeben werden. Diese Klassifizierung schafft keine Klarheit und sorgt für Verwirrung. Selbst der EuGH prüft „versteckte" Diskriminierungen nach demselben Schema (z.B. Rechtfertigung aufgrund des Allgemeininteresses) wie „sonstige Beschränkungen", was aber aufgrund des absoluten Charakters des Diskriminierungsverbots nicht sein sollte. Besser wäre es, staatliche Regelung nur als Diskriminierungen i.S.d. Art. 49 ff. EGV oder als sonstige Beschränkungen i.S.d. Art. 49 ff. EGV anzusehen.

In der Entscheidung im Fall *Kholl* hat der EuGH ein und für allemal die Entwicklung in der Dienstleistungsfreiheit vom Diskriminierungsverbot zum Beschränkungsverbot bestätigt. Jedoch läßt die Rechtsprechung des EuGH zum Be-

---

214 Siehe auch oben Abschnitt III.D.5.

215 So Hakenberg, in: Lenz, a.a.O., Art. 60, Rn. 20.

216 Siehe oben Abschnitt II.C.3. sowie III.D.5.

217 Zur Problematik des Rechtsbegriffs „Dauer", siehe oben II.C.3.

218 Siehe EuGH Urteil vom 17. Dezember 1981 in der Rechtssache 279/80 (Webb), Slg. 1981, I-3305 (3324) (Regelungen, „die normalerweise eine Dauertätigkeit der in diesem Staat ansässigen Unternehmen zum Gegenstand hat, in vollem Umfang auf zeitlich begrenzte Tätigkeiten angewandt werden können, die von in anderen Mitgliedstaaten ansässigen Unternehmen ausgeübt werden").

219 So auch Hakenberg, in: Lenz, a.a.O., Art. 60, Rn. 20.

schränkungsverbot im Dienstleistungsbereich jede argumentative Begründung vermissen, was aber aufgrund der teleologischen Interpretation und dem *effet-utile* Prinzip hier nachgeholt wurde. Schließlich ist der Art. 49 EGV als ein Verbot jeder den Dienstleistungsverkehr behindernder, hemmender oder erschwerender Maßnahmen zu verstehen. Im nächsten Abschnitt geht es um die Ausnahmen, die sich nicht durch ein nicht-protektionistisches Allgemeininteresse rechtfertigen lassen, die über das zur Erreichung des Zieles Erforderliche hinausgehen oder zum verfolgten Ziel außer Verhältnis stehen.

IV. Die Untergrabung des freien Dienstleistungsverkehrs auf dem Binnenmarkt: Die allgemeine Verwirrung des „Allgemeininteresses" in Art. 49 ff. EGV

A. Überblick

Liegt eine Beschränkung des freien Dienstleistungsverkehrs vor, sei es wie oben geschildert in der Form einer Diskriminierung oder einer sonstigen Beschränkung, weist die Dogmatik der Grundfreiheiten eine letzte Stufe auf, die als Rechtfertigungs- und Schrankenstufe bezeichnet wird[220]. So wie bei der Feststellung des Rechtsbegriffs „Dienstleistung" und der Reichweite des Schutzbereichs tauchen auch bei dieser Rechtfertigungsstufe einige Unklarheiten und Widersprüche in der herkömmlicherweise vom EuGH verwendeten Auslegung auf, die in diesem Abschnitt im einzelnen erläutert und - wo angebracht - durch eigene Lösungsansätze ergänzt werden.

B. Rechtfertigungsgründe

1. Für diskriminierende staatliche Regelungen

Liegt eine diskriminierende staatliche Regelung gegenüber der Dienstleistungsfreiheit vor, dann kann ihre Unzulässigkeit vermutet werden, ähnlich wie im Strafrecht die Erfüllung des Tatbestandes die Rechtswidrigkeit indiziert[221]. Diskriminierende staatliche Regelungen sind mit dem Gemeinschaftsrecht nur dann vereinbar, wenn sie unter Art. 45 oder 46 EGV fallen, die gemäß Art. 55 EGV im Dienstleistungskapitel entsprechende Anwendung finden[222]. Während Art. 45 EGV mit der Ausübung öffentlicher Gewalt verbundene Dienstleistungen vom Liberalisierungsgebot des Art. 49 EGV ausnimmt, können über die Ordre-public Klausel des Art. 46 EGV vor allem ausländerrechtliche Sonderregelungen gerechtfertigt werden[223]. Diese beiden Vorschriften sind aufgrund ihrer Aufnahme-

220 Etwa Jarass, EuR 1995, S. 220.
221 So Jarass, EuR 1995, S. 222.
222 EuGH Urteil vom 26. April 1988 in der Rechtssache 352/85 (Bond van Adverteerders u.a. gegen Niederländischen Staat), Slg. 1988, I-2085 (2134).
223 Hailbronner-Nachbaur, EuZW 1992, S. 110.

tatbestände generell eng auszulegen[224]. Demgemäß bedürfen Ausnahmen einer intensiven fallbezogenen Kontrolle, wie sie durch die Anwendung des Grundsatzes der Verhältnismäßigkeit erbracht wird[225]. Im Gegensatz zur Rechtfertigungsstufe „sonstiger Beschränkungen" ist die herkömmliche Rechtfertigungsstufe nicht korrekturbedürftig (siehe unten unter D.).

2. *Für „sonstige Beschränkungen"*

Wie oben im Abschnitt IV.D. geschildert, sind auch staatliche Regelungen, die im praktischen Ergebnis grenzüberschreitende Vorgänge schlechter als rein inländische Vorgänge behandeln, als „sonstige Beschränkungen" des freien Dienstleistungsverkehrs anzusehen. Anders als bei den diskriminierenden staatlichen Regelungen lassen „sonstige (staatliche) Beschränkungen" wegen der Weite der damit erfaßten Fälle aber keine Rechtswidrigkeit vermuten[226].

Die Vertragsvorschriften sehen keine Rechtfertigung für die „sonstigen Beschränkungen" vor, also mußte der EuGH selbst Kriterien entwickeln, die solche Regelungen unter bestimmten Umständen zulassen[227]. Ein etwaiger Rückgriff auf Art. 46 I EGV bei Vorlage einer „sonstigen Beschränkung" käme für den EuGH für den Dienstleistungsverkehr nicht in Betracht[228]. Das liegt daran, daß die Ver-

---

224 Hailbronner-Nachbaur, EuZW 1992, S. 110. Vgl. zu Art. 55 EGV EuGH Urteil (Kommission ./. Griechische Republik), Slg. 1988, I-1637 (1654).

225 Jarass, EuR 1995, S. 222. Art. 46 I EGV verlangt eine Rechtfertigung, die die Form einer Verhältnismäßigkeitsprüfung schließt. Die Rechtsprechung des EuGH neigt dazu, eine Verhältnismäßigkeitsprüfung auch für das Vorbehalt des Art. 45 I EGV. Siehe EuGH Urteil vom 21. Juni 1974 in der Rechtssache 2/74 (Reyners), Slg. 1974, I-631 (654) sowie EuGH Urteil (Kommission ./. Griechische Republik), Slg. 1988, I-1637 (1654). Siehe auch Jarass, EuR 1995, S. 223.

226 Jarass, EuR 1995, S. 224. Siehe auch Randelzhofer, in: Grabitz/Hilf, a.a.O., Art. 60, Rn. 22 sowie Hailbronner-Nachbaur, EuZW 1992, S. 110 („Während dem in Art. 59 EGV enthaltenen Diskriminierungsverbot also grundsätzlich absoluter Charakter zukommt, gilt dies für das Verbot nichtdiskriminierender Beschränkungen nicht im gleichem Maße").

227 Die Einschränkungen, wie sie sich aus den im EGV enthaltenen Vorbehalten zur Rechtfertigung von Diskriminierungen, gelten hier nicht.

228 Siehe EuGH Urteil vom 17. Dezember 1981 in der Rechtssache 279/80 (Webb), Slg. 1981, I-3305 (3325). Verwirrenderweise geht der EuGH völlig anders beim Warenverkehr vor. Soweit nichtdiskriminierende Beschränkungen des freien Warenverkehrs durch Rechtsgüter gerechtfertigt werden, die in Art. 30 ff. EGV aufgeführt sind, greift der EuGH oft auf diesen Artikel als Grundlage der Rechtfertigung zurück.

tragsvorschriften keine konkrete Lösung zu dieser Frage anbieten[229]. Folglich ist der Rechtsanwender von den gesetzten Regeln und Maßstäben der „Gründe des Allgemeininteresses" des EuGH abhängig. Im Fall *Gebhard* aus dem Jahre 1995 hat der EuGH ausgeführt[230]:

> „[N]ationale Maßnahmen, die die Ausübung der durch den Vertrag garantierten grundlegenden Freiheiten behindern oder weniger attraktiv machen können, müssen vier Voraussetzungen erfüllen: Sie müssen (1) in nichtdiskriminierender Weise angewandt werden[231], sie müssen (2) aus zwingenden Gründen des Allgemeininteresses gerechtfertigt sein[232], sie müssen (3) geeignet sein, die Verwirklichung des mit ihnen verfolgten Zieles zu gewährleisten, und sie dürfen (4) nicht über das hinausgehen, was zur Erreichung dieses Zieles erforderlich ist"[233].

Soweit diese Voraussetzung erfüllt sind, können die Mitgliedstaaten „beliebige Allgemeinwohlbelange" verfolgen[234]. Entscheidendes Kriterium ist immer die Verhältnismäßigkeit (3. und 4. Voraussetzung), d.h. ob die Einwirkung auf die Dienstleistungsfreiheit verhältnismäßig war, vor allem, ob kein milderer Eingriff zum Schutz des kollidierenden Rechtsguts genügte, ob die Einwirkung erforderlich war[235]. Fest steht, daß die Verhältnismäßigkeitsprüfung bei *Diskriminierungen* generell besonders streng durchzuführen ist, während bei „sonstigen Beschränkungen" etwas „großzügiger verfahren werden kann"[236].

C. Würdigung und Kritik des „Allgemeininteresses"

I. Zum schwammigen Rechtsbegriff des „Allgemeininteresses"

Zunächst einmal ist festzustellen, daß die Rechtfertigung einer staatlichen Regelungen, die eine „sonstige Beschränkung" des freien Dienstleistungsverkehrs i.S.d. Art. 49 ff. EGV darstellt, aufgrund des „Allgemeininteresses" (die zweite Voraussetzung vom *Gebhard* für eine Rechtfertigung) weder einen sicheren Rechtsbegriff noch zuverlässige Rechtssicherheit bietet. Der EuGH verzichtet

229 Steindorff, Gemeinsamer Markt als Binnenmarkt, ZHR 150 (1986), S. 687 (697).

230 Siehe hierzu EuGH Urteil vom 30.11.1995 in der Rechtssache C-55/94 (Gebhard), Slg. 1995, I-4165 (Rn. 37). Vgl. auch EuGH Urteil vom 31. März 1993 in der Rechtssache C-19/92 (Kraus), Slg. 1993, I-1663 (Rn. 32).

231 Diskriminierende Maßnahmen fallen unter die o.g. Analyse. Siehe oben IV.B.

232 Dieses Element bringt die meisten Auslegungsprobleme mit sich. Siehe unten IV.C.

233 Die letzten zwei Elemente gehören zur Verhältnismäßigkeitsprüfung.

234 So Jarass, EuR 1995, S. 224.

235 Jarass, EuR 1995, S. 224.

236 Jarass, EuR 1995, S. 224.

darauf, eine abstrakte oder positive Definition der denkbar zulässigen Allgemeininteressen zu präzisieren[237]. Als einziger Maßstab gilt das Prinzip, daß staatliche Regelungen, die aufgrund des „Allgemeininteresses“ gerechtfertigt sein wollen, nicht-wirtschaftliche Ziele verfolgen müssen, da Zielsetzungen wirtschaftlicher Art im Rahmen des Art. 49 EGV nationale Regelungen zu wirtschaftlichen Zwecken als eine Beschränkung der Dienstleistungsfreiheit nicht rechtfertigen.

Was aber unter „wirtschaftlichen bzw. nicht-wirtschaftlichen Zielen“ zu verstehen ist, bleibt völlig unklar. Als „nicht-wirtschaftliche Ziele“ i.S.d. Allgemeininteresses ist einmal „die Gefahr einer Störung des finanziellen Gleichgewichts des Systems der sozialen Sicherheit“[238]. Andere vom EuGH geschützte Gebiete sind innerstaatliche Rechtsvorschriften über Fernsehwerbung[239] sowie die Unklagbarkeit bestimmter Forderungen „aus Gründen der gesellschaftlichen Ordnung“[240]. Darüber hinaus hat der EuGH nationale Vorschriften über die Vermittlung von Bühnenkünstlern[241] und Berufsregelungen, insbesondere Vorschriften über Organisation, Befähigung, Berufspflichten, Kontrolle, Verantwortlichkeit und Haftung[242] anerkannt. Ansonsten hat der EuGH darauf verzichtet, eine abstrakte oder positive Definition der zulässigen Allgemeininteressen zu präzisieren[243].

Der Grundgedanke ist richtig, da zum einen die Wirtschaftsordnung eben Regelungsgegenstand des EGV ist[244]. Zum anderen stünde ansonsten die Dienstleistungsfreiheit zur beliebigen gesetzgeberischen Disposition der Mitgliedstaaten. Nur taucht aber immer wieder das Problem auf, daß sich die meisten mitgliedstaatlichen Dienstleistungshindernisse leicht mit einem Regelungsziel in Verbindung bringen lassen, das sich als ein nicht-wirtschaftliches, wie etwa Umwelt- oder Verbraucherschutz, deklarieren läßt[245]. Die Definition und Kriterien etwaiger „(nicht)wirtschaftliche Ziele“ sind nach der Rechtsprechung des EuGH den

---

237 Schöne, a.a.O., S. 171.

238 EuGH Urteil vom 30.11.1995 in der Rechtssache C-55/94 (Gebhard), Slg. 1995, I-4165 (Rn. 38).

239 EuGH Urteil vom 18. März 1980 in der Rechtssache 52/79 (Debauve), Slg. 1980, I-833 (857, Rn. 15).

240 EuGH Urteil vom 24. Oktober 1978 in der Rechtssache 15/78 (Koestler), Slg. 1978, I-1971 (1980, Rn. 5).

241 EuGH Urteil vom 18. Januar 1979 in der Rechtssache 110 u. 111/78 (van Wesemael), Slg. 1979, I-35 (52, Rn. 28).

242 EuGH Urteil vom 3. Dezember 1974 in der Rechtssache 33/74 (van Binsbergen), Slg. 1974, I-1299 (1310, Rn. 12).

243 Schöne, a.a.O., S. 171.

244 Id., S. 172.

245 Id.

Mitgliedstaaten überlassen. Daraus ergeben sich zwei Probleme. Erstens können viele protektionistische staatliche Maßnahmen als „nicht-wirtschaftlich" deklariert werden. Insofern können die Mitgliedstaaten die Dienstleistungsfreiheit nur wegen der Erklärung eines „nicht-wirtschaftlichen" Ziels untergraben. Zweitens erhalten die Mitgliedstaaten viel zu viel Spielraum, der durch einen großzügig ausgelegten Verhältnismäßigkeitsgrundsatz verstärkt wird[246]. Dies führt zu einer verwirrenden Rechtsprechung des EuGH.

2. *Zur Anwendung der Rechtfertigung aufgrund des „Allgemeininteresses"*

Wie oben (Abschnitt IV.B.2) geschildert, gilt das Allgemeininteresse als Element der Rechtfertigungsmöglichkeit nur bei „sonstigen Beschränkungen" der Dienstleistungsfreiheit, da u.a. der EGV für diskriminierende staatliche Regelungen nur die Vorschriften der Art. 45 und 46 EGV vorsieht. Leider hält der EuGH an dieser Regel nicht fest. Manchmal prüft der EuGH *diskriminierende* staatliche Regelungen danach, ob sie aus Gründen des Allgemeininteresses gerechtfertigt sind.

Einige Beobachter sehen darin kein Problem, sondern lediglich die Einsetzung eines Tests des Allgemeininteresses zur Prüfung der Frage, ob eine versteckte Diskriminierung vorliegt[247]. So gesehen, wäre die Vorgehensweise des EuGH ähnlich wie beim Warenverkehr, wo die durch die Rechtsprechung gesetzte Cassis-Formel von den zwingenden Erfordernissen regelmäßig bereits zur Feststellung des Tatbestandes einer „Maßnahme gleicher Wirkung" i.S.d. Art. 28 EGV und nicht erst für deren eventuelle Rechtfertigung einsetzt.

Diese Interpretation ist aber zu verneinen. Es hätte eine Aushöhlung der Dienstleistungsfreiheit zur Folge, wenn der EuGH eine *diskriminierende* staatliche Regelungen aus Gründen des Allgemeininteresses prüfte. Eine solche Prüfung ist nämlich systemwidrig, da der EGV nur gewisse vorgeschriebene Rechtfertigungsgründe für diskriminierende Maßnahmen vorsieht, nämlich *allein* die Art. 45 und 46 EGV. Weiterhin kann das Allgemeininteresse im Rahmen der Art. 49 nach allgemeiner Auffassung[248] und nach der sonstigen Rechtsprechung des EuGH nur nichtdiskriminierende Beschränkungen rechtfertigen[249]. Eine Diskri-

---

246 Id..

247 Siehe etwa Schöne, a.a.O., S. 159 f.

248 Siehe etwa Hailbronner, in: Lenz, a.a.O., Art. 60, Rn. 27 sowie Troberg, in: GTE, a.a.O., Art. 59, Rn. 18.

249 Siehe EuGH Urteile vom 3. Dezember 1974 in der Rechtssache 33/74 (van Binsbergen), Slg. 1974, I-1299; vom 18. Januar 1979 in der Rechtssache 110, 111/78 (van Wesemael), Slg. 1979, I-35; und vom 17. Dezember 1981 in der Rechtssache 279/80 (Webb), Slg. 1981, I-3305.

minierung von ausländischen Unternehmen liegt nie im Allgemeininteresse, d.h. ein Interesse an protektionistischen Maßnahmen *per definitionem* kann nicht „allgemein" oder objektiv sein; insofern ist die Prüfung, ob diese Schlechterstellung durch ein Allgemeininteresse gerechtfertigt ist, überflüssig[250]. Folglich ist bei einer innerstaatlichen Regelung, die ausländische Dienstleistungserbringer schlechter stellt als inländische Unternehmen, nicht zu prüfen, ob die Diskriminierung durch ein Allgemeininteresse gerechtfertigt sei.

D. Eigene Lösung

Bei der Festlegung eines Rechtfertigungsgrundes müssen zwei Kriterien immer erfüllt sein. Erstens muß sichergestellt werden, daß die Mitgliedstaaten nicht versteckt industrie-protektionistische Ziele verfolgen. Zweitens muß sichergestellt werden, daß ein hohes Maß an Rechtssicherheit beim Wertungs- und Beurteilungsspielraum geschaffen wird. Weil die übliche Auslegung des „Allgemeininteresses" – wie oben geschildert – diese Kriterien nicht erfüllt, muß ein Umdenken bei der Rechtfertigung „sonstiger Beschränkungen" stattfinden[251].

Diese zwei Kriterien, an denen jede Rechtfertigung gemessen werden muß, können nur durch eine stringentere Abwägung der sich widerstreitendenden legitimen Regelungsinteressen der Mitgliedstaaten und dem Gemeinschaftsinteresse an einem freien Dienstleistungsverkehr erreicht werden[252]. Solch eine stringentere Abwägung muß die Form einer Beurteilung der Intensität des Eingriffs der „sonstigen Beschränkung" in den freien Dienstleistungsverkehr der Art. 49 ff. EGV erfolgen. Je weiter und intensiver die „sonstige Beschränkung" den freien Dienstleistungsverkehr behindert, desto höher sind die Legitimationsanforderungen zu stellen.

Zur Erfüllung des ersten Kriteriums, nämlich der Verhinderung versteckter industrie-protektionistischer staatlicher Regelungen, muß von vornherein dem Sitzstaatsprinzip absolute Priorität eingeräumt werden. Je höher die Legitimationsanforderungen sind, desto mehr gewinnt das Sitzstaatsprinzip an Geltung und desto mehr findet der angestrebte freie Dienstleistungsverkehr im Binnenmarkt Realisierung und Vollendung. Mittel zur Erfüllung dieses Kriteriums ist eine strenge Auslegung der Verhältnismäßigkeitsprüfung. Unverhältnismäßig, weil nicht erforderlich, sind „sonstige (nichtdiskriminierende) Beschränkungen" der

250 Zu Recht Hailbronner, in: HKMM, a.a.O., Art. 60, Rn. 27.

251 Die herkömmliche Rechtfertigungsstufe bei diskriminierenden staatlichen Regelungen erfüllt diese Kriterien. Insofern ist sie also nicht korrekturbedürftig.

252 Schöne, a.a.O., S. 124.

Dienstleistungsfreiheit immer dann, wenn dem gewünschten Regelungsziel bereits durch Rechtsvorschriften Rechnung getragen ist, denen der Dienstleistungserbringer in dem Staat unterliegt, in dem er ansässig ist (also im Sitzstaat)[253]. Deshalb ist eine vom Herkunftsstaat erteilte behördliche Genehmigung im Mitgliedstaat der Dienstleistungserbringer anzuerkennen, soweit sie „unter Voraussetzungen erteilt worden ist, welche mit denen des Staates, in dem die Leistung erbracht wird, vergleichbar sind“[254] bzw. ein zweites Genehmigungsverfahren im Land der Dienstleistungserbringung „zu einer bloßen Wiederholung der Nachweise und Sicherheiten führen würde, die im Staat der Niederlassung verlangt werden“[255].

Zur Erfüllung des zweiten Kriteriums, nämlich der Rechtssicherheit, muß der EuGH *an der Stelle* der Prüfung des „Allgemeininteresses“, was aus den oben genannten Gründen keine Rechtssicherheit mit sich bringt, eine strikte Verhältnismäßigkeitsprüfung bei jeder „sonstigen Beschränkung“ durchführen. Der EuGH befindet sich schon auf dem Weg, dies im Rahmen seiner Prüfung anzuerkennen. So hat er z.B. im *Versicherungsurteil* vom 4. Dezember 1986, nachdem er das Niederlassungserfordernis als eine „sonstige Beschränkung“ des freien Dienstleistungsverkehrs festgestellt hat (sogar eine „Negation dieser Freiheit“), im Rahmen der Rechtfertigung des Niederlassungserfordernisses den Nachweis für notwendig gehalten, „daß (jenes Niederlassungserfordernis) eine *unerläßliche Voraussetzung* für die Erreichung des verfolgten Zwecks ist“[256]. Auf diese Weise hat der EuGH sich zum großen Teil auf die Prüfung des Verhältnismäßigkeitsgrundsatzes beschränkt.

---

253 Dies stünde auch im Einklang mit der Rechtsprechung. Siehe EuGH Urteil vom 17. Dezember 1981 in der Rechtssache 279/80 (Webb), Slg. 1981, I-3305 (3325).

254 EuGH Urteil vom 18. Januar 1979 in der Rechtssache 110, 111/78 (van Wesemael), Slg. 1979, I-35 (54). Siehe auch EuGH Urteil vom 28. April 1998 in der Rechtssache 158/96 (Raymond Kholl ./. Union des caises de maladie), EuZW 1998, S. 345 ff. sowie Hailbronner, in: HKMM, a.a.O., Art. 60, Rn. 32.

255 EuGH Urteil vom 17. Dezember 1981 in der Rechtssache 279/80 (Webb), Slg. 1981, I-3305 (3326).

256 EuGH Urteil vom 4. Dezember 1986 in der Rechtssache 205/84 (Kommission ./. Bundesrepublik Deutschland), Slg. 1986, I-3755 (3809, Rn. 52).

V. Die Untergrabung des freien Dienstleistungsverkehrs auf dem Weltmarkt: Das "Schlecht"achten 1/94

A. Überblick

Nicht nur innerhalb der EG sorgt der EuGH für Verwirrung im Bereich der Dienstleistungsfreiheit, sondern auch im „Außenbereich" der Dienstleistung hat der Gerichtshof erhebliche Schwierigkeiten verursacht. Mit seinem Gutachten 1/94 zur Kompetenzfrage der EG im internationalen Dienstleistungssektor hat der EuGH die Hände der EG gebunden, in der Zukunft eigenständig an weiteren Liberalisierungsmaßnahmen mitzuwirken.

Unter den vielen Vereinbarungen und Verträgen, die den rechtlichen Rahmen des Wirkens der World Trade Organization (WTO) bilden, befinden sich auch die vertraglichen Vereinbarungen über das Allgemeine Dienstleistungsabkommen („General Agreement on Trade in Services" – GATS)[257]. Auf Antrag der Kommission prüfte der EuGH unter anderem gemäß dem alten Art. 228 VI EGV die Zuständigkeitsfrage der Gemeinschaft für den Abschluß des GATS Abkommens. Dieser Abschnitt setzt sich mit dem Inhalt des Gutachtens intensiv auseinander und kommt zum Ergebnis, daß die Dienstleistungsfreiheit in der EG auch im Außenbereich vom EuGH untergraben wird.

B. Inhalt des Gutachtens bezüglich des Dienstleistungssektors

1. Zur ausdrücklichen *ausschließlichen Kompetenz*

Nach Ansicht der Kommission fällt der Abschluß des GATS in die ausschließliche Kompetenz der Gemeinschaft, und zwar *ausdrücklich* i.S.d. Handelspolitik nach Art. 133 EGV. In ihrem Antrag stützte sich die Kommission auf drei Argumente. Erstens stützte sie sich auf die weite Auslegung des Begriffs der gemein-

257 Gesetz zum Übereinkommen v. 15.4.1994 zur Errichtung der Welthandelsorganisation und zur Änderung anderer Gesetze, BGBl. II, 1994, Annex 1B zum WTO-Abkommen, ABl. EG Nr. L 336 v. 23. April 1994. Zur Entstehung der WTO sowie zur Umsetzung ihrer Panel-Beschlüsse im Recht der EU siehe McDonald, Die (Nicht)-Umsetzung von Panel-Beschlüssen der WTO im Recht der USA und der EU, ZEuS 1998, S. 249 ff.

samen Handelspolitik durch den EuGH im Gutachten 1/78[258]. Zweitens zog die Kommission eine Analogie zwischen Waren und Dienstleistungen heran[259]. Drittens argumentierte die Kommission aus dem Zweck des GATS und im Hinblick auf die verwendeten Instrumente, um daraus den Schluß zu ziehen, daß die Dienstleistungen unter die Handelspolitik fielen[260].

Dagegen haben der Rat, die Mitgliedstaaten und das Europäische Parlament argumentiert. Sie sahen nur eine geteilte (parallele) Zuständigkeit für den Abschluß des GATS. Einige Mitgliedstaaten vertraten sogar die Ansicht, daß der Dienstleistungsverkehr von vornherein und grundsätzlich vom Anwendungsbereich des Art. 133 EGV ausgeschlossen sei[261].

In seinem Gutachten untersuchte der EuGH die gemeinschaftsrechtliche Kompetenz in jeder der im GATS vorgesehenen Dienstleistungsart[262]. Das GATS umfaßt gemäß Art. I Abs. 2 vier Erbringungsarten: 1) die grenzüberschreitende Erbringung der Dienstleistung ohne Grenzübertritt von Personen (die sog. „Korrespondenzdienstleistung"[263]; 2) die „positive" Dienstleistungserbringung, wo der Dienstleistungserbringer eines Mitglieds Leistungen im Gebiet eines anderen Mitglieds erbringt; 3) die „negative" Dienstleistungserbringung, für die sich der Dienstleistungsempfänger in das Gebiet des Mitglieds der WTO begibt, um dort seine Dienstleistung vom Dienstleistungserbringer in Anspruch zu nehmen (z.B. Tourismus)[264] und 4) die gewerbliche oder von natürlichen Personen errichtete Niederlassung, d.h. bei Bestehen einer Tochtergesellschaft oder einer Zweigniederlassung im Gebiet des Mitglieds der WTO, in dem die Dienstleistung zu erbringen ist[265].

Lediglich bei der „Korrespondenzdienstleistung" sah der EuGH eine ausdrücklich ausschließliche Zuständigkeit zugunsten der Gemeinschaft. Begründet wurde die Bejahung der ausschließlichen Zuständigkeit dadurch, daß bei der Korrespondenzdienstleistung nur die Dienstleistung die Grenzen überschreitet[266]. Insofern verhält sich die Korrespondenzdienstleistung wie der Warenverkehr, „der zweifellos unter die gemeinsame Handelspolitik fällt"[267]. Folglich gibt es

---

258 EuGH Gutachten 1/94, Rn. 36.
259 EuGH Gutachten 1/94, Rn. 36.
260 EuGH Gutachten 1/94, Rn. 36.
261 EuGH Gutachten 1/94, Rn. 41.
262 Siehe auch oben II.C.1.
263 Siehe oben II.C.1.a.
264 Id.
265 Id.
266 Vgl. oben II.C.
267 EuGH Gutachten 1/94, Rn. 44.

„keinen besonderen Grund, eine solche Dienstleistung vom Begriff der gemeinsamen Handelspolitik auszuschließen"[268].

Bei allen anderen Formen der Dienstleistung hat der EuGH eine ausschließliche Zuständigkeit der Kommission abgelehnt. Bei den anderen drei Erbringungsarten handelt es sich zum Teil um die grenzüberschreitende Bewegung anderer Produktfaktoren, vor allem von Personen. Die Behandlung von Angehörigen dritter Länder bei Überschreiten der Außengrenzen falle – so der EuGH – nicht unter die gemeinsame Handelspolitik[269]. Als Begründung nannte der EuGH den Unterschied, der sich aus Art. 3 EGV ergebe, nämlich, daß „eine gemeinsame Handelspolitik" (Buchstabe b) von „Maßnahmen hinsichtlich der Einreise ... und des Personenverkehrs" (Buchstabe d) unterschieden wird[270]. Darüber hinaus „zeigt der Umstand, daß der Vertrag spezifische Kapitel über die Freizügigkeit sowohl natürlicher wie juristischer Personen enthält, daß (die drei anderen Erbringungsarten) nicht zur gemeinsamen Handelspolitik gehören"[271]. Folglich fallen die „positive" und die „negative" Dienstleistungserbringungsart sowie die Niederlassung nicht unter die gemeinsame Handelspolitik[272].

2. Zur stillschweigenden *ausschließlichen Kompetenz*

Auch das Argument der Kommission, die ausschließliche Zuständigkeit der Kommission für den Abschluß des GATS folge (wenn nicht ausdrücklich) *stillschweigend* aus den Vertragsbestimmungen über die interne Zuständigkeit der Gemeinschaft, aus dem Bestehen von Vorschriften des abgeleiteten Rechts (Sekundärrechts), mit denen diese Zuständigkeit wahrgenommen wird, oder aus der Notwendigkeit, die internationalen Verpflichtungen einzugehen, um ein der Gemeinschaft intern gesetztes Ziel zu verwirklichen, wurde abgelehnt[273]. Außerdem sah der EuGH „nicht ausreichende Befugnisse auf der Grundlage besonderer Vertragsbestimmungen oder von Vorschriften des Sekundärrechts"[274].

Konkret hat die Kommission drei möglichen Quellen einer *stillschweigenden* ausschließlichen Zuständigkeit der Gemeinschaft für das GATS ausgeführt: (1) die Befugnisse, die der Vertrag den Gemeinschaftsorganen intern verleihe; (2)

268 EuGH Gutachten 1/94, Rn. 44.
269 EuGH Gutachten 1/94, Rn. 46.
270 EuGH Gutachten 1/94, Rn. 46.
271 EuGH Gutachten 1/94, Rn. 46.
272 EuGH Gutachten 1/94, Rn. 47. Dies gilt auch für den Verkehrssektor. Siehe EuGH Gutachten 1/94, Rn. 48.
273 EuGH Gutachten 1/94, Rn. 72.
274 EuGH Gutachten 1/94, Rn. 72.

die Notwendigkeit, das Abkommen zu schließen, um ein Ziel der Gemeinschaft zu verwirklichen; und (3) die Artikel 100a und 235 EGV.

Erstens führte die Kommission aus, daß es im GATS keinen Bereich und keine Einzelbestimmung gebe, für die die Gemeinschaft keine entsprechende Befugnisse zum Erlaß von Maßnahmen auf interner Ebene hätte[275]. Diese Befugnisse seien in den Kapiteln über das Niederlassungsrecht, über den freien Dienstleistungsverkehr und über den Verkehr zu finden[276]. Aus diesen internen Befugnissen folge auch eine ausschließliche externe Befugnis[277].

Der EuGH hat dieses erste Argument abgelehnt[278]. Nach dem Urteil AETR verlieren die Mitgliedstaaten, ob einzeln oder gemeinsam handelnd, das Recht zum Eingehen von Verpflichtungen gegenüber Drittstaaten nur in dem Maße, wie gemeinsame Rechtsnormen erlassen werden, die durch die Verpflichtungen beeinträchtigt werden könnten[279]. „Nur in dem Maße, wie gemeinsame Vorschriften auf *interner* Ebene erlassen werden, wird die *externe* Zuständigkeit der Gemeinschaft zu einer ausschließlichen"[280]. Im Gegensatz zum Kapitel über den Warenverkehr enthalten die Kapitel über das Niederlassungsrecht und den freien Dienstleistungsverkehr keine Bestimmung, die die Zuständigkeit der Gemeinschaft ausdrücklich auf „Beziehungen ..., die dem internationalen Recht unterliegen", erstreckt[281]. Das einzige Ziel – so der EuGH – ist das Niederlassungsrecht und den freien Dienstleistungsverkehr zugunsten der Angehörigen der Mitgliedstaaten zu gewährleisten[282]. Die beiden Kapitel enthalten keine Bestimmung, die die Frage der ersten Niederlassung von Angehörigen von Drittstaaten und deren Zugang zu selbständigen Tätigkeiten regelt[283]. Daher ist es „ausgeschlossen, aus diesen Kapiteln von vornherein eine ausschließliche Zuständigkeit der Gemeinschaft dafür abzuleiten, mit Drittstaaten ein Abkommen zur Liberalisierung der ersten Niederlassung und des Zugangs zu den Märkten für andere Dienstleistungen als diejenigen, die Gegenstand einer grenzüberschreitenden Erbringung im Sinne des GATS sind und unter Artikel 133 fallen („Korrespondenzdienstleistungen")[284], zu schließen"[285].

---

275 EuGH Gutachten 1/94, Rn. 74.
276 EuGH Gutachten 1/94, Rn. 74.
277 EuGH Gutachten 1/94, Rn. 74.
278 EuGH Gutachten 1/94, Rn. 75.
279 EuGH Gutachten 1/94, Rn. 77, beruhend auf dem AETR Urteil, a.a.O., Rn. 17 und 18.
280 EuGH Gutachten 1/94, Rn. 77. (Hervorhebung vom Verfasser.)
281 EuGH Gutachten 1/94, Rn. 81.
282 EuGH Gutachten 1/94, Rn. 81.
283 Id.
284 Vom Verfasser.
285 EuGH Gutachten 1/94, Rn. 81

Zweitens führte die Kommission aus, daß die ausschließliche externe Zuständigkeit der Gemeinschaft nicht auf die Fälle beschränkt sei, in denen von der internen Zuständigkeit bereits zum Erlaß von Maßnahmen im Rahmen der Harmonisierung Gebrauch gemacht worden sei[286]. Die Kommission hat argumentiert, daß, wenn das Gemeinschaftsrecht den Organen *interne* Zuständigkeiten zur Verwirklichung eines bestimmten Ziels verliehen habe, folge die *internationale* Zuständigkeit der Gemeinschaft stillschweigend aus diesen Bestimmungen[287]. Das Erfordernis einer Beteiligung der Gemeinschaft an dem internationalen Abkommen zur Verwirklichung eines der Ziele (Art. 2 EGV) der Gemeinschaft sei ausreichend[288].

Der EuGH hat dieses zweite Argument abgelehnt[289]. Anders als im Gutachten 1/76, als es u.a. um die Sanierung der wirtschaftlichen Situation der Binnenschiffahrt der Gebiete von Rhein und Mosel sowie der gesamten niederländischen Wasserstraßen und der mit dem Gebiet des Rheins verbundenen deutschen Wasserstraßen ging, was „verständlich" machte, daß die externe Zuständigkeit ausgeübt werden kann, ohne daß zuvor ein interner Rechtsakt erlassen worden ist, und damit zu einer ausschließlichen Zuständigkeit werden kann, gehe es im Dienstleistungsbereich um etwas anders. Die Verwirklichung der Niederlassungsfreiheit und des freien Dienstleistungsverkehrs sei nicht untrennbar mit der Behandlung von Angehörigen von Drittstaaten in der Gemeinschaft oder von Angehörigen der Mitgliedstaaten in Drittstaaten verbunden[290].

Drittens (und letztlich) führte die Kommission aus, daß die (alten) Artikel 100a (jetzt 95 Abs. 1) EGV und 235 (jetzt 308) EGV als Grundlage für eine ausschließliche externe Zuständigkeit galten[291]. Was Art. 100a EGV betrifft, hat die Kommission argumentiert, daß, wenn von dieser Harmonisierungskompetenz einmal Gebrauch gemacht worden ist, die so erlassenen Harmonisierungsmaßnahmen die Freiheit der Mitgliedstaaten zu Verhandlungen mit Drittstaaten begrenzen oder sogar beseitigen können. Was Art. 235 betrifft, hat die Kommission vorgetragen, daß er der Gemeinschaft erlaubt, den Unzulänglichkeiten der ihr zur Verwirklichung ihrer Ziele ausdrücklich oder stillschweigend übertragenen Befugnisse abzuhelfen.

Der EuGH hat auch dieses letzte Argument abgelehnt. Was Art. 100a EGV betreffe, schloß der EuGH aus, daß eine Zuständigkeit für die Harmonisierung auf *interner* Ebene, die nicht in einem bestimmten Bereich ausgeübt worden ist,

286 EuGH Gutachten 1/94, Rn. 82.
287 Id.
288 Id.
289 EuGH Gutachten 1/94, Rn. 84.
290 So der EuGH im Gutachten 1/94, Rn. 86.
291 EuGH Gutachten 1/94, Rn. 87.

dazu führen könne, zugunsten der Gemeinschaft eine ausschließliche *externe* Zuständigkeit in diesem Bereich zu schaffen[292]. Was Art. 235 EGV angehe, könne er als solcher keine ausschließliche Zuständigkeit der Gemeinschaft auf internationaler Ebene schaffen[293].

Aus allem ergibt sich, daß die Zuständigkeit für den Abschluß des GATS zwischen der Gemeinschaft und den Mitgliedstaaten geteilt ist (parallele Kompetenz)[294]. Das GATS Abkommen gilt also als „gemischtes Abkommen" (außer für die Korrespondenzdienstleistung)[295]. Insofern werden neben den Gemeinschaften auch die Mitgliedstaaten Vertragspartner des GATS. Der Abschluß des GATS (im Rahmen der WTO Abkommen) durch den Rat erfolgte allerdings erst dann, als die Mitgliedstaaten die Abkommen ratifiziert haben.

C. Die Untergrabung des freien Dienstleistungsverkehrs: Eine Analyse und Kritik des Gutachtens

Die Vorgehensweise des EuGH würde übertragen auf US-amerikanische Rechtsverhältnisse bedeuten, daß der Supreme Court eine Entscheidung zum GATS-Abkommen treffen würde, wobei einige Dienstleistungsarten in der ausschließlichen Zuständigkeit des Bundes fielen und andere Erbringungsarten, je nach Form, zwischen dem Bund und Idaho, Florida, Michigan sowie den anderen 47 Bundesstaaten geteilt wären. Genau diese Wirkung hat das Gutachten 1/94.

Zuerst einmal leidet die Homogenität der Durchführung „gemischter Abkommen" darunter, daß der EuGH nur für die Auslegung des gemeinschaftsrechtlichen, nicht aber des „mitgliedstaatlichen" Teils zuständig ist[296]. Das hat die Folge, daß keine einheitliche Auslegung des GATS-Abkommens in der EG geschaffen wird. Die anderen 15 Mitgliedstaaten dürfen das GATS-Abkommen beliebig auslegen und interpretieren, wie sie möchten, ohne gezwungen zu sein, eine GATS-Frage nach Art. 177 EGV dem EuGH vorzulegen. Mit anderen Worten entsteht aufgrund der zerstreuten Gerichtsbarkeit keine Rechtssicherheit im GATS-Bereich.

---

292 EuGH Gutachten 1/94, Rn. 88 (Hervorhebung vom Verfasser).

293 EuGH Gutachten 1/94, Rn. 89. Ausnahme hierzu wäre im Fall, wo eine ausschließliche Zuständigkeit der Gemeinschaft wirksam nur zugleich mit der externen Zuständigkeit ausgeübt werden kann. Vgl. EuGH Gutachten 1/76.

294 EuGH Gutachten 1/94, Rn. 98.

295 Vgl. Bleckmannn, Der gemischte Vertrag im Europarecht, EuR 1976, S. 301 ff.

296 Schweitzer/Hummer, Europarecht, 5. Aufl. (1996), Rn. 671.

Zweitens bricht der EuGH mit dem Geist des AETR-Urteils[297]. Das AETR Urteil besagt, daß sich die „treaty making power" der Gemeinschaft daraus ableitet, daß die Gemeinschaften im Innenbereich Vorschriften erlassen haben, die durch das Eingehen völkerrechtlicher Verpflichtungen (durch die Mitgliedstaaten) beeinträchtigt werden würden[298]. Um das zu verhindern, haben die Mitgliedstaaten auch ihre externe Zuständigkeit („treaty making power") zugunsten der (jeweiligen) Gemeinschaft verloren, die ausschließlich zuständig geworden ist[299]. Genau diese Beeinträchtigung wird zustande kommen. Die den Mitgliedstaaten intern belassene Freiheit, eine auswärtige Politik bilateraler Abkommen mit Drittländern zu verfolgen, führt zu Verzerrungen des Dienstleistungsverkehrs und untergräbt den Binnenmarkt nach und nach[300]. Das sieht man jetzt ganz deutlich am „open skies" Problem. Hier tritt der Reisende seine Flugreise von einem Flughafen eines Mitgliedstaates aus an, der mit einem Drittland und dessen Fluggesellschaft ein bilaterales Abkommen des Typs „open skies" geschlossen hat, das er erlaubt, das günstige Preis-Leistungs-Verhältnis im Dienstleistungsverkehrssektor anzubieten[301].

Drittens ist die Haftungsfrage nicht klar[302]. Anders als beim UN-Seerechtsübereinkommen gibt es keine Mitteilung über die jeweiligen Kompetenzen[303]. Bei der Umsetzung der GATS Panel-Beschlüsse könnten einige Mitgliedstaaten zu Recht behaupten, sie seien an die jeweilige Entscheidung nicht gebunden, weil die Haftungsfrage nicht klar definiert ist.

Viertens orientiert sich das Gutachten „bemerkenswert eng" am Vertragswortlaut der (alten) Art. 133, 75, 43 EGV[304]. Insofern verzichtet das Gutachten auf den früher gerne herangezogenen „effet utile" der Vertragsbestimmungen[305].

Fünftens (letztlich) hat der EuGH die Hände der Kommission gebunden, in Zukunft an weiteren internationalen Dienstleistungsliberalisierungsabkommen mitzuwirken. Die künftige Handlungsfähigkeit der EG selbst innerhalb der WTO ist mit Problemen vorprogrammiert[306]. *Oppermann* findet den folgenden Satz des

---

297 Oppermann, Die Europäische Gemeinschaft und Union in der Welthandelsorganisation (WTO), RIW 1995, S. 915 (926 ff.).

298 Schweitzer/Hummer, a.a.O., Rn. 653.

299 EuGH Urteil vom 31. März 1971 in der Rechtssache 22/70 (AETR), Slg. 1971, I-263 ff.

300 Zu Recht hat die Kommission auch so argumentiert, jedoch ohne Erfolg. Siehe EuGH Gutachten 1/94, Rn. 78.

301 Id.

302 Siehe auch Schweitzer/Hummer, a.a.O., Rn. 671.

303 Stein, „Bananen-Split"?, EuZW 1998, S. 261 (263).

304 So Oppermann, RIW 1995, S. 927.

305 Oppermann, RIW 1995, S. 927.

306 Siehe auch Oppermann, RIW 1995, S. 927.

Gutachtens „erhellend“[307]: „Wie der Rat betont hat, kann das Problem der Verteilung der Zuständigkeit nicht nach Maßgabe eventueller Schwierigkeiten geregelt werden, die bei der Durchführung auftreten können“[308]. Die kleine Änderung nach Amsterdam, welche die Anwendung der Grundsätze der Gemeinsamen Handelspolitik auf internationale Verhandlungen und Übereinkünfte über Dienstleistungen vorsieht, ändert nichts, weil die Kommission vom „einstimmigen Beschluß“ des Rats abhängig ist, d.h. jeder Mitgliedstaat kann für sich selbst entscheiden, was er unter einer „Dienstleistung“ i.S.d. Gemeinsamen Handelspolitik versteht[309]

Aus allem ergibt sich die Erkenntnis, daß der EuGH der Gemeinschaft eine ausschließliche Kompetenz im Dienstleistungssektor hätte einräumen sollen, und zwar für jede Dienstleistungsart.

---

307 Id.

308 EuGH Gutachten 1/94, Rn. 107.

309 Siehe Art. 133 Abs. V EGV: „Der Rat kann auf Vorschlag der Kommission und nach Anhörung des Europäischen Parlaments durch einstimmigen Beschluß die Anwendung der Absätze 1 bis 4 auf internationale Verhandlungen und Übereinkünfte über Dienstleistungen und Rechte des geistigen Eigentums ausdehnen, soweit sie durch diese Absätze nicht erfaßt sind“.

VI. Zusammenfassung

Ziel eines Rechtsbegriffs der „Dienstleistung“ i.S.d. Art. 49 ff. EGV ist es, die praktische Anwendung dieser Grundfreiheit zu erleichtern. Um dieses Ziel zu erreichen, darf die Dogmatik nicht zu kompliziert bzw. zu uneinheitlich ausfallen, da anderenfalls der Rechtsanwender überfordert und verwirrt wäre. Andererseits muß die Dogmatik die Probleme des betreffenden Regelungsbereiches hinreichend berücksichtigen. Insgesamt muß eine Definition so einfach und einheitlich wie möglich und so komplex wie nötig sein.

Nach diesen Kriterien war es Aufgabe dieser Arbeit, die herkömmliche Auslegung der Dienstleistungsfreiheit i.S.d. Art. 49 ff. EGV zu überprüfen. Angesichts der immer fortschreitenderen Entwicklung im Dienstleistungssektor erwies sich die herkömmliche Auslegungsmethode als unzulänglich. So ist sie nicht in der Lage, bestimmte Problemfelder, die zum Teil mit den neuen Dienstleistungsarten zusammenhängen, bei der Abgrenzung zwischen der Dienstleistungsfreiheit und den anderen Grundfreiheiten zu lösen. Die herkömmliche Abgrenzungsmethode bietet keine sicheren Maßstäbe, so etwa für die Klassifizierung einer über das Internet eingeholten medizinischen Diagnose. Vergleichbare Probleme ergaben sich auch aus der herkömmlichen Abgrenzungsmethode zur Niederlassungsfreiheit.

Nicht nur bei der Definition einer „Dienstleistung“ i.S.d. Art. 49 ff. EGV wurden Probleme entdeckt, sondern auch beim Inhalt der Dienstleistungsfreiheit selbst. In der Rechtsprechung des EuGH fehlt es an einer klaren Einordnung der Unterschiede im Umfang des Verbots der „versteckten“ Diskriminierung vom Umfang des *Beschränkungsverbots*. Das liegt nicht zuletzt daran, daß der Rechtsbegriff einer „versteckten“ Diskriminierung selbst keine Klarheit schafft. Man kann nur hoffen, daß der EuGH den Begriff der „versteckten“ Diskriminierung abschaffen wird und eine staatliche Regelung entweder nach deren *diskriminierendem Charakter* („offene“ Diskriminierung) oder *handelsbeschränkenden Wirkung* („sonstige Beschränkung“) prüfen wird. Unbestimmtheiten sind ferner mit dem Begriff des „Allgemeininteresses“ eng verbunden, vor allem weil dieser Begriff den Mitgliedstaaten viel zu viel Spielraum läßt, selbstgenannte „nicht-wirtschaftliche“ Ziele in den Vordergrund zu rücken. Aus diesem Grund, sowie aus andern Gründen, ist dieser Begriff des „Allgemeininteresses“ zu verwerfen. An dessen Stelle sollte staatliche nicht-wirtschaftliche Interessen (vom

EuGH determiniert) im Rahmen der Verhältnismäßigkeitsprüfung nur bei der Rechtfertigungsstufe einer „sonstigen Beschränkung" berücksichtigt werden.

Schließlich wurde die „Dienstleistung" als Gegenstand des Gutachtens 1/94 untersucht. Es zeigte sich, daß der EuGH eine einheitliche Dienstleistungspolitik nach außen untergraben hat. Die Glaubwürdigkeit der EG in internationalen Beziehungen, als Einheit ernst genommen zu werden, ist zumindest im Dienstleistungssektor nicht zuletzt deshalb verlorengegangen, weil die geteilte Kompetenz zwischen der EG und deren Mitgliedstaaten dazu führt, daß die Mitgliedstaaten ihrerseits Dienstleistungsabkommen mit Drittländern abschließen können, die sogar der EG-Dienstleistungspolitik widersprechen können. Darüber hinaus wird das GATS-Abkommen von 15 Mitgliedstaaten ohne Rücksicht auf die Rechtsprechung des EuGH ausgelegt, was zu einer inneren Rechtsunsicherheit führen wird. All dies hätte der EuGH vermeiden können, wenn er der EG die ausschließliche Kompetenz für jede Art der Dienstleistungserbringung eingeräumt hätte.

Der Dienstleistungsbereich ist ein ständig fortschreitender Bereich. Natürlich kann man bei einem derart komplizierten Bereich nicht für sich Anspruch nehmen, Lösungen für jedes rechtliche Problem zu haben. Das war auch nicht Aufgabe dieser Arbeit. Sie wollte aber auf einige Schwierigkeiten der herkömmlichen Auslegungsmethode hinweisen und eigene Ansätze zur Lösung dieser Schwierigkeiten vorschlagen, und zwar mit Hinblick auf die Schaffung zuverlässiger Kriterien zur Steigerung der Rechtssicherheit auf dem äußerst praxisrelevanten Gebiet der europäischen Dienstleistungsfreiheit.

Teil II

Trotz der Schwächen des Europarechts, eine klare Definition einer „Dienstleistung" i.S.d. Art. 49 ff. EGV zu schaffen, können die Erfahrungen und die erzielten Erfolge im Europarecht als Modell beim internationalen Handel mit Dienstleistungen dienen, und zwar innerhalb des 1995 geschaffenen Systems der Welthandelsorganisation (WTO) bei der Auslegung, Revidierung und Umsetzung des Übereinkommens über Handel und Investition im Dienstleistungsbereich (General Agreement on the Trade in Services – GATS).

Teil II der vorliegenden Arbeit beschäftigt sich damit, wie der Handel mit Dienstleistungen auf internationaler Ebene durch das GATS geregelt wird. In der kritischen Auseinandersetzung mit diesem äußerst komplexen Übereinkommen werden dabei die rechtlichen Schwächen des GATS behandelt. Wo es angebracht erscheint, werden eigene Lösungsansätze eingebracht, die an die Erfolge des Europarechts anknüpfen. Mit anderen Worten werden die Erfolge auf der Ebene der Europäischen Union als Lösungsansätze für die Probleme des GATS verwendet.

Hierbei kommt der Streitbeilegung des GATS eine zentrale Bedeutung in der Untersuchung zu. Die Schwächen des jetzigen Streitbeilegungsmechanismus der WTO werden im Hinblick auf die Problematik des dualen Regelungssystems der Dienstleistung (EG-Recht und WTO-Recht) anhand der Bananenmarktordnung behandelt. Schließlich werden mit Blick auf die erzielten Erfolge in der EU Vorschläge zur Verbesserung auf WTO-Ebene zur effektiven Streitbeilegung unterbreitet.

VII. Einführung in die Problematik des GATS Abkommens

Das General Agreement on the Trade in Services („GATS") ist das erste multilaterale[310], rechtlich durchsetzbare Übereinkommen über den Handel mit Dienstleistungen. Gleichzeitig bietet das GATS den Rahmen für künftige, regelmäßig stattfindende Verhandlungen über den Abbau von Handelsbeschränkungen und -hemmnissen[311]. Neben dem Übereinkommen über handelsbezogene Aspekte der Rechte des geistigen Eigentums (TRIPS) und dem revidierten GATT 1994 über den Handel mit Waren ist das GATS eine der drei tragenden Säulen der Welthandelsorganisation (WTO – World Trade Organization)[312].

Das GATS selbst besteht aus einem Rahmenabkommen, Sektoranhängen und nationalen Verpflichtungslisten. Das *Rahmenabkommen* enthält die allgemeinen Verpflichtungen – vor allem die Meistbegüngstigungspflicht –, die als generelle Spielregeln für den internationalen Handel mit Dienstleistungen für alle Mitglieder und alle Sektoren gelten, und zwar unabhängig vom Bestehen spezifischer Marktzugangsverpflichtungen.

Diese allgemeinen Verpflichtungen werden für einzelne Bereiche durch *Sektoranhänge* weiter definiert und adaptiert[313]. Demnach werden die besonderen Verhältnisse bei den Finanzdienstleistungen (u.a. Vorbehalt der Finanzmarktaufsicht), bei der Telekommunikation (Sicherung des Zugangs zu und der Nutzung von Netzdienstleistungen) und beim Lufttransport (vorläufige Ausnahme der Lande- und Verkehrsrechte von den Regeln des Abkommens) berücksichtigt[314].

Aber nur mit Blick auf die sogenannten *Länderlisten* (nationale Verpflichtungslisten), welche die spezifischen Verpflichtungen der einzelnen Mitglieder für den Marktzugang und die operationelle Behandlungen auf den Märkten (Inländerbehandlung) enthalten, kann man feststellen, wie und inwieweit ein Mitglied auf die Prinzipien des freien Handels eingegangen ist. Die letztgenannten Prinzipien gelten im Unterschied zu den generellen Verpflichtungen nicht allge-

---

310 Nach dem WTO Übereinkommen bedeuten „plurilateral" mehr als zwei aber weniger als alle WTO Mitglieder und „multilateral" alle WTO Mitglieder.

311 Siehe auch Barth, Das Allgemeine Übereinkommen über den internationalen Dienstleistungshandel (GATS), EuZW 1994, S. 455.

312 Vgl. McDonald, ZEuS 1998, S. 249 (252); Schmid, Der Status des GATT/WTO-Systems im Gemeinschaftsrecht, NJW 1998, S. 190 (194); Etter, a.a.O., S. 94.

313 Siehe auch Etter, a.a.O., S. 98.

314 Id.

mein. Vielmehr werden die Verpflichtungen zum freien Marktzugang und zur Inländerbehandlung für ausländische Firmen für jedes Mitglied im einzelnen durch die Länderlisten bestimmt. Diese werden nach dem Prinzip der *fortschreitenden Liberalisierung* weiter vorangetrieben und entwickelt. Zur Identifizierung der Pflichten eines Mitglieds müssen also sowohl die allgemeinen Verpflichtungen als auch die Länderlisten herangezogen werden.

Demgemäß müssen für die Zwecke der Untersuchung das Rahmenabkommen und die Länderlisten näher untersucht werden. Der Inhalt der *Sektoranhänge* wird dabei innerhalb der Diskussionen der Rahmenabkommen und der Länderlisten – wo angebracht – erwähnt. Eine *besondere* Diskussion der Sektoranhänge ist für die Feststellung der Problematik des GATS und der potentiellen Lösungen aus dem Europarecht nicht nötig. Vielmehr können die Sektoranhänge innerhalb einer Auseinandersetzung mit dem Rahmenabkommen und den Länderlisten sinnvoll behandelt werden.

VIII. Rahmenabkommen

A. Die Hauptregeln

1. Die Meistbegünstigungsklausel (MFN)

a) Inhalt der MFN

Das GATS beinhaltet als Kernstück seines generellen Regelungswerks das alte handelsrechtliche Prinzip der Meistbegünstigung („most favoured nation clause"), deren Wurzeln im GATT 1947 liegen[315]. Nach diesem Grundsatz sind die Handelspartner des GATS verpflichtet, die beste Behandlung, die sie irgendeinem anderen Handelspartner einräumen – *selbst einem Nichtmitglied der WTO*[316] – allen anderen Handelspartnern zu gewähren[317]. Art. II Abs. I GATS lautet:

> „Bei Maßnahmen, die unter dieses Abkommen fallen, behandelt jedes Mitglied Dienstleistungen und Erbringer von Dienstleistungen eines anderen Mitglieds unverzüglich und bedingungslos nicht weniger günstig als Dienstleistungen oder Erbringer von Dienstleistungen eines anderen Landes"[318].

---

315 Zum ersten Mal in der Geschichte wurde die MFN-Verpflichtung in ein multilaterales Übereinkommen über den Dienstleistungsverkehr aufgenommen. Vor diesem Zeitpunkt wurde die MFN-Verpflichtung im Rahmen bilateraler oder plurilateraler Abkommen angewandt, z.B. ANZCERTA (The Australia-New Zealand Closer Economic Relations Trade Agreement) oder NAFTA, jedoch nie im Rahmen eines multilateralen Übereinkommens. Vgl. die Formulierung des NAFTA zur MFN-Verpflichtung im Rahmen der grenzüberschreitenden Dienstleistungserbringung: „Each Party shall accord to service providers of another Party treatment no less favorable than that it accords, in like circumstances, to service providers of any other Party or of a non-Party." Art. 1203 – Most-Favored-Nation Treatment, NAFTA.

316 Nach Werner gehörte die Bestimmung des relevanten Vergleichsmaßstabs – Mitglied und/oder Nichtmitglied – zu den umstrittensten Fragen der Verhandlungen im Dienstleistungssektor. Siehe Werner, a.a.O., S. 175, beruhend auf dem „Brüsseler Entwurf", der noch mehrere Alternativ-Definitionen der MFN-Verpflichtung enthält. Siehe auch GATT-Dok. MTN.TNC/W/35/Rev.1 vom 3.12.1990, S. 328 und 334.

317 Vgl. McDonald, ZEuS 1998, S. 249 (251).

318 Die rechtsverbindliche Version, nämlich die englische Fassung des Art. II Abs. I GATS lautet: „With respect to any measure covered by this Agreement, each Member shall accord immediately and unconditionally to services and service suppliers

Daraus läßt sich entnehmen, daß eine Diskriminierung zwischen Drittländern untersagt ist, unabhängig vom Grad der Offenheit einzelner Märkte[319]. Insofern führt die MFN-Verpflichtung zur „automatischen“ Weiterverbreitung aller Handelsvorteile[320]. Das bedeutet, die zwischen zwei Handelspartnern vereinbarten Handelserleichterungen kommen „automatisch“ auch allen anderen Mitgliedern der WTO zugute[321]. Die auf diese Weise begünstigten Staaten profitieren ohne weiteres Zutun von jeder sich nachträglich einstellenden Vergünstigung[322]. Dadurch vervielfacht die MFN-Verpflichtung die Wirkung der ursprünglich nur auf bilateraler Ebene vereinbarten Handelsvorteile[323].

Auf den ersten Blick scheint die MFN-Verpflichtung weit gefaßt zu sein. Dem Wortlaut nach gilt sie für alle den Dienstleistungsverkehr betreffenden „Maßnahmen“[324] und in allen Sektoren, unabhängig davon, ob besondere Verpflichtungen eingegangen wurden oder nicht. Damit wird versucht, den sich im GATT-System seit fast 50 Jahren als bewährter „Motor“ der multilateralen Handelsliberalisierung[325] auf den Bereich des Dienstleistungshandels auszudehnen[326]. Die MFN-Verpflichtung zur relativen Gleichbehandlung geht einher mit dem Verbot selektiver Marktzugangsbedingungen[327]. Verzichtet Frankreich

---

of any other Member, treatment no less favourable than that it accords to like services and service suppliers of any other country“. Vgl. die Definition der MFN von der International Law Commission of the United Nations: „ ... treatment accorded by the granting State to the beneficiary State, or to persons or things in a determined relationship with that State, no less favourable than treatment extended by the granting State to a third State or to persons or things in the same relationship with that third State.“ Yearbook of the International Law Commission 1978, Bd. II, Teil 2, United Nations, New York, S. 21.

319 Vgl. Barth, EuZW 1994, S. 455 (456).

320 So Barth, EuZW 1994, S. 455 (456).

321 Vgl. Weber, a.a.O., S. 174; Senti, S. 57 f.; Bail, EuZW 1990, S. 433 (437).

322 So Barth, EuZW 1994, S. 455 (456).

323 Vgl. Weber, a.a.O., S. 174.

324 Der Begriff „Maßnahme“ umfaßt jede von einem Mitglied getroffene Maßnahme unabhängig davon, ob sie in Form eines Gesetzes, einer Verordnung, einer Regelung, eines Verfahrens, einer Entscheidung, einer Verwaltungsbestimmung oder in einer sonstigen Form getroffen wird. Art. XXVIII lit a GATS.

325 So Barth, EuZW 1994, S. 455 (456).

326 Die MFN-Verpflichtung fand vor etwa 250 Jahren Eingang in die Politik der handeltreibender Völker und wurde als handelspolitisches Prinzip im 19. Jahrhundert allgemein anerkannt. Das klassische Gebiet der MFN sind die Zölle (Zollmeistbegünstigung); daneben kommen auch andere Gebiete der Handelspolitik in Betracht (Inländerbehandlung), wie beispielsweise die innere Besteuerung, das Aufenthalts- und Niederlassungsrecht, der Rechtsschutz usw. Vgl. Bail/Schädel/Hutter, Kommentar Zollrecht, 1993, § 22 Ausschluß der Meistbegünstigungsbehandlung, Rz. 2.

327 So Weber, a.a.O., S. 175.

demnach gegenüber amerikanischen Finanzinstituten auf einen Gegenseitigkeitstest, darf es die Errichtung inländischer Niederlassungen japanischer Banken ebensowenig von reziproken Marktverhältnissen abhängig machen[328].

Trotz dieses scheinbar umfassenden Wortlauts impliziert jedoch die Meistbegünstigung als solche noch nicht liberale oder restriktive Marktzugangsbedingungen[329]. Zudem sieht das GATS eine enorme Palette an Ausnahmen vor, die im Ergebnis die MFN-Verpflichtung fast völlig aushöhlen und hier im einzelnen ausführlich behandelt werden.

b) Ausnahmen von der MFN

Um der Wirkung einer zu starken MFN-Verpflichtung entgegenzutreten, haben die Mitglieder der WTO zwei Kategorien von Ausnahmen in das GATS hineingeschrieben, nämlich die „universellen" Ausnahmen und die „selbstgenannten" Ausnahmen[330].

(1) „Universelle" Ausnahmen

„Universelle" Ausnahmen können zwar von jedem Mitglied in Anspruch genommen werden, um sich von den MFN-Verpflichtungen zu befreien, jedoch nur unter bestimmten Umständen. Einige universelle Ausnahmen bestehen vorbehaltlich der Zustimmung des Rates oder der Mitteilung an den Rat für den Handel mit Dienstleistungen. Andere universelle Ausnahmen sind *self-executing*. Folgende „universelle" Ausnahmen sind im GATS vorgesehen:

1. Die gewährten oder eingeräumten Vorteile an angrenzende Länder unter der Voraussetzung, daß solche Dienstleistungen sowohl lokal hergestellt als auch lokal verbraucht werden[331].
2. Die horizontalen (d.h. zwischen den Mitgliedern selbst vereinbarten) universellen Ausnahmen. Dazu gehören in erster Stelle Vereinbarungen zwischen einigen Mitgliedern zur Liberalisierung des Dienstleistungsverkehrs („wirtschaftliche Integration") unter zwei Voraussetzungen, nämlich daß eine solche Vereinbarung einen umfassenden sektoralen Geltungsbereich[332] hat und

---

328 Id.

329 Vgl. Barth, EuZW 1994, S. 455 (456).

330 Vgl. Wang, Most-Favoured-Nation Treatment under the General Agreement on Trade in Services – And Its Application in Financial Services, JWTL 1996, 91 (99).

331 Art. II Abs. 3 GATS.

332 Diese Bedingung betrifft die Zahl der Sektoren, das Handelsvolumen und die Art der Erbringung. Um die Bedingung zu erfüllen, sollte in den Vereinbarung keine Art

daß diese Vereinbarung eine Beseitigung bestehender diskriminierender Maßnahmen und/oder das Verbot der Einführung neuer oder stärker diskriminierender Maßnahmen vorsieht[333]. Diese universelle Ausnahme zur MFN-Verpflichtung wird möglicherweise einen einflußreichen Trend im zukünftigen Welthandel mit Dienstleistungen darstellen, da etwa 90 % der WTO-Mitglieder an einer regionalen Vereinbarung über wirtschaftliche Integration irgendeiner Art beteiligt waren oder sind[334]. Beispiele solcher Vereinbarungen sind der EGV und das NAFTA-Abkommen. Diese Ausnahme, die auf dem Vorbild des Art. XXIV GATT 1947[335] beruht, stellt sicher, daß Mitgliedstaaten von Zollunionen und Freihandelszonen die internen gewährten Handelsvorteile ausnahmsweise nicht im Rahmen der MFN an außenstehende Drittstaaten weitergeben müssen[336].

Zusätzliche horizontale Ausnahmen von der MFN-Verpflichtung sind für die gegenseitige Anerkennung von Qualifikationsnormen und –kriterien für die Zulassung von Dienstleistungsanbietern[337] sowie für Doppelbesteuerungsabkommen[338] vorgesehen[339]. Im übrigen können bei Vereinbarungen, die den Handel mit Dienstleistungen liberalisieren, sofern nur Entwicklungsländer beteiligt sind, juristischen Personen, die sich im Besitz oder unter der Kontrolle von natürlichen Personen der Parteien einer solchen Vereinbarung finden, günstigere Behandlung zugestanden werden[340].

3. Arbeitsmärkte können durch eine Vereinbarung unter den Voraussetzungen integriert werden, daß die Vereinbarung Staatsangehörige der Parteien von der Pflicht zur Beschaffung von Aufenthalts- und Arbeitsbewilligungen frei-

---

der Erbringung von Leistungen von vornherein ausgeschlossen werden. Art. V Abs. 1 lit. a) FN 1 GATS.

333 Art. V Abs. 1 lit. a) und b) GATS.

334 Vgl. Wang, a.a.O., S. 100.

335 Art. XXIV Abs. 1 GATT 1994 lautet: „The provisions of this Agreement shall apply to the metropolitan customs territories of the contracting parties and to any other customs territories of which this Agreement has been accepted under Article XXVI or is being applied under Article XXXIII or pursuant to the Protocol of Provisional Application. Each such customs territory shall, exclusively for the purposes of the territorial application of the Agreement, be treated as though it were a contracting party ...“

336 Vgl. Barth, EuZW 1994, S. 456.

337 Art. VII GATS.

338 Art. XIV lit. e) GATS.

339 Solche Abkommen können aufgrund ihres sehr spezifischen Inhalts nicht automatisch auf andere Staaten erstreckt werden. Siehe Barth, EuZW 1994, S. 456.

340 Art. V Abs. 3 lit. b) GATS.

stellt und daß diese dem Rat für den Handel mit Dienstleistungen zur Kenntnis gebracht wird[341].

4. Das GATS erlaubt allgemeine Ausnahmen zur MFN-Verpflichtung im Namen des Schutzes der öffentlichen Sittlichkeit oder öffentlichen Ordnung[342] oder des Lebens oder der Gesundheit von Menschen, Tieren und Pflanzen[343]. Ferner sind MFN- Ausnahmen zur Aufrechterhaltung der öffentlichen Moral oder der öffentlichen Ordnung[344], zum Schutz der Zahlungsbilanz[345] und zur Wahrung nationaler Sicherheitsinteressen[346] ausdrücklich erlaubt.
5. Die MFN-Verpflichtung findet auf das öffentliche Beschaffungswesen keine Anwendung[347].
6. Setzt ein Mitglied die vorgesehene Änderung oder die Zurücknahme unter Mißachtung des Ergebnisses eines Schiedsverfahrens um, kann ein betroffenes Mitglied, das an dem Schiedsverfahren beteiligt war, im wesentlichen gleichwertige Vorteile in Übereinstimmung mit dem Ergebnis ebenfalls ändern oder zurücknehmen[348]. Unbeschadet Art. II kann diese Änderung oder die Zurücknahme nur in bezug auf das ändernde Mitglied durchgeführt werden[349].
7. Die Mitglieder können verschiedene Regelungen zur Visumspflicht für natürliche Personen gegenüber anderen Mitgliedern treffen, ohne gegen die MFN-Verpflichtung zu verstoßen[350].
8. Weitere Ausnahmen zur MFN-Verpflichtung sind alle schon aus aufsichtsrechtlichen Gründen zulässigen Handelsbeschränkungen. Diese Handelsbeschränkungen können im Einzelfall, insbesondere im Bankensektor, zu einer Ungleichbehandlung der Mitglieder führen[351]. Mitgliedern der WTO ist es demnach gestattet, Maßnahmen zum Schutz von Investoren und Anlegern oder zur Sicherung der Integrität und Stabilität ihres Finanzsystems zu ergrei-

---

341 Art. V bis GATS.
342 Art. XIV lit. a) GATS.
343 Art. XIV lit. b) GATS.
344 Art. XIV lit. a) GATS.
345 Art. XII Abs. 1 GATS.
346 Art. XIV (bis) Abs. 1 GATS.
347 Art. XIII GATS.
348 Art. XXI Abs. 4 lit. b) Satz 1 GATS. Mehr zum Streitbeilegungsmechanismus des GATS im Rahmen der WTO unten im Abschnitt X.
349 Art. XXI Abs. 4 lit. b) Satz 2 GATS.
350 Siehe Anhang über die Freizügigkeit von natürlichen Personen, die im Rahmen dieses Abkommens Dienstleistungen erbringen, Fußnote 13 zum Ziffer 4.
351 Vgl. Weber, a.a.O., S. 180.

fen[352]. Das Ausmaß aufsichtsrechtlicher Vorschriften kann wegen deren großer Anzahl nicht gemessen werden, was die Möglichkeit zur Umgehung der MFN-Verpflichtung dementsprechend leicht macht.[353]

Im übrigen stellen die zwei Beschränkungen zum Geltungsbereich des GATS, nämlich im Rahmen staatlicher Zuständigkeit erbrachte Dienstleistungen[354] sowie Dienstleistungen, die mit der Ausübung von Verkehrsrechten in einem unmittelbaren Zusammenhang stehen[355], ebenfalls universelle Ausnahmen der MFN-Verpflichtungen dar.

(2) „Selbstgenannte" Ausnahmen

Neben den oben beschriebenen „universellen" Ausnahmen zu den MFN-Verpflichtungen des GATS können die Mitglieder der WTO „selbstgenannte" Ausnahmen festlegen, um sich aus den MFN-Verpflichtungen in bezug auf spezifische Maßnahmen gegenüber einem anderen Mitglied zu befreien. Art. II Abs. 2 GATS sieht die Möglichkeit dieser „selbstgenannten" Ausnahme zur MFN-Verpflichtung ausdrücklich vor. Demnach können Mitglieder diskriminierende Marktbarrieren und einseitige Handelsmaßnahmen aufrechterhalten[356]. Reziprozitätsklausen und andere handelsbeschränkende Vorschriften, die mit dem Prinzip der unbedingten Meistbegünstigung nicht vereinbar sind, müssen lediglich in einem Anhang aufgelistet werden[357]. Diese Lücke bot den Mitgliedern Gelegenheit, sich vor Inkrafttreten des GATS eine einmalige Ausnahme von der MFN-Verpflichtung genehmigen zu lassen. Die Länder, die dem WTO künftig beitreten werden, erhalten die gleiche Gelegenheit zur Umgehung der MFN-Verpflichtung wie die Teilnehmer der Uruguay-Runde, und zwar unter den gleichen Bedingungen wie in der Uruguay-Runde. Schließlich wollten die Teilnehmer der Uruguay-Runde ihre Nachfolger nicht diskriminieren – dies hätte nämlich höchstwahrscheinlich gegen die MFN-Verpflichtung selbst verstoßen.

Bei dieser gigantischen Lücke zur MFN hat beispielsweise die EU nicht gezögert, im Namen der „europäischen Kultur" alle einseitig *von ihr genannten*

---

352 Absatz 2 lit. a) der Anlage zu Finanzdienstleistungen, sog. „prudential carve out" („A Member shall not be prevented from taking measures for prudential reasons").

353 Vgl. Weber, a.a.O., S. 180.

354 Art. I Abs. 3 lit. b) GATS.

355 Anhang über Luftverkehrsdienstleistungen, Ziff. 2 lit. b)

356 Art. II Abs. 2 wörtlich: „Ein Mitglied kann eine mit Absatz 1 nicht zu vereinbarende Maßnahme unter der Voraussetzung aufrechterhalten, daß diese Maßnahme im Anhang über Ausnahmen vom Artikel II angeführt ist und die Bestimmungen dieses Anhangs erfüllt".

357 Vgl. Weber, a.a.O., S. 177.

„Kulturprodukte" vor den amerikanischen Konkurrenten zu schützen[358]. Mit der Begründung, daß anderenfalls Störungen der innereuropäischen Kulturlandschaft drohten, hat die EU handelsbeschränkende Maßnahmen als notwendig beibehalten können. Die Auflistung nach Art. II Abs. 2 GATS allein erlaubte den Europäern, ihre selbstgenannte „Kulturindustrie" weiter beliebig und uferlos staatlich zu subventionieren[359] sowie an ihren Sendequoten für US-amerikanische und sonstige nicht-europäische Filme im Fernsehen festzuhalten[360].

„Selbstgenannte" Ausnahmen von der MFN-Verpflichtung diskriminieren *per definitionem* andere Mitglieder[361]. Zwei Varianten sind möglich: einmal durch die Bevorzugung nur der in der Liste spezifizierten Staaten bei der Vergabe bestimmter Handelsvorteile, zum anderen durch eine bedingte Gewährung bestimmter Handelsvorteile, abhängig von der Erfüllung zusätzlicher Anforderungen[362]. In keinem Fall darf eine MFN-Ausnahme (unter Einschluß universeller

---

358 Vgl. zu diesem Thema auch McDonald, How Would You Like Your Television: With or Without Borders and With or Without Culture? A New Approach to Media Regulation in the EU, Fordham J. Int'l L. 1999, S. __ (forthcoming July 1999).

359 Für die europäischen Film- und Programmindustrie stellt die EU-Kommission im Rahmen des Media-II-Programms (1996-2000) nicht weniger als 400 Mio. ECU für berufliche Ausbildungszwecke sowie Verleih- und Vertriebsförderung bereit. Siehe Yüksel, GATT/WTO Welthandelssystem unter Berücksichtigung der Europräischen Union, 1996, S. 75.

360 Siehe Yüksel, a.a.O., S. 75 ff.

361 Zu Recht Weber, a.a.O., S. 178.

362 Je nach der Reichweite der handelspolitischen Vorteile und den Voraussetzungen, unter denen sie eingeräumt werden, sind folgende Arten der MFN zu unterscheiden: (1) die unbeschränkte oder absolute MFN; (2) die beschränkte oder relative MFN; (3) die unbedingte MFN; und (4) die bedingte oder reziproke MFN.

Die unbeschränkte oder absolute MFN (1) liegt vor, wenn die Handelspartner sich verpflichten, einander ohne Ausnahmen die gleichen handelspolitischen Vorteile einzuräumen, die sie dritten Handelspartnern gewähren. Die in allen Handelsabkommen wiederkehrenden klassischen Ausnahmen (z.B. Grenzverkehr, Zollunion, Freihandelszonen), die heute international allgemein als selbstverständlich betrachtet werden, gelten nicht als Ausnahmen in diesem Sinne (wohl herrschende Meinung). Ansonsten wäre die unbeschränkte MFN lediglich ein theoretischer Begriff.

Die beschränkte oder relative MFN (2) liegt vor, wenn andere als die klassischen Ausnahmen (s.a.) die MFN beschränken. So können beispielsweise Begünstigungen gewisser Länder (Vorzugszölle) oder für bestimmte Waren oder Dienstleistungen (Listenklausel) ausgenommen werden.

Die unbedingte MFN (3) besteht darin, daß ein handelspolitischer Vorteil, der einem Handelspartner eingeräumt wird, automatisch auch allen dritten Handelspartnern gewährt wird, mit denen die MFN vereinbart ist. Jeder meistbegünstigte Handelspartner kann beanspruchen, ohne Gegenkonzession an allen Vorteilen teilzunehmen, die einem dritten Handelspartner eingeräumt werden.

Ausnahmen) gegen die in den nationalen Konzessionslisten enthaltenen Liberalisierungsverpflichtungen verstoßen, welche die Handelspartner in bezug auf Marktzugang und Inländerbehandlung[363] eingehen[364]. Das von *Weber* gebrachte Beispiel konkretisiert die erste Variante: Verpflichtet sich etwa ein Mitglied der WTO, die Beteiligung ausländischer Unternehmen am Aktienkapital inländischer Banken bis zu einer Höhe von 49% zu gestatten, ist damit ein Mindeststandard festgelegt; dieser Standard kann durch eine MFN-Ausnahme nicht unterschritten werden. Jedoch kann das Mitglied nach Art. II Abs. 2 GATS in diesem Fall die Begrenzung der Kapitalbeteiligung (49%) zugunsten von Unternehmen mit Sitz in ausgewählten Mitgliedstaaten aufheben[365].

„Selbstgenannte Ausnahmen" von der MFN-Verpflichtung sollten grundsätzlich nicht länger als zehn Jahre in Kraft bleiben und müssen in künftigen Verhandlungsrunden neu verhandelt werden[366]. Die Voraussetzungen, welche die Gewährung der Ausnahme rechtfertigen, werden alle fünf Jahre vom Rat für den Handel mit Dienstleistungen überprüft[367]. Trotz dieser Überprüfung relativiert jede eingetragene Ausnahme den multilateralen Ansatz des GATS[368]. Zudem ist es mehr als zweifelhaft, ob diese Überprüfung die von den Mitgliedern genannten „unbefristeten" Ausnahmen beseitigen kann, zumal diese Ausnahmen Verhandlungsgegenstand der zukünftigen Runden sein werden[369].

Seit dem Inkrafttreten des GATS ist es auf jeden Fall für die Mitglieder weitaus schwieriger, eine Freistellung von der MFN-Verpflichtung zu erhalten, weil für einen entsprechenden Vorbehalt nach Art. IX Abs. 3 und Abs. 4 WTO-

---

Die bedingte oder reziproke MFN (4) besteht darin, daß handelspolitische Vorteile, die nach Abschluß der MFN-Abrede einem dritten Handelspartner eingeräumt werden, nur dann von meistbegünstigten Staaten in Anspruch genommen werden können, wenn sie diesem dritten Handelspartner ohne Gegenleistung gewährt worden sind; andernfalls können auch die meistbegünstigten Staaten in ihren Genuß kommen, wenn und solange sie ihrerseits angemessene Gegenleistungen erbringen. Die reziproke MFN, die bis etwa Mitte des 19 Jhr. in Europa die Regel war und von den USA erst 1923 aufgegeben wurde, hat sich in der Praxis der Weltwirtschaft nicht bewährt.

Vgl. Bail/Schädel/Hutter, Kommentar Zollrecht, 1993, § 22 Ausschluß der Meistbegünstigungsbehandlung, Rz. 5-9.

363 Siehe unten Abschnitt IX.A.

364 Vgl. Weber, a.a.O., S. 178.

365 Id.

366 Art. XXIX GATS, Anhang über Ausnahmen von Artikel II, Ziff. 6.

367 Art. XXIX GATS, Anhang über Ausnahmen von Artikel II, Ziff. 3.

368 Vgl. Weber, a.a.O, S. 179.

369 Vgl. Weiss, The General Agreement on the Trade in Services, CMLR 1995, 1177 (1198).

Übereinkommen eine Genehmigung erforderlich ist[370]. Demnach kann in Zukunft nur die Ministerkonferenz in Zusammenarbeit mit dem Rat für den Handel mit Dienstleistungen ein Mitglied von seinen MFN-Verpflichtungen aus dem GATS befreien. Die Ministerkonferenz, die aus Vertretern aller WTO-Mitglieder besteht, entscheidet über die Gewährung einer zeitlich begrenzten Ausnahmeregelung durch Beschluß. Diesem Beschluß müssen mindestens drei Viertel der Mitglieder zustimmen; er ist nur zulässig, wenn das die Meistbegünstigungsausnahme beantragende Mitglied „außergewöhnliche Umstände“ geltend machen kann[371]. Wann genau solche „außergewöhnlichen Umstände“ vorliegen, wird aber weder im WTO-Übereinkommen noch im GATS oder seinen Anlagen näher definiert.

Schließlich steht einem Mitglied eine bestimmte Methode offen, die MFN-Verpflichtung sowie andere GATS Verpflichtungen auf „legale“ Weise zu umgehen, indem es sich auf Art. XIII des WTO Übereinkommens beruft, um die Nichtanwendung des GATS gegenüber einem anderen Mitglied zur Zeit, daß eines der beiden Mitglied der WTO wird[372]. Demgemäß gilt das GATS nicht zwischen Mitgliedern der WTO, wenn eines der beiden zu der Zeit entweder Mitglied wird oder einem solchen Antrag nicht zustimmt[373].

Zusammengefaßt ergänzen die „selbstgenannten“ Ausnahmen zur MFN-Verpflichtung (in der länderspezifischen Ausnahmeliste) die nationale Liste der spezifischen Liberalisierungsmaßnahmen. Zusammen präzisieren sie den Umfang der Marktöffnung eines Mitglieds.

c) Die Probleme der MFN im GATS

Um die Funktion und den Inhalt der MFN-Verpflichtungen im GATS verstehen zu können, müssen die oben beschriebenen zahlreichen Ausnahmen beachtet werden. Denn die MFN-Verpflichtung im GATS ist nur durch die beschriebenen

370 Art. XXIX GATS, Anhang über Ausnahmen von Artikel II, Ziff. 2.

371 Art. IX Abs. 3 WTO-Abkommen.

372 Art. XIII Abs. 1 WTO-Übereinkommen lautet: „This Agreement and the Multilateral Trade Agreements in Annexes 1 and 2 shall not apply as between any Member and any other Member if either of the Members, at the time either becomes a Member, does not consent to such application“.

373 Art. XIII WTO-Übereinkommen. Die Praxis im GATT hat gezeigt, daß oft politische Motive hinter der Entscheidung des „opt out“ stecken, wie etwa bei der Inanspruchnahme des „opt out“ von Indien gegenüber Pakistan und Südafrika. Die stärkste Anwendung von „opt outs“ geschah während der 50er Jahre als Japan dem GATT beitrat. Danach haben die meisten Länder ihre Nichtanwendung gegenüber Japan nach einzelnen bilateralen Verhandlungen mit der japanischen Regierung zurückgenommen. Vgl. Jackson, International Economic Relations, 3. Aufl., 1995, S. 310.

„universellen“ und „selbstgenannten“ Ausnahmen überhaupt verständlich. Bei der Suche nach der Reichweite der eingegangenen MFN-Verpflichtung(en) eines Mitglieds muß man zunächst einmal die zahlreichen Ausnahmelisten durchforsten. Dies geht zu Lasten der Transparenz und Rechtssicherheit und verwässert die Wirkung der MFN-Verpflichtung im GATS.

Die zahlreichen Ausnahmen zur MFN-Verpflichtung verschleiern die Transparenz des GATS. Wie beispielsweise anhand der aufsichtsrechtlichen Ausnahmen zur MFN-Verpflichtung deutlich wird, schließt die Erarbeitung einheitlicher Kriterien eine Umgehung der MFN (und sonstigen) Verpflichtungen noch nicht aus. Obwohl der Rat für den Handel mit Dienstleistungen ermächtigt ist, objektive Kriterien zu entwickeln, nach denen sich die Rechtmäßigkeit besonderer Qualifikations- und Zulassungserfordernisse bemißt[374], können sich die Mitgliedstaaten im Zweifel auf die Generalklausel des Art. XIV lit. a) GATS berufen[375]. Diese Lücke verbietet lediglich solche innerstaatlichen Maßnahmen, die ein Mittel zu willkürlicher oder unberechtigter Diskriminierung unter Staaten sind, „in denen gleiche Bedingungen herrschen“. Vor allem im Bankensektor, wo heterogene Rechts- und Wirtschaftsstrukturen die Regel sind, ist der Nachweis ungleicher Bedingungen leicht zu führen[376]. Diskriminierende Marktzugangsbeschränkungen lassen sich durch unterschiedliche Aufsichtsvorschriften rechtfertigen[377]. Damit verlieren die Listen der MFN-Ausnahmen an Aussagekraft (und folglich an Bedeutung), da sie kein richtiges oder zuverlässiges Abbild bestehender Handelsbeschränkungen darstellen[378]. Demgemäß kann z.B. die EU auf die Eintragung einer Ausnahme nach Art. II Abs. 2 GATS verzichten, ohne auf den Gebrauch der anderen Ausnahmen der MFN verzichten zu müssen. Insofern ist also die Transparenz des GATS verschleiert, indem die MFN-Ausnahmelisten keine Prognose von MFN-Maßnahmen, die nicht aufgelistet sind, widerspiegeln.

Die zahlreichen Ausnahmen zur MFN-Verpflichtung des GATS schaffen keine Rechtssicherheit. Was beispielsweise die „selbstgenannten“ Ausnahmen nach Art. II Abs. 2 GATS anbelangt[379], läßt der Wortlaut viel Spielraum im Hinblick auf den geplanten Zeitraum für deren Abbau. Der Wortlaut weist darauf hin, daß die „grundsätzliche“ Frist von zehn Jahren nicht definitiv ist[380]. Darüber hinaus schließt der Wortlaut eine Verlängerung dieser Frist nicht aus[381]. Insofern ist zu

374 Art. VI Abs. 4 GATS.
375 Vgl. Weber, a.a.O., S. 180.
376 So Weber, a.a.O., S. 180.
377 Id.
378 Id.
379 Siehe oben VIII.A.1.a)(2).
380 Vgl. Wang, a.a.O., S. 102.
381 Id.

befürchten, daß diese Ausnahmen länger als zehn Jahre dauern können; wie lange dies u.U. sein wird, ist aufgrund der unklaren Formulierung nicht absehbar. Schließlich läßt der Wortlaut der Ausnahmen nicht darauf hoffen, daß sich die Mitglieder in naher Zukunft verpflichten werden, weitgehendere MFN-Verpflichtungen einzugehen und auf die zahlreichen Ausnahmen zu verzichten[382].

Die Tatsache, daß die MFN-Verpflichtung von so vielen Ausnahmen ausgehöhlt wird, enthebt nicht einer Überprüfung der Motive der Mitglieder. Im Gegenteil ist aufgrund der Tatsache, daß sich die Mitglieder der WTO mit der gefundenen Lösung zufrieden geben und dabei jede argumentative Untermauerung vermissen lassen, eine Überprüfung notwendig und eine Absicherung des gewonnen Ergebnisses geradezu notwendig. Wie kam es zu so einem solchen Zustand? Hauptsächlich ist dieser Zustand auf zwei Gründe zurückzuführen, nämlich zum einen auf reinen Protektionismus und zum anderen - viel wichtiger - auf das sogenannte „Trittbrettproblem".

Das erste Problem des uralten Protektionismus führte zu MFN-Ausnahmeklauseln, weil die Mitglieder Handelsvorteile nach dem Prinzip der Reziprozität lediglich bestimmten Handelspartnern gewährt haben und noch nicht bereit waren, über diese Begrenzung zu gehen. Das zweite Problem spiegelt die Angst vieler liberalen Staaten (hauptsächlich der Industriestaaten) wider, daß die MFN-Verpflichtung zur unbedingten Ausdehnung von Handelskonzessionen protektionistisch eingestellten Staaten einen sogenannten „free ride" gibt[383]. „Free riders" (Trittbrettfahrer) sind Staaten, die ohne jede Gegenleistung Zugeständnisse ausnutzen. Sie kommen über die MFN-Klausel in den Genuß kostenloser Vorteile, da sie von den Liberalisierungsmaßnahmen anderer Handelspartner profitieren, ohne ihrerseits etwaige Liberalisierungsmaßnahmen gewähren zu müssen[384]. Wegen einer potentiellen Aushöhlung der MFN-Klausel von protektionistischen Staaten haben die USA daher für so viele Ausnahmeregelungen plädiert[385].

Angesichts des „free rider" Problems ist der Wunsch nach so vielen Ausnahmen zur MFN-Verpflichtung teilweise verständlich. Ziel muß also sein, das Trittbrettproblem und die zahlreichen Ausnahmen abzuschaffen (siehe Lösungsansatz unten im Abschnitt VIII.B.). Anstatt das Trittbrettproblem vollständig zu lösen,

---

382 Siehe auch Wang, a.a.O., S. 102 ([T]he Annex [of the MFN Exemptions] does not lay down criteria or conditions for the inclusion of exemptions, and most of the exemptions scheduled in the MFN exemptions lists are for an indefinite period).

383 Vgl. Self, Richard B., General Agreement on Trade in Services, in: Stewart, Terence P. (Hrsg.), The World Trade Organization: The Multilateral Framework for the 21st Century and U.S. Implementing Legislation, 1996, S. 527; Weber, a.a.O., S. 176.

384 Weber, a.a.O., S. 176.

385 Siehe Self, in: Stewart, a.a.O., S. 527.

haben die Mitglieder der WTO das Problem vervielfacht, indem sie eben diese Ausnahmen in hohem Maße zugelassen haben.

2. *Die anderen allgemeinen Hauptregeln und deren Probleme*

a) *Transparenz*

Jedes GATS-Mitglied hat sich verpflichtet, seine allgemeinen geltenden Regelungen und Maßnahmen, welche die Anwendung des GATS betreffen oder berühren, sowie entsprechende internationale Abkommen zu veröffentlichen[386]. Das Prinzip der Transparenz dient der Identifizierung von Handelsbeschränkungen und Protektionismus. Ferner gewährleistet diese Verpflichtung, daß die Dienstleistungsanbieter über die Rahmenbedingungen ihres Geschäftes Klarheit bekommen[387]. Das in der Präambel zum Ausdruck gebrachte Ziel, „ein multilaterales Regelwerk für den Handel mit Dienstleistungen im Hinblick auf die Erweiterung dieses Handels unter der Voraussetzung der Transparenz", findet seine Konkretisierung also in den Verpflichtung zur Transparenz in Art. III GATS: zügige Veröffentlichung, Notifikation und Einrichtung von Auskunftsstellen. Insbesondere muß der Rat für den Handel mit Dienstleistungen unverzüglich mindestens einmal jährlich über die Einführung neuer oder die Änderung bestehender Gesetze, Verordnungen oder Verwaltungsvorschriften berichten, die den Handel mit Dienstleistungen, soweit er den spezifischen Bedingungen im Rahmen des GATS unterliegt, wesentlich berühren[388].

Hieraus ergeben sich zwei Probleme. Zum einen sind die Auskunftsstellen, die jedes Mitglied nach Art. III Abs. 4 einrichten muß, um andere Mitglieder auf Anfrage über Maßnahmen und Vereinbarungen, die das GATS berühren, nicht für den Privatsektor gedacht. Insofern müssen Unternehmen über ihre eigene Regierung gehen, um an die notwendigen Information eines anderen Mitglieds zu kommen. Anstatt nach dem Effizienz-Prinzip zu arbeiten, sieht das GATS vor, daß Privatunternehmen die Handelsbehörden über alle Maßnahmen des Mitglieds, in dem sie Dienstleistungen erbringen, unterrichten, die die Verpflichtungen der Regierung dieses Mitglieds offenbar untergraben. Dagegen kann ein Mitglied dem Rat für den Handel mit Dienstleistungen jede Maßnahme eines anderen Mitglieds notifizieren, die nach seiner Ansicht „die Wirkung des GATS be-

---

386 Art. III Abs. 1 GATS.
387 Vgl. Barth, EuZW 1994, S. 456.
388 Art. III Abs. 3 GATS.

rührt“[389]. Viel effektiver wäre es, diese Gegennotifikation für Privatunternehmen zu öffnen. Die Notwendigkeit, die Rolle des Rats für den Handel mit Dienstleistungen aufzuwerten, liegt auf der Hand.

Zum anderen geht die Transparenz-Verpflichtung nicht weit genug. Die Ausnahme-Klausel des Art. III (bis) bietet jedem Mitglied die Möglichkeit, selbstgenannte „vertrauliche Information, deren Offenlegung die Durchsetzung von Gesetzen verhindern oder in anderer Weise das öffentliche Interesse beeinträchtigen würde oder den berechtigten kommerziellen Interessen bestimmter öffentlicher oder privater Unternehmen abträglich wäre“, nicht zur Verfügung zu stellen. Abgesehen davon, daß nach dieser Ausnahme die Mitglieder selbst entscheiden, welche Information „gefährlich“ ist, bietet diese Klausel den mächtigen Lobbies die Gelegenheit, ihre Regierung unter Druck setzen, um „abträgliche“ Information von der Veröffentlichung auszuschließen.

b) Innerstaatliche Regelung

Das GATS erkennt das souveräne Recht seiner Mitglieder an, den Dienstleistungsverkehr im *innerstaatlichen* Bereich beliebig zu beschränken. Fest steht aber auch, daß der *internationale* Dienstleistungsverkehr in den meisten Mitgliedstaaten der WTO in größerem Ausmaß als der Warenhandel einer intensiven staatlichen Regelung unterliegt[390]. Solche Regelungen sind auf nationale Motive zurückzuführen, z.B. den Schutz der Funktionsfähigkeit der Finanzmärkte, den Verbraucherschutz, die Sicherung der Qualität und Unabhängigkeit freiberuflicher Dienstleistungen, die Kontrolle der Einreise und des Aufenthalts von Ausländern, den Schutz der einheimischen Wirtschaft vor „Überfremdung“ usw.[391] Insofern stellen innerstaatliche Regelungen oft – gewollt oder ungewollt – eine Beschränkung für den internationalen Dienstleistungsverkehr dar[392].

Die Regel im GATS über innerstaatliche Regelung schreibt den Mitgliedern vor, ihre innerstaatlichen Maßnahmen „angemessen, objektiv und unparteiisch“ anzuwenden[393]. Insofern sollen ausländische Dienstleistungserbringer sowohl Verwaltungsentscheidungen gerichtlich anfechten können als auch eine Unterrichtung erhalten, wenn ein Antrag auf Erteilung einer Genehmigung abgelehnt wird[394]. Ist für die Erbringung einer Dienstleistung eine Genehmigung erforder-

389 Art. III Abs. 5 GATS.
390 Vgl. Barth, EuZW 1994, S. 456.
391 Id.
392 Id.
393 Art. VI Abs. 1 GATS. Vgl. die Diskussion zur Verhältnismäßigkeit im Europarecht, oben Abschnitt IV.C.
394 Art. VI Abs. 2 lit. a) GATS.

lich, so ist innerhalb einer „angemessenen Frist“ nach der Vorlage eines nach den innerstaatlichen Gesetzen und Vorschriften als vollständig erachteten Antrags über diesen Antrag zu entscheiden[395]. Die zuständigen Behörden des Mitglieds unterrichten den Antragsteller auf sein Ersuchen innerhalb einer angemessen Zeit über den Stand der (Nicht)Bearbeitung des Antrags[396]. Schließlich dürfen etwaige Genehmigungs- und Erlaubniserfordernisse nicht die eingegangenen Liberalisierungsverpflichtungen zunichte machen oder schmälern[397].

Problematisch ist vor allem die (un)praktische Anwendung dieser Vorschrift. Obwohl der Dienstleistungserbringer über den Stand des Antrags unterrichtet werden muß, ist die erforderliche „angemessene Zeit“ nicht präzise definiert, so daß ein Mitglied theoretisch die Möglichkeit hat, den Dienstleistungserbringer erst nach sehr langer Zeit zu unterrichten. Wegen der fehlenden unmittelbaren Anwendbarkeit der GATS-Vorschriften[398] kommt noch hinzu, daß, wenn ein Dienstleistungserbringer Probleme mit der ausländischen Bürokratie i.S.d. „innerstaatlichen Regelung“ des GATS hat, ihm kein Rechtsweg offensteht. Das heißt, daß er auf die Hilfe seiner eigenen Regierung angewiesen ist, die erst viel später – wenn überhaupt – eine Klage nach dem unten beschriebenen Streitbeilegungsmechanismus (Abschnitt X) erheben kann, was wiederum Monate dauert. Im Endeffekt dauert die Entscheidung seiner Klage viel zu lang, ohne ihm wirklich Hilfe zu leisten.

Schließlich haben die Mitglieder Gelegenheit, die „innerstaatliche Regelung“ zu umgehen. Nach Art. VI Abs. 2 lit. b) dieser Bestimmung werden die o.g. Verpflichtungen „nicht so ausgelegt, daß ein Mitglied solche Instanzen oder Verfahren auch dann einsetzt, wenn dies gegen seine verfassungsmäßige Struktur oder die Art seines Rechtssystems verstößt“. Wann das eine oder das andere vorliegt, wird nicht weiter definiert und kann von den Mitgliedern selbst entschieden werden. Hinter dieser Lücke steckt die Gefahr, im Namen des eigenen Rechtssystems usw. handelsbeschränkende Maßnahmen zu verbergen.

c) Anerkennung

Diese Verpflichtung wurde aufgenommen, um sicherzustellen, daß die MFN-Verpflichtung die Mitglieder nicht daran hindert, „daß die Ausbildung, Berufserfahrung, Lizenz oder Zulassung oder die Voraussetzungen, die im Gebiet des anderen Mitglieds erfüllt worden sind, anerkannt werden“[399]. Das GATS ermög-

395 Art. VI Abs. 3 Satz 1 GATS.
396 Art. VI Abs. 3 Satz 2 GATS.
397 Art. VI Abs. 5 lit. a) GATS.
398 Siehe die Diskussion unten im Abschnitt X.E.2.
399 Art. VII Abs. 2 Satz 2 GATS.

licht es also den Mitgliedern, in anderen Staaten erworbene Qualifikationen, erfüllte Anforderungen und gewährte Lizenzen anzuerkennen, gleichgültig, ob im Wege der Harmonisierung, bilateraler Abkommen, plurilateraler oder multilateraler Übereinkommen oder einseitiger Entscheidungen. Nach Art. VII Abs. 2 Satz 1 muß ein Mitglied, das Partei einer bestehenden oder künftigen Vereinbarung oder Absprache ist, hinsichtlich der Anerkennung, anderen interessierten Mitgliedern in angemessener Weise die Möglichkeit gewähren, über den Beitritt zu einem solchen Abkommen oder einer solchen Vereinbarung zu verhandeln oder ähnliche auszuhandeln[400].

Diese Verpflichtung ist dadurch beschränkt, daß ein Mitglied verpflichtet wird, die Anerkennung nicht in einer Weise zu gewähren, „die bei der Anwendung der Normen oder Kriterien für die Ermächtigung, Zulassung oder Beglaubigung von Erbringern von Dienstleistungen zu Diskriminierungen unter den Ländern führen oder eine verschleierte Beschränkung des Handels mit Dienstleistungen darstellen könnte“[401]. Wenn also etwa U.S.-Lizenzbehörden im Wirtschaftsprüfungsektor keine bestimmten Ausbildungsvoraussetzungen von australischen Wirtschaftsprüfern verlangen, ist fraglich, ob dies eine „Diskriminierung oder eine verschleierte Beschränkung“ der Wirtschaftsprüfer aus den anderen WTO-Mitgliedern darstellt, von denen Ausbildungsvoraussetzungen verlangt werden. Das GATS bietet zu dieser Problematik der Verpflichtung zur Anerkennung keine Lösung und leidet daher an mangelnder Rechtssicherheit[402].

d) *Wettbewerbsregeln*

Trotz der Anerkennung, daß „gewisse Geschäftspraktiken der Dienstleistungserbringer den Wettbewerb und damit auch den Handel mit Dienstleistungen beschränken können“[403], beabsichtigt der Rat für den Handel mit Dienstleistungen nicht, sich künftig mit wettbewerbswidrigen Praktiken zu befassen. Die Verpflichtungen im GATS sehen lediglich vor, daß die Mitglieder Konsultationen mit den anderen Mitgliedern aufnehmen werden, um wettbewerbswidrige Praktiken zu beseitigen[404]. Ferner sind die Mitglieder verpflichtet, öffentlich zugängliche, nicht vertrauliche Informationen im Zusammenhang mit der betreffenden

---

400 Siehe auch Self, in: Stewart, a.a.O., S. 532.
401 Art. VII Abs. 3 GATS.
402 Vgl. aber Self, der meint, daß diese Frage möglicherweise danach entschieden wird, ob es eine vernünftige Regelungsbasis („reasonable regulatory basis“) für die unterschiedliche Behandlung zwischen australischen Wirtschaftsprüfern und Wirtschaftsprüfern aus anderen Mitgliedstaaten. Self, in: Stewart, a.a.O., S. 532.
403 Art. IX Abs. 1 GATS.
404 Art. IX Abs. 2 Satz 1 GATS.

Angelegenheit, wie z.B. kartellrechtliche Verfahren, zur Verfügung zu stellen[405]. Insgesamt zeigt die relativ schwach ausgestattete Vorschrift die Notwendigkeit eines globalen Wettbewerbsrechts. Diese Notwendigkeit zeigt sich wiederum auch im Warenhandel und im TRIPS-Bereich (geistiges Eigentum).

e) Subventionen

Die Mitglieder des GATS konnten bisher keine Handelsregelungen im Bereich der Subventionen für Dienstleistungen vereinbaren. Das GATS erkennt lediglich an, „daß Subventionen unter bestimmten Umständen zu Verzerrungen im Handel mit Dienstleistungen führen können"[406]. Es gelang den Mitgliedern jedoch noch nicht, allgemeine Regeln über Subventionen zu entwickeln, wie sie das GATT 1947 (Art. XVI) und sein Subventionskodex von 1979 für den Warenhandel schon lange enthalten[407]. In einem künftigen Arbeitsprogramm wird festgelegt, wie und innerhalb welches Zeitrahmens Verhandlungen zur Entwicklung von Subventionsregeln zu gestalten sind[408]. Bis zu diesem Zeitpunkt sind die Mitglieder nur gehalten, einander zu konsultieren, falls die Fähigkeit zur Erbringung einer Dienstleistung durch eine Subvention beeinträchtigt wurde.[409]

Die Einigung der Mitglieder auf zukünftige multilaterale Regeln, um Handelsverzerrungen im Dienstleistungsverkehr zu vermeiden, ist ein richtiger Schritt. Als Modell für Subventionsregeln für Dienstleistungen könnte das neue Übereinkommen über Waren dienen[410].

Weitere Arbeit ist jedoch notwendig, um das Diskriminierungsproblem im Subventionsbereich zu beseitigen. Obwohl es einem Mitglied schon jetzt nicht ganz frei steht, Subventionen auf diskriminierende Weise zu gewähren, muß letztlich jede Möglichkeit ausgeräumt werden. Werden die Subventionen den lokalen Dienstleistungserbringern vorbehalten oder auf diskriminierende Weise gewährt und die Wettbewerbsbedingungen dadurch verfälscht, so verstößt das Mitglied theoretisch gegen seine Verpflichtung zur Inländerbehandlung[411]. Leider besteht durch eine Hintertür im GATS die Möglichkeit, diesen Verstoß zu umgehen. Das Mitglied, das seine einheimischen Industrien beliebig subventio-

---

405 Art. IX Abs. 2 Satz 2 GATS.
406 Art. XV Abs. 1 Satz 1 GATS.
407 Vgl. Barth, EuZW 1994, S. 457.
408 Art. XV Abs. 1 Satz 2 FN 7 GATS.
409 Art. XV Abs. 2 GATS.
410 Das im Rahmen der Uruguay-Runde vereinbarte Übereinkommen über Subventionen für Waren untersagt Subventionen wie Exportsubventionen und sieht eine beschleunigte Streitbeilegung vor.
411 Zur ausführlichen Diskussion der Inländerbehandlung, siehe Abschnitt IX.A.2.

nieren will, muß nur in die Liste ihrer besonderen Verpflichtungen in die Spalte „Inländerbehandlung" alle Vorbehalte eintragen, die es möchte, um etwaige Anfechtungen ihrer Subventionspolitik zu vermeiden. Dies geht zu Lasten eines offenen Wettbewerbs und untergräbt die Glaubwürdigkeit des Willens der Mitglieder, Subventionen zu beseitigen.

f) Regierungskäufe

Immer mehr Dienstleistungen werden von staatlichen Stellen geschaffen, und es bedarf daher multilateraler Regeln, um sicherzustellen, daß das öffentliche Beschaffungswesen nicht wie nichttarifäre Handelsbeschränkungen wirkt, welche die Erfüllung der im Rahmen des GATS eingegangen Verpflichtungen behindern[412]. Notwendige Voraussetzungen für die Erreichung dieses Zieles sind mindestens Transparenz, Nichtdiskriminierung bei internationalen Ausschreibungen und eine effektive Streitbeilegung.

Die Grundsteine der GATS Regeln finden heute keine Anwendung auf die Beschaffung von Dienstleistung durch Regierungskäufe. Die MFN-Verpflichtung, Inländerbehandlung und Marktzugang sind alle ausgeschlossen[413]. Der einzige Erfolg in diesem Bereich ist lediglich die eingegangene Verpflichtung derjenigen Mitglieder, die die Finanzdienstleistungen gemäß der Vereinbarung über Verpflichtungen im Bereich der Finanzdienstleistungen liberalisieren, niedergelassenen ausländischen Dienstleistungserbringern bei der Nutzung von Finanzdienstleistungen durch öffentliche Stellen die MFN und die Inländerbehandlung zu gewähren.

Die Ausdehnung des Regierungskauf-Kodex von 1979 auf einige Dienstleistungen ist auch als kleiner Erfolg zu sehen[414]. Jedoch ist es angesichts der geringen Zahl der Unterzeichner dieses Kodex – 23[415] – kein multilaterales, sondern nur ein „plurilaterales" Abkommen, das lediglich seine Mitglieder bindet[416]. Obwohl die Marktöffnung durch Transparenz und die Nichtdiskriminierung sowie bei der Angebotsausschreibung und Vergabe öffentliche Auftraggeber auf allen

412 Kommission der EG, GATS: Ein Leitfaden für die Wirtschaft, 1995, S. 38.

413 Art. XIII Abs 1 GATS. Das GATS sieht lediglich zukünftige Verhandlungen über dieses Thema vor. Siehe Art. XIII Abs. 2 GATS.

414 Erstmals ab 1.1.1996 wurden öffentliche Beschaffungen von Dienstleistungen in den Kodex einbezogen. Siehe Barth, EuZW 1994, S. 457.

415 Die meisten OECD-Ländern (darunter der USA, der EU und Japen) haben dieses Übereinkommen unterzeichnet.

416 Vgl. Barth, EuZW 1994, S. 457.

staatlichen Ebenen betrifft[417], und zwar durch eine verbesserte Streitbeilegung[418], gibt es Ausnahmen für Auftraggeber in den wichtigen Bereichen Telekommunikation, Verkehr, Elektrizitäts- und Wasserversorgung sowie zwischen einzelnen beteiligten Staaten, insbesondere zwischen der EU und den USA.[419]

g) *Zahlungen und Übertragungen*

Die Notwendigkeit einer wirksamen Liberalisierung wirtschaftlicher Transaktionen durch Regeln für Kapitalbewegungen wurde vom GATS nicht übersehen. Zugunsten der privaten Unternehmen haben sich die Mitglieder verpflichtet, „auf eine Beschränkung internationaler Transfers und Zahlungen im Rahmen laufender Geschäfte" zu verzichten[420]. Mit dieser Bestimmung verpflichten sich die Mitglieder, daß Verpflichtungen in bezug auf Transaktionen in bestimmten Sektoren durch Beschränkungen für Zahlungen und Übertragungen im Zusammenhang mit der Dienstleistungserbringung nicht zunichte gemacht werden. Solche Beschränkungen können nicht zum Schutz eines bestimmten Dienstleistungssektors eingeführt oder aufrechterhalten werden[421] und können nicht einmal in die Liste der besonderen Verpflichtungen aufgenommen werden.

Trotz der Verpflichtung können die Mitglieder bei bestehenden oder drohenden schwerwiegenden Zahlungsbilanzschwierigkeiten oder außenwirtschaftlichen Finanzschwierigkeiten Handelsbeschränkungen im Dienstleistungsverkehr einführen oder beibehalten; dies gilt sowohl für die spezifischen Bindungen des Mitglieds als auch für die entsprechenden Zahlungen, Transfers und Kapitalbewegungen[422]. Die Ausnahme wird von den Mitgliedern selbst weiter definiert und angewandt, was die Wirkung der Verpflichtung verwässert. Jedoch müssen Maß-

---

417 Dieses Übereinkommen umfaßt Gesetze, Vorschriften, Verfahren und Praktiken im Zusammenhang mit Liefer-, Dienstleistungs- und Bauaufträgen, die bestimmte Schwellenwerte übersteigen.

418 Das Übereinkommen enthält Bestimmungen über Beschwerdeverfahren, damit die Bieter, deren Rechte ihres Erachtens nach nicht beachtet wurden, umgehend klagen können. Diese Verfahren umfassen Anhörungen vor Gericht und Überprüfungen durch eine unabhängige Stelle mit Zuerkennung eines Ausgleichs für den erlittenen Schaden oder Verlust. Siehe Kommission der EG, GATS, a.a.O., S. 38. Was die Streitbeilegung für die Regierungen betrifft, gelten die Regeln der WTO, wobei die sog. „Quervergeltung" zwischen diesem Übereinkommen und anderen WTO-Abkommen (einschließlich des GATS) nicht möglich ist.

419 Vgl. Barth, EuZW 1994, S. 457.

420 Art. XI Abs. 1 GATS.

421 Art. XII Abs. 3 Satz 2 GATS.

422 Art. XII Abs. 1 Satz 1 GATS.

nahmen zum Schutz der Zahlungsbilanz diskriminierungsfrei sein[423] und dürfen keine unnötige Schädigung der kommerziellen, wirtschaftlichen und finanziellen Interessen der anderen Mitglieder verursachen[424]. Schließlich müssen diese Maßnahmen befristet sein, sich im Einklang mit den IWF-Bestimmungen befinden[425] und dürfen nicht über das zur Behebung der Schwierigkeiten notwendige Maß hinausgehen[426].

h) Allgemeine Ausnahmen und Ausnahmen zur Wahrung der Sicherheit

Ähnlich wie im GATT 1947 sowie GATT 1994 enthält das GATS eine Reihe allgemeiner Ausnahmen vom freien Handel. Seine Einleitung ist identisch mit dem des GATT 1994, mit Ausnahme der Verhältnismäßigkeitsprüfung, die nicht die Bestimmung über die direkten Steuern einschließt. Die generellen Ausnahmen beinhalten eine Ausnahme für „die öffentliche Sittlichkeit oder die öffentliche Ordnung"[427], die auf Bestreben der EU eingebracht wurde[428]. Die Mitglieder haben diese Bestimmung nur mit Hinzufügung einer Fußnote akzeptiert, die versucht, im Vergleich zur europäischen Definition größere Klarheit zu schaffen[429]. Die Fußnote sieht eine Ausnahme i.S.d. „öffentlichen Sittlichkeit oder Ordnung" „nur" dann als erfüllt an, wenn die staatliche Ausnahmeregelung auf „eine wirklich schwerwiegende Bedrohung der Grundwerte der Gesellschaft" reagiert[430]. Wann genau „eine wirklich schwerwiegende Bedrohung" vorliegt, wird nicht weiter definiert. So ist zu befürchten, daß die Mitglieder diese Ausnahme dazu mißbrauchen, um den freien Dienstleistungsverkehr zugunsten einheimischer Dienstleistungserbringer bzw. Dienstleistungen zu beschränken.

Lediglich eine allgemeine „kulturpolitische" Ausnahme, wie sie Frankreich forderte, wurde nicht eingeführt, weil sie nach Auffassung der überwiegenden Zahl der Handelspartner den Franzosen dem protektionistischen Mißbrauch Tür und Tor geöffnet hätte[431]. Wegen der „selbstgenannten" Ausnahme zur MFN-Verpflichtung konnte die EG auf Drängen von Frankreich aber trotzdem ihre „europäischen Kulturprodukte" vor der ausländischen Konkurrenz schützen[432].

---

423 Art. XII Abs. 2 lit. a) GATS.
424 Art. XII Abs. 2 lit. c) GATS.
425 Art. XII Abs. 2 lit. b) GATS.
426 Art. XII Abs. 2 lit. d) GATS.
427 Art. XIV lit. a) GATS.
428 Siehe Self, in: Stewart, a.a.O., S. 535.
429 So Self, in: Stewart, a.a.O., S. 535.
430 Art. XIV lit. a) FN 5 GATS.
431 Vgl. Barth, EuZW 1994, S. 457.
432 Siehe Abschnitt VIII.A.1.a)(2).

Schließlich beinhaltet dieser Artikel auch eine Ausnahme der Inländerbehandlung, um „eine gerechte und effektive Besteuerung oder die Erhebung von direkten Steuern in bezug auf Dienstleistungen oder die Erbringer von Dienstleistungen anderer Mitglieder zu gewährleisten“[433].

B. Lösungsansätze aus dem Europarecht

Die Erfahrungen aus der im Europarecht erzielten Erfolge haben gezeigt, daß der freie Dienstleistungsverkehr nur dann am besten vorangetrieben werden kann, wenn wichtige akzessorische Rechte gewährleistet werden. So sahen die Kommission und der EuGH die sogenannten Begleitrechte und Vorbereitungsrechte als wesentliche Bestandteile eines Binnenmarktes für Dienstleistungen an. Auch die WTO-Gemeinschaft könnte hier etwas von der Europäischen Gemeinschaft lernen.

1. Begleitrechte

Die Reichweite des GATS muß ausgedehnt werden, um die sogenannten Begleitrechte zu umfassen, d.h. die Einreise- und Aufenthaltsfreiheit für den Dienstleistungserbringer. Der EuGH hat die Gewährung bestimmter Begleitrechte für den europäischen Binnenmarkt längst als essentiell für den grenzüberschreitenden Produktaustausch erkannt[434]. Beispielsweise ist das Aufenthaltsrecht dabei auf die vorübergehende Dauer der Dienstleistungserbringung begrenzt und wird von der Richtlinie 73/148/EWG[435], die auch die Einreise betrifft, auf Familienangehörige erstreckt. Einreise, Aufenthalt und Verbleib werden nicht nur durch den EG-Vertrag selbst gewährt sondern auch näher insbesondere durch eine Reihe sekundär-rechtlicher Vorschriften bestimmt[436]. Deren Sinn und Zweck gelten auch für den internationalen Dienstleistungsverkehr.

433 Art. XIV lit. d) GATS.

434 Vgl. Roth, in Dauses, a.a.O., Dienstleistungsfreiheit, Rn. 106.

435 ABl. 1973, L 172/14.

436 Vgl. Richtlinie 64-221 – „Koordinierung der Sondervorschriften für die Einreise und den Aufenthalt von Ausländern, soweit sie aus Gründen der öffentlichen Ordnung, Sicherheit oder Gesundheit gerechtfertigt sind“ (ABl. 1964, 850 ff.); Richtlinie 73/148 – „Zur Aufhebung der Reise- und Aufenthaltsbeschränkungen für Staatsangehörige der Mitgliedstaaten innerhalb der Gemeinschaft auf dem Gebiet der Niederlassungsfreiheit und des Dienstleistungsverkehrs“ (ABl. 1973, L 172/14 ff.); Richtlinie 75/34 – „über das Recht der Staatsangehörigen eines Mitgliedstaates, nach Beendigung der Ausübung einer selbstständigen Tätigkeit im Hoheitsgebiet ei-

Um der Angst vor einem zu hohen Maß an Ausländern vorzubeugen, hat die EU (vernüftigerweise) Ausnahmen vorgesehen. Zwar sieht zum einen der „ordre-public“ Vorbehalt des Art. 46 I EGV vor, daß „die Anwendbarkeit der Rechts- und Verwaltungsvorschriften, die eine Sonderregelung für Ausländer vorsehen und aus Gründen der öffentlichen Ordnung, Sicherheit oder Gesundheit gerechtfertigt sind“ nicht beeinträchtigt wird[437].

Zum anderen werden nach Art. 55 i.V.m. 45 EGV Tätigkeiten vom freien Dienstleistungsverkehr ausgenommen, die in einem Mitgliedstaat dauernd oder zeitweise „mit der Ausübung öffentlicher Gewalt verbunden sind.“ Nach ständiger Rechtsprechung des EuGH muß die „öffentliche Verwaltung“ neben der Ausübung öffentlicher Gewalt mit der Verantwortung für die Wahrung der allgemeinen Belange des Staates betraut sein[438]. Diese Wahrung allgemeiner Belange entfällt bei Art. 45 I EGV[439]. Die Ausnahme vom Grundsatz der Dienstleistungsfreiheit im europäischen Binnenmarkt ist daher im Interesse größtmöglicher Verwirklichung der Freizügigkeit strikt auf diejenigen Tätigkeiten zu beschränken, die für sich genommen eine unmittelbare und spezifische Teilnahme an der Ausübung öffentlicher Gewalt einschließen[440].

Doch sind den Mitgliedstaaten Grenzen gesetzt. Bei der Festlegung der Bereiche i.S.d. „Ausübung öffentlicher Gewalt“ sind die Mitgliedstaaten verpflichtet, die gemeinschaftsrechtlich gesetzten anerkannten Ausnahmen vom Grundsatz der Dienstleistungsfreiheit nach Art. 55 i.V.m. Art. 46 EGV zu berücksichtigen, durch die verhindert werden soll, daß der Vertrag durch unilaterale Maßnahmen der Mitgliedstaaten seiner Wirksamkeit beraubt wird[441].

Hier überläßt das GATS den Mitgliedern viel zu großen Spielraum im Vergleich zum EGV, der ihnen Gelegenheit zum Mißbrauch gibt. Wie oben (unter lit. h)) erläutert, beinhaltet das GATS generelle Ausnahmen für „die öffentliche Sittlichkeit oder die öffentliche Ordnung“[442]. Insofern ähnelt das GATS den Art. 55 i.V.m. 45 EGV. Aber die Auslegung des GATS reicht nicht so weit zu Gunsten des freien Handels wie die Auslegung des EGV. Während das GATS eine Ausnahme i.S.d. öffentlichen Sittlichkeit oder Ordnung erfüllt ansieht, wenn die

---

nes anderen Mitgliedstaat zu verbleiben“ (ABl. 1974, L 14/10 ff.). Diese Regelungen bringen in der Sache im wesentlichen die Übernahme des Status, wie er auch für die unselbständig Beschäftigen gilt. Vgl. Oppermann, Europarecht, Rn. 1537.

437 Art. 55 i.V.m. 46 I EGV.

438 Vgl. Kommission ./. Belgien, 1982, S. 1845 (1851).

439 Vgl. Oppermann, Europarecht, Rn. 1540.

440 Vgl. EuGH Urteil in der Rechtssache Reyners, 631 (655). Siehe auch Oppermann, Europarecht, Rn. 1540.

441 EuGH, a.a.O. Vgl. Oppermann, Europarecht, Rn. 1542.

442 Art. XIV lit. a) GATS.

staatliche Ausnahmeregelung „einer wirklich schwerwiegenden Bedrohung" – ohne eine weitere Definition – begegnet, wie gerade gesehen, schützt der EGV den freien Handel effektiver, und zwar erstens durch die beschränkten Tätigkeitsfelder, auf die diese Ausnahmen Anwendung finden („nur diejenigen Tätigkeiten, die für sich genommen eine unmittelbare und spezifische Teilnahme an der Ausübung öffentlicher Gewalt einschließen) und zweitens durch eine Verpflichtung der Mitgliedstaaten, die gemeinschaftsrechtlich anerkannten Ausnahmen zu berücksichtigen.

Warum diese Regeln, die innerhalb der EG Anwendung finden, nicht prinzipiell auch auf multilateraler Ebene im Rahmen des GATS Anwendungen finden können, ist unklar. Selbst wenn die allgemeinen Homogenitätsvoraussetzungen für die Herstellung einer globalen Dienstleistungs-Gemeinschaft noch nicht vorhanden sind, können wenigstens einige der Regeln auf WTO-Ebene umgesetzt werden, insbesondere bei der Gestaltung globaler Schutznormen (z.B. ein einheitlicher Begriff „einer wirklich schwerwiegenden Bedrohung"), zumal das GATS ähnliche Beweggründe wie der EGV aufweist. Der EuGH will den freien Markt innerhalb der EG vor willkürlichen staatlichen Maßnahmen schützen. Dies ist auch das erklärte Anliegen des GATS[443]. Leider bietet das GATS durch seine Formulierung und Auslegung dieser Ausnahme den Mitgliedern viel zu großen Freiraum, um den freien Dienstleistungshandel zu untergraben.

2. *Vorbereitung*

Die Reichweite des GATS muß ausgedehnt werden, um alle Betätigungen des Dienstleistungserbringers, die der Vorbereitung der grenzüberschreitenden Leistung dienen, zu umfassen, also alle Maßnahmen der Markterschließung wie etwa der Werbung, der Vertragsabwicklung und der Rechtsdurchsetzung. Im europäischen Binnenmarkt erfaßt die Dienstleistungsfreiheit mit der Dienstleistungserbringung alle dafür notwendigen bzw. damit im Zusammenhang stehenden Vorgänge: die Mitnahme des gesamten Personals (wichtig bei Bauleistungen), des Fuhrparks und der Materialien[444]. Auch sonstige nur mittelbare Handelsbeschränkungen fallen unter die Dienstleistungsfreiheit, wie etwa (diskriminieren-

443 Siehe Präambel des GATS: „[...] in dem Wunsch, ein multilaterales Regelwerk für den Handel mit Dienstleistungen im Hinblick auf die Erweiterung dieses Handels unter der Voraussetzungen der Transparenz und der fortschreitenden Liberalisierung und zur Förderung des Wirtschaftswachstums aller Handelspartner ..."

444 Vgl. Roth, in: Dauses, a.a.O., Rn. 107.

de) Regelungen zum Erwerb von Grundstücken, zur Miete von Wohnungen und zur Kreditaufnahme[445].

Vor allem beim Zahlungsverkehr geht das GATS nicht weit genug. Die Freiheit des Zahlungsverkehrs hängt von der Erbringungsweise der Zahlung ab. Transfers durch natürliche Personen, die entweder ins Ausland gehen, um dort eine Dienstleistung in Anspruch zu nehmen, oder auf einem ausländischen Markt eine Dienstleistung erbringen, sind nicht von den Verpflichtungen gedeckt. Lediglich bei der grenzüberschreitenden Dienstleistung („Korrespondenzdienstleistung") ist ein Mitglied verpflichtet, die Kapitalbewegung zuzulassen, wenn sie wesentlicher Bestandteil der Dienstleistung selbst ist. Schließlich ist ein Mitglied im Falle der Dienstleistungserbringung durch kommerzielle Präsenz verpflichtet, die zugehörige Kapitalübertragung in sein Hoheitsgebiet zuzulassen, jedoch fehlt eine solche Verpflichtung beim Kapitalabfluß[446].

Wie oben behandelt (siehe Abschnitt II.C.3.d)), ist der freie Zahlungsverkehr als Annexfreiheit zur Dienstleistungsfreiheit im europäischen Binnenmarkt gewährleistet. Alle Beschränkungen des Zahlungsverkehrs zwischen den Mitgliedstaaten sowie zwischen den Mitgliedstaaten und dritten Ländern sind seit dem 1.1.1994 (vgl. Art. 73a EGV) verboten[447]. Ausnahmen sind nur nach Art. 73d EGV zulässig. Danach ist es den Mitgliedstaten, unerläßliche Maßnahmen zu treffen,

> „um Zuwiderhandlungen gegen innerstaatliche Rechts- und Verwaltungsvorschriften, insbesondere auf dem Gebiet des Steuerrechts und der Aufsicht über Finanzinstitute, zu verhindern, sowie Meldeverfahren über den Kapitalverkehr zwecks administrativer oder statistischer Information vorzusehen oder Maßnahmen zu ergreifen, die aus Gründen der öffentlichen Ordnung oder Sicherheit gerechtfertigt sind".

Allerdings dürfen diese Maßnahmen weder ein Mittel zur willkürlichen Diskriminierung noch eine verschleierte Beschränkung des freien Zahlungsverkehrs darstellen[448].

Diese Freiheit sollte auch auf die internationale Ebene gestreckt werden. Der Schutz des freien Zahlungsverkehrs trägt zu einer Ausdehnung der Marktöffnung bei, was wiederum das Wirtschaftswachstums fördert[449].

---

445 EuGH 1988, 29; EuGH 1989, 1461.
446 Vgl. Kommission der EG, GATS, a.a.O., S. 42.
447 Vgl. Streinz, Europarecht, Rz. 753.
448 Art. 73 Abs. 3 EGV.
449 Siehe Präambel des GATS.

IX. Spezifische Verpflichtungen: Die Länderlisten

A. Die Hauptregeln

Nur mit Blick auf die sogenannten „Länderlisten“ kann man überhaupt feststellen, ob und inwieweit sich ein Mitglied des GATS verpflichtet hat, den freien Dienstleistungsverkehr zu fördern. Zu den wichtigsten Angaben dieser „Listen spezifischer Bindungen“[450] gehört eine nach Sektoren geordnete Aufstellung aller Beschränkungen und Bedingungen, unter denen ein Mitglied *Marktzugang* und *Inländerbehandlung* gewährt[451]. Diese zwei Verpflichtungen entstehen – im Gegensatz zur MFN-Verpflichtung – aber nicht unmittelbar durch das GATS, sondern erst durch bilaterale Vereinbarungen über die betroffenen Dienstleistungssektoren[452]. Jedes Mitglied muß eine solche Liste vorlegen[453]. Dabei kann das Mitglied jedoch nicht nur die Dienstleistungssektoren beliebig auswählen, für die es konkrete Verpflichtungen übernehmen möchte, sondern auch die Beschränkungen und Bedingungen, die es in dem gewählten Sektor jeweils auferlegen möchte[454].

In diesem Abschnitt wird zunächst der Inhalt der beiden Begriffe Marktzugang und Inländerbehandlung analysiert. Erst dann können die Listen spezifischer Bindungen besprochen werden. Das erfolgt anhand einer beispielshaft angegebenen Liste. Anschließend werden die Schwächen dieses Systems im einzelnen behandelt. Schließlich werden eigene Verbesserungsvorschläge und Ansatzpunkte mit Blick auf die in der EU erzielten Erfolge angeboten.

1. Inhalt des Marktzugangs

Der unbeschränkte Zugang zu ausländischen Märkten ist ein wesentliches Ziel auf dem Weg zur Liberalisierung des internationalen Dienstleistungshandels[455]. Schon in der „Erklärung von Montreal“ forderten die alten GATT-Vertrags-

---

450 Art. XX GATS.
451 Art. XX Abs. 1 lit. a) und b) iVm Art. XVI Abs. 1 und XVII Abs. 1 GATS.
452 Vgl. Barth, EuZW 1994, S. 458.
453 Art. XX Abs. 1 Satz 1 GATS.
454 Art. XVI Abs. 1 und Art. XVII Abs. 1 GATS.
455 Vgl. Weber, a.a.O., S. 187.

parteien die Beseitigung aller Vorschriften, die sich nachteilig auf den Handel mit Dienstleistungen auswirken[456]. Anders als beim Warenhandel nach dem GATT besteht jedoch im Dienstleistungsverkehr keine allgemeine Verpflichtung, einem Dienstleistungserbringer freien Marktzugang zu gewähren, damit er sein Geschäft in der von ihm bevorzugten Weise betreiben kann. Ebensowenig gewährt das GATS ausländischen Dienstleistungserbringern ein Recht auf Marktzugang. Der Marktzugang im GATS muß vielmehr für jeden einzelnen Sektor und jede einzelne Erbringungsart ausgehandelt werden. Es ist vorgesehen, daß ein „Mitglied den Dienstleistungen und den Erbringern von Dienstleistungen eines anderen Mitglieds eine Behandlung (gewährt), die nicht weniger günstig ist als die, die durch die in seiner Liste vereinbarten und festgelegten Bestimmungen, Beschränkungen und Bedingungen vorgesehen ist“[457].

Der Marktzugang des GATS ist dispositiver Natur[458]. Die Mitglieder sind berechtigt, den Marktzugang bestimmten Beschränkungen zu unterwerfen. Sie dürfen die Sektoren auswählen, in denen sie Liberalisierungsverpflichtungen übernehmen möchten. Ob und inwieweit die Mitglieder auf diese Weise den Ordnungsrahmen des GATS ausfüllen und die Art und den Umfang der Marktöffnung in einem oder mehreren Dienstleistungssektoren rechtlich verbindlich festlegen,[459] obliegt ihrer souveränen Diskretion[460]. Gewährte Konzessionen sind selbstauferlegte Verpflichtungen eines Mitglieds. Marktöffnung und Liberalisierung des internationalen Dienstleistungshandels sind also von der jeweiligen Konzessionsbereitschaft der GATS-Mitglieder abhängig[461]. Ein Mitglied ist lediglich dazu verpflichtet, den Marktzugang in dem in der Liste seiner Verpflichtungen festgelegten Umfang zu gewähren[462].

---

456 Vgl. Erklärung von Montreal, 7b: „The adverse effects of all laws, regulations and administrative guidelines should be reduced [...] to provide effective market access“. Siehe auch Footer, Mary, The International Regulation of Trade in Services Following Completion of the Uruguay Round, Int'l Law., Bd. 29 (1995), S. 453 ff.

457 Art. XVI Abs. 1 GATS.

458 So Weber, a.a.O., S. 188.

459 WTO, Press Release No. 18 vom 26.7.1995, S. 2 ff.: „The services schedules, each of which amounts to a legally-enforceable, binding undertaking on the part of the Member concerned, contain commitments on individual services sectors and service activities which define the conditions for access to the market.“

460 Vgl. Weber, a.a.O., S. 188.

461 Vgl. Weber, a.a.O., S. 188; Barth, EuZW 1994, S. 455, 458.

462 Wesentliche Einflußfaktoren hinsichtlich der Konzessionsbereitschaft eines Mitglieds sind u.a. die politischen, wirtschaftlichen und gesetzlichen Rahmenbedingungen eines Mitglieds. Siehe Weber, a.a.O., S. 188.

Der allgemeine Grundsatz des Marktzugangs erfährt seine Konkretisierung demnach erst durch den Inhalt der Länderlisten[463]. Nach Art. XVI Abs. I GATS muß die Behandlung, welche ein Mitglied den Dienstleistungserbringern anderer Mitglieder gewährt, dem Inhalt der Konzessionsliste entsprechen; sie darf nicht weniger günstig sein als eine Behandlung nach den in der Liste festgelegten Bestimmungen. Die selbst auferlegten Verpflichtungen spiegeln damit einen Mindeststandard für die Behandlung ausländischer Dienstleistungserbringer wider[464].

Wie gesagt, können die Mitglieder den Marktzugang bestimmten Handelsbeschränkungen unterwerfen. Sofern die Mitglieder in ihren Länderlisten keine Verpflichtungen eingehen, beurteilt sich die GATS-mäßigkeit nationaler Zugangsbeschränkungen nach Art. XVI Abs. 2 GATS. Diese Vorschrift beinhaltet eine kurze, aber erschöpfende Liste staatlicher Maßnahmen, durch die der Rahmen zulässiger Beschränkungen abgesteckt werden kann[465]. Unter der Voraussetzung, daß sie aufgelistet werden, sind folgende Maßnahmen ausdrücklich erlaubt: Beschränkungen

- der Anzahl der Dienstleistungserbringer durch Festsetzung von Quoten, Errichtung von Monopolen, Einräumung von Alleinerbringungsrechten oder Nachweis der wirtschaftlichen Notwendigkeit[466];
- des Gesamtwertes der Dienstleistungsgeschäfte oder des Betriebsvermögens durch Quoten oder den Nachweis des wirtschaftlichen Bedarfs[467];
- des Gesamtvolumens der Dienstleistungen[468];
- der Gesamtzahl an natürlichen Personen, die in einem bestimmten Dienstleistungssektor beschäftigt werden dürfen oder deren Beschäftigung für einen Dienstleistungserbringer erforderlich ist[469];
- der Beteiligung ausländischen Kapitals[470]; und
- bestimmter Formen von juristischen Personen oder Gemeinschaftsunternehmen, in denen der Dienstleistungserbringer diese erbringen darf, z.B. Beschränkungen der Präsenz auf eine Zweigniederlassung oder ein Joint Venture[471].

Obwohl diese Maßnahmen an sich diskriminierungsfrei sind, da sie ja auch für inländische Dienstleistungserbringer gelten können, dienen sie ohne Frage

463 Vgl. Weber, a.a.O., S. 188.
464 Id.
465 Siehe Kommission der EG, GATS, a.a.O., S. 34.
466 Art. XVI Abs. 2 lit. a).
467 Art. XVI Abs. 2 lit. b).
468 Art. XVI Abs. 2 lit. c).
469 Art. XVI Abs. 2 lit. d).
470 Art. XVI Abs. 2 lit. f).
471 Art. XVI Abs. 2 lit. e).

dem Zweck, die Präsenz eines ausländischen Dienstleistungserbringers auf dem heimischen Markt mit Hilfe mengenmäßiger Beschränkungen (Quoten) oder Maßnahmen gleicher Wirkung zu kontrollieren. Ob und inwiefern dieses System „dem Wunsch" der Mitglieder entspricht, „ein multilaterales Regelwerk für den Dienstleistungshandel im Hinblick auf die Erweiterung dieses Handels unter der Voraussetzung der Transparenz und der fortschreitenden Liberalisierung und zur Förderung des Wirtschaftswachstums" zu schaffen[472], ist fraglich.

Der unbeschränkte Marktzugang gilt als gewährt, wenn ein Mitglied nicht das Recht für sich ausgehandelt hat, eine dieser Beschränkungen aufzuerlegen[473]. In diesem Fall kann das Mitglied den Vermerk „Keine" in die Spalte „Marktzugang" seiner Länderliste eintragen, um die Abwesenheit solcher Beschränkungen hervorzuheben. Die Länderlisten selbst werden unten im Abschnitt IX.A.3. näher erläutert.

Im Zusammenhang mit dem gewährten Marktzugang werden in zwei Konstellationen zusätzliche Verpflichtungen für alle *Kapitalbewegungen* begründet. Diese zusätzliche Verpflichtung tritt dann ein, wenn sich eine Marktzugangsverpflichtung auf eine Dienstleistung bezieht, die

(1) aus dem Gebiet eines Mitglieds und im Gebiet eines anderen Mitglieds („Korrespondenzdienstleistung") [erbracht wird], (dann) wird dieses Mitglied verpflichtet, den Kapitalverkehr zuzulassen, soweit dieser einen wesentlichen Bestandteil der Dienstleistung darstellt;[474]

(2) im Rahmen einer kommerziellen Präsenz (Niederlassung) [erbracht wird], (dann) wird das Mitglied verpflichtet, die entsprechenden Kapitalabflüsse auch zuzulassen[475].

Jedoch besteht diese zusätzliche Verpflichtung zur Zulassung von Kapital nur dann, wenn eine entsprechende *besondere* Verpflichtung eingegangen wurde.

Wie oben erwähnt, muß jede Form des Marktzugangs, die entweder beschränkt oder unbeschränkt in die Liste eingetragen wurde, auf MFN-Basis erfolgen. Eine Marktzugangsverpflichtung bedingt eine Stillhalteverpflichtung. Das bedeutet, daß ein Mitglied seine Rechtsvorschriften nicht mehr so abändern darf, daß sie den Marktzugang unmöglich macht, einschränkender gestaltet oder in irgendeiner Weise erschwert[476].

---

472 Siehe die Präambel des GATS. Diese Frage wird im Abschnitt IX.B näher behandelt.

473 Siehe Kommission der EG, GATS, a.a.O., S. 34.

474 Art. XVI Abs. 1 FN 8 Satz 1 GATS.

475 Art. XVI Abs. 1 FN 8 Satz 2 GATS.

476 Vgl. Kommission der EG, GATS, a.a.O., S. 34.

2. *Inhalt der Inländerbehandlung*

Die Pflicht zur Inländerbehandlung im GATS baut auf die gleiche Regelung im Art. III des GATT auf. Nach dem GATS „gewährt jedes Mitglied den Dienstleistungen und den Dienstleistungserbringern eines anderen Mitglieds hinsichtlich aller Maßnahmen, welche die Erbringung von Dienstleistungen beeinträchtigen, eine Behandlung, die nicht weniger günstig ist als die, die es seinen eigenen einschlägigen Dienstleistungen und Dienstleistungserbringern gewährt“[477]. Somit gilt die Inländerbehandlung sowohl für die eingeführten Dienstleistungen als auch für die auf dem jeweiligen Markt tätigen Dienstleistungerbringer.

Die Inländerbehandlung im GATS umfaßt die Interpretation der GATT-Inländerbehandlung durch mehrere GATT Panel-Beschlüsse, wonach „formal gleiche oder formal unterschiedliche Behandlung[en] auch dann als weniger günstig gilt/gelten, wenn ein Mitglied die Wettbewerbsbedingungen zugunsten seiner eigenen Dienstleistungen oder Dienstleistungserbringer gegenüber vergleichbaren Dienstleistungen oder Dienstleistungserbringern eines anderen Mitglieds verändert“[478]. Diese Klausel wurde in das GATS im Anschluß an eine große Debatte darüber aufgenommen, ob ein „effects test“ auch zur Inländerbehandlung gehören sollte[479]. Die Veränderung der Wettbewerbsbedingungen muß auf staatliche Regelungen zurückzuführen sein; der Befund, daß die ausländischen Dienstleistungen oder Dienstleistungserbringer einen geringen Marktanteil haben, reicht allein nicht aus [480]. Eine Verletzung der Inländerbehandlung liegt sowohl durch eine *de jure* Ungleichbehandlung als auch durch eine *de facto* Ungleichbehandlung ausländischer Dienstleistungen bzw. Dienstleistungserbringer[481].

3. *Inhalt der Länderlisten*

Die mit dem Rahmenabkommen und seinen Anhängen gleichzeitig in Kraft tretenden spezifischen Verpflichtungen, nämlich die oben beschriebenen *Marktzugangsverpflichtungen* und die *Inländerbehandlung*, gelten wie gesehen im Gegensatz zur MFN-Verpflichtung nicht generell. Diese spezifischen Verpflichtungen sind in den Länderlisten festgehalten, die dem GATS als Anhänge beigefügt sind und als Bestandteil des GATS gelten[482]. Inhaltlich ist festgehalten, für wel-

---

477 Art. XVII Abs. 1 GATS.
478 Art. XVI Abs. 3 GATS.
479 Vgl. Self, in: Stewart, a.a.O., S. 538.
480 Siehe Self, in: Stewart, a.a.O., S. 538.
481 Vgl. Kommission der EG, GATS, a.a.O., S. 31.
482 Art. XX Abs. 3 GATS.

che Dienstleistungszweige sich das betreffende Mitglied in welchem Maß zur Gewährung von Marktzugang und Inländerbehandlung verpflichtet[483].

Insofern haben die spezifischen Verpflichtungen der Länderlisten eine ähnliche Wirkung wie ein Zollzugeständnis („tariff binding"). Sie garantieren Wirtschaftsunternehmen in anderen Ländern, daß die Zugangs- und Geschäftsbedingungen auf dem Markt nicht zu ihrem Nachteil geändert werden. Eingegangene Verpflichtung können nur rückgängig gemacht werden, wenn in anderen Sektoren Ausgleichsmaßnahmen erreicht werden, welche für die anderen GATS-Mitglieder akzeptabel sind[484].

Diese spezifischen Verpflichtungen können mit Vorbehalten versehen werden, die nicht mit dem Marktzugang oder der Inländerbehandlung übereinstimmen[485]. Solche Vorbehalte sind beispielsweise mengenmäßige Zugangsbeschränkungen (wie z.B. Bedürfnisklauseln, Monopole, Quoten und dergleichen) oder Nationalitätsvorbehalte und andere Vorschriften, die in- und ausländische Anbieter oder Dienstleistungen ungleich behandeln[486].

Die Listen haben alle dasselbe Format und eine standardisierte Terminologie, um eine vergleichende Analyse zu erleichtern. Jede Liste enthält für die Sektoren, für die diese Bindungen eingegangen werden in bezug auf die vier Erbringungsarten, alle Handelsbeschränkungen für den Marktzugang oder die Inländerbehandlung[487]. Eine spezifische Verpflichtung besteht also aus 8 Einträgen zum Bestehen oder Nichtbestehen von Handelsbeschränkungen hinsichtlich des Marktzugangs und der Inländerbehandlung für jede Erbringungsart. Gemäß dem Prinzip der Meistbegünstigung gelten diese spezifischen Verpflichtungen gegenüber allen Mitgliedern in gleicher Weise.

Mit anderen Worten bedeutet dies, daß ein Mitglied ausländischen Dienstleistungserbringern den Marktzugang und die Inländerbehandlung in den konsolidierten – d.h. in seiner Liste aufgeführten – Sektoren künftig nur soweit einschränken darf, als entsprechende Vorbehalte angebracht worden sind[488]. Entscheidend ist, daß der in den Länderlisten festgeschriebene Marktzugang grundsätzlich irreversibel ist[489].

Im folgenden wird erläutert, wie eine Länderlisten mit spezifischen Verpflichtungen zu lesen ist. Die folgende Tabelle enthält ein Beispiel einer solchen Liste.

---

483 Art. XX Abs. 1 GATS.
484 Art. XXI Abs. 2 lit. a) GATS.
485 Art. XX Abs. 2 GATS.
486 Vgl. Etter, a.a.O., S. 99.
487 Art. XX Abs. 1 lit. a) und b) GATS.
488 Vgl. Etter, a.a.O., S. 100.
489 Id.

Tabelle: Beispiel einer Länderliste

	Arten der Erbringung	*Marktzugangsbeschränkungen*	*Beschränkungen der Inländerbehandlung*	*Zusätzliche Verpflichtungen*
A – Horizontale Verpflichtungen (für sämtliche in dieser Liste aufgeführten Sektoren)	1. Grenzüberschreitende Erbringung	Keine	Keine	
	2. Nutzung im Ausland	Keine	Keine	
	3. Kommerzielle Präsenz	Eigene Rechtspersönlichkeit erforderlich	Beschränkungen für den Erwerb von Grundbesitz	
	4. Präsenz natürlicher Personen	Nur an innerbetrieblich versetzte Personen gebunden	Ungebunden mit Ausnahme der Angaben unter „Marktzugang"	
B – Sektorspezifische Verpflichtungen (Beschränkungen gelten für spezifische Dienstleistungen)	1. Grenzüberschreitende Dienstleistung	Keine	Keine	
	2. Nutzung im Ausland	Keine	Keine	
	3. Kommerzielle Präsenz	Keine	Keine	
	4. Präsenz natürlicher Personen	Ungebunden, mit Ausnahme der Angaben unter „Horizontale Verpflichtungen"	Ungebunden, mit Ausnahme der Angaben unter „Horizontale Verpflichtungen"	

Anmerkung: Diese Tabelle stammt aus dem Bericht *The Results of the Uruguay Round of Mutilateral Trade Negotiations – Market access for Goods and Services: Overview of the Results, GATT-Sekretariat, Genf, November 1994* und wurde wieder abgedruckt in: *GATS: Ein Leitfaden für die Wirtschaft*, Europäische Kommission, 1995.

Wie aus der Tabelle hervorgeht, enthalten fast alle Länderlisten am Anfang einen Abschnitt „Horizontale Verpflichtungen", in dem Maßnahmen aufgeführt sind, die auf sämtliche in der Liste genannten Sektoren Anwendung finden. Diese Maßnahmen beziehen sich oft auf eine bestimmte Erbringungsart, insbesondere die kommerzielle Präsenz und die Präsenz natürlicher Personen. Mit diesen Maßnahmen können über Sektorgrenzen hinweg für jede beliebige Erbringungsart Handelsbeschränkungen auferlegt werden. Eine Analyse der sektorspezifischen Verpflichtungen muß deshalb immer einer Analyse der „Horizontalen Verpflichtungen" einhergehen.

Sprache und Format der Länderliste sind, soweit möglich, standardisiert.

a) Die Information in den jeweiligen Spalten

Wie oben dargestellt, besteht das Standard-Layout aus drei Spalten. In der Sektor bzw. Teilsektor-Spalte wird eine klare Definition des Sektors, Teilsektors oder der Aktivität angegeben, der oder die Gegenstand der eingegangen spezifischen Verpflichtung ist. Die Mitglieder sind frei, vorbehaltlich der mit den anderen Teilnehmern erzielten Ergebnisse, die Sektoren, Teilsektoren und Aktivitäten zu bestimmen, die sie in die Liste aufnehmen werden. Nur auf diese aufgenommen Sektoren, Teilsektoren und Aktivitäten finden die spezifischen Verpflichtungen Anwendung. Die meisten Länderlisten entsprechen der GATT Klassifizierung, die 12 weitgefaßte Sektoren nennen: 1. Business; 2. Communication; 3. Construction and Engineering; 4. Distribution; 5. Education; 6. Environment; 7. Financial; 8. Health; 9. Tourism and Travel; 10. Recreation, Cultural, and Sporting; 11. Transport; 12. „Other"[490].

In der Spalte „Marktzugang" muß ein Mitglied, das in einem Sektor oder Teilsektor eine Verpflichtung eingeht, für jede Erbringungsart angeben, welche Beschränkungen es ggf. für den Marktzugang aufrechterhält. Das GATS sieht sechs Kategorien von Beschränkungen vor, die das Mitglied einführen oder aufrechterhalten kann[491].

In der Spalte „Inländerbehandlung" müssen alle Maßnahmen angegeben werden, die zu einer weniger günstigen Behandlung ausländischer Dienstleistungen oder Dienstleistungserbringer führen („less-favorable treatment of foreign services or service suppliers).

Schließlich ist auch eine Spalte für „Zusätzliche Verpflichtungen" vorgesehen. Die Mitglieder sind nicht gezwungen, eine Verpflichtung in diese Spalte einzutragen. Sie können aber in einem bestimmten Sektor zusätzliche Verpflich-

490 Vgl. www.wto.org/gats.html
491 Siehe Abschnitt IX.A.1.

tungen eingehen, die Maßnahmen betreffen, die nicht in der Spalte „Marktzugang“ oder der Spalte „Inländerbehandlung“ erscheinen müssen. Solche Verpflichtungen können sich beispielsweise auf Qualifikationen, technische Normen, Lizenzanforderungen oder –verfahren sowie andere innerstaatliche Vorschriften beziehen[492].

b) Wie die Verpflichtungen in die Länderlisten eingetragen werden

Die Verpflichtungen in den Länderlisten sind rechtlich verbindlich. Wie aus der Tabelle hervorgeht, wird eine einheitliche Terminologie verwendet, die hier im einzelnen kurz erläutert wird.

Wenn es keine mit dem GATS unvereinbaren Beschränkungen oder Gesetze hinsichtlich des Marktzugangs oder der Inländerbehandlung gibt (außer den ggf. im ersten Teil jeder Liste eingetragenen horizontalen Beschränkungen), steht KEINE („None“) in der Spalte.

Wenn staatliche Maßnahmen, die mit den Regelungen in den Bereichen Marktzugang oder Inländerbehandlung unvereinbar sind, eingeführt oder aufrechterhalten werden, erscheint der Vermerk UNGEBUNDEN („Unbound“). Dieser Vermerk erscheint im übrigen auch nur dann, wenn in einem Sektor für mindestens eine Erbringungsart eine Verpflichtung eingegangen wurde. Falls alle Erbringungsarten ungebunden sind und in diesem Sektor keine zusätzlichen Verpflichtungen eingegangen wurden, dann wird der betreffende Sektor in der Länderlisten gar nicht aufgeführt.

Bei einigen Dienstleistungen sind bestimmte Erbringungsarten gar nicht möglich, wie z.B. die grenzüberschreitende „Korrespondenzdienstleistungserbringungsart“ einer Brückebaudienstleistung. In diesen Fällen wurde der Ausdruck UNGEBUNDEN* („Unbound*) verwendet, meistens im Zusammenhang mit einer Fußnote, die erklärt: „Unbound due to lack of technical feasibility“.

Die Länderlisten werden gemäß dem Prinzip der fortschreitenden Liberalisierung Gegenstand von künftigen, wiederkehrenden Verhandlungen im Rahmen der WTO sein[493]. Solche Verhandlungen dienen dazu, die nachteiligen Auswirkungen von Maßnahmen auf den Handel mit Dienstleistungen zu vermindern oder zu beseitigen, um einen wirksamen Marktzugang zu erreichen[494]. Die Methode der schrittweisen Liberalisierung im GATS ist aus dem GATT (Warenhandel) übernommen worden[495].

---

492 Vgl. Kommission der EG, GATS, a.a.O., S. 50.
493 Art. XIX GATS.
494 Art. XIX Abs. 1 Satz 2 GATS.
495 Vgl. Etter, a.a.O., S. 100.

B. Die Probleme

Auf keinen Fall kann man das GATS Abkommen, gemessen an der Reduzierung oder Abschaffung der Handelsbarrieren im Dienstleistungsverkehr als Erfolg betrachten[496].

Zunächst ist das Prinzip der Inländerbehandlung selbst problematisch. Obwohl die Inländerbehandlung – wie besprochen – die Mitglieder verpflichtet, „den Dienstleistungen und Dienstleistungserbringern irgendeines anderen Mitgliedes hinsichtlich aller Maßnahmen, die die Dienstleistungserbringung beeinflussen, eine Behandlung zu gewähren, die nicht weniger günstig ist als diejenige, die er seinen eigenen gleichen Dienstleistungen und Dienstleistungserbringern gewährt"[497], leidet diese Verpflichtung unter zwei erheblichen Mängeln.

Zum einen gilt dieser Grundsatz nicht allgemein. Die Pflicht zur Gewährung der Inländerbehandlung gilt nur für die Sektoren, die ein Mitglied in seiner Länderliste aufgeführt hat. Das heißt, die Inländerbehandlung ist von der Konzessionsbereitschaft der einzelnen Mitglieder abhängig. Diese Kritik gilt auch für den Marktzugang, der nur gewährleistet ist, wenn ein Mitglied sich hierzu bereit erklärt hat (in seiner Länderliste). Es gibt keinen *a priori* Grund, der gegen eine Verallgemeinerung dieser spezifischen Verpflichtung spricht[498].

Zum anderen bedeutet die Pflicht zur Inländerbehandlung nicht viel, wenn die eigenen Dienstleistungen und Dienstleistungserbringer schlecht behandelt werden. Falls dies so ist, gewinnt der ausländische Dienstleistungserbringer nichts von einer Pflicht zur Inländerbehandlung.

Ein weiteres Problem ist das Verfahren bei der Auflistung in die Länderlisten, das den Mitgliedern gestattet, den Dienstleistungsmarkt sowohl unter dem Aspekt des jeweiligen Sektors als auch für die jeweilige Dienstleistungserbringungsart zu beschränken. Das Aushandeln von Zugeständnissen führt insbesondere zur mangelnden Transparenz des Gesamtregelwerks[499]. Das GATS bietet beispielsweise keine Informationen zu den Sektoren, Teilsektoren und Aktivitäten, in denen keine Verpflichtungen eingegangen wurden. Dabei handelt es sich aber häufig um die sensibelsten Sektoren sind, wo Diskriminierungen dominieren[500]. Das ist ein sehr großes Problem, wenn man bedenkt, daß staatliche Hindernisse auf nationaler und unterhalb der nationalen Ebene die größten Hindernisse des freien Dienstleistungsverkehrs sind.

---

496 Zu Recht Self, in: Stewart, a.a.O., S. 551.

497 Art. XVII Abs. 1 GATS.

498 Dies gilt insbesondere für die Innerstaatliche Regelung (Art. VI GATS) und Zahlungen und Transfers (Art. XI GATS). Vgl. Vgl. Sauvé, JWTL, a.a.O., S. 139.

499 Vgl. Sauvé, JWTL, a.a.O., S. 138; Weber, a.a.O., S. 191.

500 Vgl. Sauvé, JWTL, a.a.O., S. 138.

Hinzu kommt das Problem der Auswirkungen auf den Liberalisierungsprozeß. Die Auflistung der spezifischen Verpflichtungen in den Länderlisten nach der Erbringungsart führt dazu, daß im Vergleich zur Erbringungsart durch eine kommerzielle Präsenz weniger Verpflichtungen bei den Erbringungsarten der „Korrespondenzdienstleistung“ und der Präsenz natürlicher Personen eingegangen wurden[501]. Nach *Sauvé* liegt das daran, daß diese Methode der Auflistung (nach Erbringungsart) den Mitgliedern einen sogenannten „architectural incentive“ dafür gegeben hat, ausländischen Dienstleistungen und Dienstleistungserbringern als Voraussetzung für die Erbringung von Dienstleistungen in ihren Hoheitsgebieten TRIM-ähnliche Verpflichtungen zu einer kommerziellen Präsenz (etwa durch eine Niederlassung) aufzuerlegen, auch wenn ein grenzüberschreitender Handel aus der Sicht eines Geschäftsmannes machbar oder wünschenswert wäre[502].

C. Lösungsansätze aus dem Europarecht

Ziel der Inländerbehandlung auf globaler Ebene muß es sein, sicherzustellen, daß Dienstleistungen aus anderen Ländern auf dem Markt eines anderen Landes unter den gleichen Bedingungen wie inländische Dienstleistungen angeboten werden können. Genau dies ist das Ziel im europäischen Binnenmarkt - auf EG-Ebene - der Art. 49 EGV ff. Insbesondere sollen nationale Vorschriften, welche die Dienstleistungserbringung ohne sachlichen Grund von dem Erfordernis eines ständigen Aufenthalts im Inland abhängig machen, durch die Anwendung der Vorschriften der Art. 49 EGV ff. abgebaut werden[503]. Insofern haben sowohl das

501 Id. Warum die kommerzielle Präsenz bevorzugt wurde, erklärt Sauvé so: „Somewhat ironically, given the early resistance of many countries to discussing establishment-related trade in services (i.e. investment), the bulk of commitments lodged under the GATS, first and foremost by developing country Members, relates to the commercial presence mode of supply. [This led to fewer commitments in other modes of supply]. Id.

502 Id. [„The ‚revealed preference‘ seems to reflect the perception that commercial presence provides host countries with greater regulatory oversight and strategic bargaining powers, both of which might allow them to benefit more fully from the externalities deriving from an established presence. The structural bias against cross-border supply remains paradoxical given that Art. XVI.2(e) (Market Access) focuses, in part, on so-called right of non-establishment by prohibiting, in sectors subject to market access commitments, measures which mandate a local presence in order to supply a service.“] Id., Fußnote 20.

503 Vgl. EuGH Urteil in der Rechtssache van Binsbergen/Bedrijfsvereniging Metaalnijverheid, Slg. 1974, I-1299 sowie Randelzhofer, a.a.O., Art. 59, Rn. 3.

GATS als auch der EGV ähnliche Ansatzpunkte. Allerdings sind die Mittel, die diese beiden Verträge benutzen, um diese Ziele zu verwirklichen, völlig anders. Während der EGV effektiv vorgeht, geht das GATS – wie oben beschrieben - nur sehr langsam heran.

Die Erfahrungen im europäischen Binnenmarkt haben gezeigt, daß eine Liberalisierung des Dienstleistungsverkehrs und eine Förderung des Wirtschaftswachstums (genannte Ziele des GATS) effektiv erreicht werden können, ohne komplizierte Länderlisten aufzustellen, die nach Sektoren und Erbringungsarten differenzieren[504]. Insofern ist fraglich, ob die Länderlisten auf GATS-Ebene überhaupt nötig sind. An der Stelle der unübersichtbaren Länderlisten könnte man eine Übergangszeit – ähnlich wie aus der Erfahrung im europäischen Binnenmarkt - im GATS hineinbauen, die allmähliche Reduzierungen an Handelsbeschränkungen hin zum freien Dienstleistungsverkehr vorsieht.

In der EG betrug die Übergangszeit 12 Jahre und dauerte vom 1. Januar 1958 bis zum 31. Dezember 1969, wobei sie in drei Stufen zu je 4 Jahren gegliedert war[505]. *Schweizer/Hummer* zählen die Erfolge des Ablaufs der Übergangszeit u.a. so:

> „das volle Wirksamwerden der Vertragsvorschriften; die Beendigung der Anwendbarkeit bestimmter Vorschriften des primären (z.B. Art. 44) oder sekundären Gemeinschaftsrechts (z.B. Allgemeines Programm zur Aufhebung der Beschränkungen der Niederlassungsfreiheit (gilt auch für die Dienstleistungsfreiheit) vom 18. Dezember 1961), die unmittelbare Anwendbarkeit bestimmter Vorschriften des primären Gemeinschaftsrechts, die eigentlich durch Rechtshandlungen der Organe hätten umgesetzt werden sollen, auch dann, wenn solche Rechtshandlungen noch nicht vorlagen (z.B. Art. 43); die Ablösung des Einstimmigkeits- durch

---

504 Vgl. auch Sauvé, JWTL, a.a.O., S. 133 („The GATS ... adopts what has been called a ‚hybrid' approach to scheduling commitments, combining a positive list approach to sectoral coverage with a negative list approach to non-conforming measures (i.e. measures that violate the market access and national treatment provisions) maintained in sectors into a Member's schedule. Under a positive list approach, a sector is, for all intents and purposes, excluded from virtually all but the MFN obligation of the GATS if it is not listed in a Member's schedule. Under the obverse, a negative list approach (which was used in the NAFTA), only those services that are specified in Members' lists of non-conforming measures are excluded from the scope of an agreement; that is, services not specified are automatically subject to all obligations. The clearest advantage of a negative list approach lie in its greater transparency (since a failure to list non-conforming measures implies their full and immediate liberalization) as well as the fact that all new services entering the market-place enjoy the benefits of the agreement (i.e. are automatically „bound at free"). Id.

505 Vgl. Art. 7 EGV sowie Schweizer/Hummer, a.a.O., Rn. 1059.

das Mehrstimmigkeitsprinzip bei Abstimmungen im Rat – dies allerdings vorbehaltlich der Luxemburger Vereinbarung“[506].

Denkbar wäre also eine ähnliche Übergangszeit auf GATS-Ebene zur Errichtung eines freien Dienstleistungsverkehrs auf globaler Ebene. Die unmittelbare Anwendbarkeit der GATS Bestimmungen wird ausführlich im Rahmen der Diskussion um den Streitbeilegungsmechanismus behandelt aber schon jetzt kann festgestellt werden, daß ohne eine unmittelbare Anwendbarkeit des GATS – wie die Erfahrung aus der EG zeigt – eine weite Liberalisierung zugunsten aller ausländischen Dienstleistungen und Dienstleistungserbringer einfach nicht effektiv stattfinden wird.

Weniger „radikaler“ wäre zumindest eine andere Methodik zur Aufstellung der Länderlisten. Durch die Verwendung der „negative list“ Methodik[507] Durch die Anwendung von Listen, welche die GATS-widrigen staatlichen Maßnahmen aufzählen, was wiederum die Anwendung von generellen Verpflichtungen voraussetzt, würde die Anwendung der „negative list approach“ würde dazu führen, daß in zukünftigen Handelsrunden der Aufzählungsprozeß richtigerweise auf die noch offenen Handels- und Investitionshindernisse zum Dienstleistungsverkehr konzentrieren können anstatt auf die Erbringungsart. Die Konzentration auf die Erbringungsart stellt eine rigide und etwa künstlich gebaute Teilung, die wenig Bezug dazu hat, wie Unternehmen tatsächlich ihre Dienstleistungen erbringen[508].

---

506 Vgl. Schweizer/Hummer, a.a.O., Rn. 1060.

507 Siehe Fußnote 503.

508 Vgl. Sauvé, JWTL, a.a.O., S. 139 („Indeed, there is every reason to believe that most service providers would not recognize a mode of supply if they came across one!). Id.

X. Der Streitbeilegungsmechanismus des GATS

A. Einleitung

Der seit Jahren anhaltende Streit um die EG-Bananenmarktordnung und den Import von Hormonfleisch haben die Aufmerksamkeit einer breiteren juristischen Öffentlichkeit auf das Streitbeilegungsverfahren der Welthandelsorganisation (WTO) gerichtet. Es besteht seit dem Abschluß des GATS und ist durch das Übereinkommen über die Gründung der Welthandelsorganisation (WTO) vom 15.12.1993 weiter in Richtung auf ein rechtsförmiges Verfahren ausgebaut worden. Obwohl es – in den Augen vieler – nicht formell rechtsverbindlich ist, entfalten die das Verfahren abschließenden Empfehlungen oder Entscheidungen dennoch oft beträchtliche Wirkungen. Ziel dieses Abschnitts ist, sowohl die Streitbeilegung des GATS als auch die Umsetzung der Empfehlungen und Entscheidungen in der Europäischen Union im Hinblick auf den Dienstleistungsverkehr kritisch zu untersuchen. Aus dem Ergebnis werden Schlußfolgerungen für die künftige Entwicklung des im WTO-Übereinkommen vorgesehen Sanktionensystems gezogen. Schließlich werden, anknüpfend an den erzielten Erfolgen innerhalb der EU, einige Vorschläge zur Verbesserung des Streitbeilegungsverfahrens des GATS behandelt, vor allem solche, die zu einer rascheren und konsequenteren Umsetzung der Entscheidungen führen könnten.

B. Die WTO im Überblick

1. Vorläufer des GATS: Entstehung des GATT

Das GATT (General Agreement on Tariffs and Trade) wurde am 30. Oktober 1947 von 23 Vertragsparteien unterzeichnet[509], darunter die 13 führenden westlichen Industriestaaten[510]. Weder Deutschland noch Japan waren Gründungsmitglieder. Die USA und Großbritannien waren die „Motoren“ des Abkommens.

509 Zur Unterzeichnung geöffnet seit dem 30. Oktober 1947, 61 U.S. Statutes at Large A-11, 55 U.N.T.S. 194, T.I.A.S. No. 1700; BGBl. 1951 II S. 173.

510 Diese Staaten waren Australien, Belgien, Frankreich, Großbritannien, Kanada, Luxemburg, Neuseeland, die Niederlande, Norwegen, Österreich, Rhodesien, Tschechien und die USA.

Nicht überraschend spiegelten die Handelsregeln des GATT die Handelsregeln der USA und Großbritannien wieder. Die offizielle Sprache des GATT ist Englisch[511].

Der Vertrag sah u.a. eine schrittweise und bindende Reduzierung der Zölle zwischen den Vertragsparteien vor. Wie oben bei der Beschreibung des GATS gesehen, war und ist das wichtigste Prinzip des GATT das Meistbegünstigungsprinzip. Die Meistbegünstigungsklausel des Art. I GATT verpflichtet eine Vertragspartei, alle handelspolitischen Vorteile, die sie irgendeiner anderen Vertragspartei einräumt, auch allen anderen Vertragsparteien des GATT zu gewähren. Die bedeutendste Ausnahme von diesem Prinzip betrifft Zollunionen und Freihandelszonen. Zölle zwischen den Mitgliedstaaten einer Zollunion wie der EG, bzw. innerhalb Freihandelszonen wie EFTA und NAFTA, die niedriger sind, als die im Verhältnis zu Drittstaaten geltenden, verstoßen daher nicht gegen das Meistbegünstigungsprinzip.

Die größte Schwäche des GATT war immer, daß es über keine Institution verfügte, die seine Normen durchsetze. Der Versuch, eine „International Trade Organisation" (ITO) zu schaffen, scheiterte 1947 an der Angst des amerikanischen Kongresses vor einem Verlust der Souveränität. Folglich mußten die Vertragsparteien die Streitigkeiten untereinander beilegen, was aus zwei Gründen oft zu Problemen führte: Erstens mußte der Beklagte der gegen ihn gerichteten Klage zustimmen, zweitens mußte die Entscheidung über die Klage - wenn es so weit gekommen war - *einstimmig* gefällt werden.

2. Geburt der WTO

Die Vertragsparteien des alten GATT haben diese Streitbeilegungsschwäche erkannt und im Jahre 1986 die Verhandlungen der Uruguay-Runde aufgenommen, um u.a. diese Schwäche zu beseitigen. Nach jahrelangen Verhandlungen konnte die Uruguay-Runde am 15. April 1994 in Marrakesch/Marokko abgeschlossen werden. Nachfolgerin (des Sekretariats) des GATT wurde die neue Welthandelsorganisation (WTO)[512], die Anfang 1995 ihre Arbeit aufgenommen hat. Sie ist für alle Fragen des Welthandels zuständig, einschließlich der internationalen Rechtsprechung hierzu. Mit dem Beitritt Georgiens am 14. Juni 2000 stieg die

---

511 Vgl. Hudec, Enforcing International Trade Law: The Evolution of the Modern GATT Legal System, 1993, S. 3.

512 Gesetz zu dem Übereinkommen vom 15.4.1994 zur Errichtung der Welthandelsorganisation und zur Änderung anderer Gesetze (BGBl. II 1994, 1438; abgedruckt in BT-Drucks. 12/7655 (neu) und 12/7986 sowie Abl. der EG 1994 Nr. L 336 vom 23. April 1994).

Zahl ihrer Mitglieder auf die jetzige Zahl von 137[513]. Sie erfaßt damit weit über 90% des Welthandels mit Gütern und Dienstleistungen[514].

Unter den vielen Vereinbarungen und Verträgen, die den rechtlichen Rahmen des Wirkens der WTO bilden, sind v.a. die vertraglichen Vereinbarung über Investitionen mit Welthandelsbezug (Trade Related Investment Measures – TRIMS)[515], das Allgemeine Dientsleistungsabkommen (General Agreement on Trade and Services – GATS)[516] sowie das Abkommen über den Schutz welthandelsbezogener geistiger Eigentumsrechte (Trade-Related Aspects of Intellectual Property Rights – TRIP)[517] zu erwähnen.

Die WTO wird künftig alle handelspolitisch relevanten Abkommen verwalten und ihre Einhaltung kontrollieren. Damit ist eine gemeinschaftliche Institution geschaffen worden[518]. Ihre Aufgabe ist es, ein integriertes und effizientes Welthandelssystem zu fördern und zu entwickeln, das zu einem nachhaltigen Wachstum, zu Vollbeschäftigung und zu einem höheren Lebensstandard führt. Die WTO soll protektionistische Maßnahmen abschaffen, die die Industrieländer mindestens 0,5% und die Entwicklungsländer mindestens 2,5% ihres jährlichen Bruttosozialprodukts kosten[519].

Das wichtigste Mittel zur Durchführung dieser Pläne ist das Streitbeilegungsverfahren. Die Mitglieder der WTO sind verpflichtet von diesem Streitbeilegungsverfahren Gebrauch zu machen, wann immer es anwendbar ist. Der Anwendungsbereich wird mit der Ausdehnung der multilateralen Regeln auf Dienstleistungen und den Schutz des geistigen Eigentums „weit gestreckt“[520]. Insoweit versucht die WTO, handelspolitische Willkür zurückzudrängen und einer Eskalation von Handelskonflikten vorzubeugen. Theoretisch gesehen sollten daher unilaterale Depressalien und Sanktionen künftig weitgehend ausgeschlossen sein. Um dieses Ziel zu verwirklichen, müssen die Mitglieder der WTO bereit sein, sich der neuen Welthandelsordnung zu unterwerfen.

---

513 Momentan verhandeln mehr als 30 Staaten mit der WTO wegen eines Beitritts. Bekanntlich sind auch China und Rußland in Verhandlungen. Mehr hierzu auf der Webseite: „www.wto.org/english/thewto_e/whatis_e/tif_e/org6_e.htm“.

514 Vgl. WTO-Homepage: „www.wto.org“.

515 Annex 1A zur Schlußakte von Marrakesch, ABl. der EG, (Anm. 512), S. 11 ff.

516 Annex 1B zum Marrakesh Agreement, ABl. der EG, (Anm. 512), S. 190 ff.

517 Annex 1C zum Abkommen von Marrakesch, ABl. der EG, (Anm. 512), S. 213 ff.

518 Vgl. Adamantopoulos, Das Subventions- und Ausgleichszollrecht des GATT im Rahmen der Rechtsordnung der EWG, S. 157.

519 Id.

520 Vgl. Großmann/Koopman et. al., Die neue Welthandelsorganisation: Schrittmacher für den Welthandel?, Wirtschaftsdienst 256 (1994), S. 264.

C. Das Streitbeilegungsverfahren nach dem GATS

1. Streitbeilegung vor Gründung der WTO

Früher konnte eine beklagte Vertragspartei die Annahme einer Entscheidung blockieren, weil sie nach dem alten GATT die Zustimmung *aller* Parteien (einschließlich der Streitparteien) erforderte. Folglich kam es in über der Hälfte aller (alten) 195 GATT-Streitschlichtungsfälle nicht zur Annahme des Schlußberichts[521].

2. Streitbeilegung im Rahmen der WTO

Das alte Streitbeilegungsverfahren wurde von den Vertragsparteien des GATT im Abschlußdokument der Uruguay-Runde durch die Vereinbarung über Regeln und Verfahren zur Beilegung von Streitigkeiten[522] deutlich verbessert, nicht zuletzt wegen der Abschaffung der erforderlichen Einstimmigkeit für die Annahme von Entscheidungen.

Das Streitbeilegungsverfahren hat seine Rechtsgrundlage in den Art. XXII („Konsultationen") und XXIII („Zunichtemachung oder Schmälerung von Vertragsnutzen") des GATT 1994[523]. Es wird immer in Gang gesetzt, wenn eine Vertragspartei einer anderen Vertragspartei Zuwiderhandlungen gegen einen der Verträge vorwirft[524].

Zuerst sollen bilaterale Konsultationen zwischen den Mitgliedern geführt werden, um zu einer gütlichen Streitbeilegung des Konfliktes zu gelangen[525].

---

521 Die statistischen Angaben beziehen sich auf GATT 1994, v.a., S. 718-734. Von den insgesamt 195 Streitschlichtungsverfahren können die letzten 5 wegen der üblichen Länge des Verfahrens nicht bewertet werden. In den verbliebenen 190 begonnen Fällen wurde bei 109 (über 57 % der Fälle) kein Schlußreport angenommen.

522 Understanding on Rules and Procedures Governing the Settlement of Disputes, Annex 2 zum Übereinkommen von Marrakesch, Abl. der EG, (Anm. 512), dort S. 234 ff.

523 Vgl. Van Suntum & Vehrkamp, Mehr Freihandel oder mehr Reglementierung durch die Schaffung der Welthandelsorganisation WTO?, in: Frenkel/Bender (Hrsg.), GATT und neue Welthandelsordnung, 1996, S. 45, 54.

524 Das gilt sowohl für die multilateralen als auch die plurilateralen Verträge. Siehe Suntum/Vehrkamp, a.a.O., S. 45, 54.

525 Art. XXIII Abs. 1 GATT. Von der Errichtung der WTO im Jahre 1995 bis Mitte Oktober 1998 wurden in 148 Fällen Konsultationen beantragt, 15 Verfahren wurden in der Zeit abschließend streitig entschieden. Ständig aktualisierter sehr guter Überblick über den Stand aller bisherigen Verfahren in: http://www.wto.org/wto/dispute/bulletin.htm.

Falls die Mitglieder innerhalb von 60 Tagen zu keiner Einigung kommen, ist die Einberufung einer Sondergruppe vorgesehen, eines sog. Panels, das sich mit der Streitigkeit befaßt. Die Panels sind formelle Streitschlichtungsgremien und haben die Aufgabe, den Fall zu analysieren und anhand der Ratio der relevanten Vertragstexte zu beurteilen. Nach Art. 8(5) DSU können i.d.R. drei bis fünf unabhängige und ausgewiesene Experten mit oder ohne Regierungsmandat zur Bildung eines Panels herangezogen werden[526]. Staatsangehörige einer der Streitparteien können nach Art. 8(3) DSU nur dann Mitglieder des Panels werden, wenn die Streitparteien dem ausdrücklich zustimmen. Zur Unterstützung der Auswahl von Panel-Mitgliedern legt das Sekretariat der WTO eine Liste geeigneter Personen vor. Das Sekretariat hat auch ein Vorschlagsrecht für die Besetzung eines Panels (Artikel 8(4), (6) DSU). Kommt es zu keiner Einigung über die Besetzung, so kann der Generaldirektor der WTO über die Zusammensetzung selbst entscheiden (Artikel 8(7) DSU).

Das Panel erhält von der Streitbeilegungsstelle der WTO (Dispute Settlement Body – DSB) eine genau bezeichnete Aufgabenstellung für sein Mandat[527], das Panel hat dem DSB dann Bericht zu erstatten. Wenn sich die Streitparteien nicht auf eine bestimmte Aufgabenstellung für das Panel einigen, erhält es das sog. Standardmandat:

> „To examine, in the light of the relevant provision in (name of the covered agreement(s) cited by the parties to the dispute), the matter referred to the DSB by (name of the party) in document ... and to make such findings as will assist the DSB in making the recommendations or in giving the rulings provided for in that/those agreement(s)". (Artikel 7(11) DSB)

Hinsichtlich einer GATS-Frage werden zwei Situationen unterschieden, in denen a) ein Mitglied seine Pflichten oder besonderen Verpflichtungen nicht erfüllt (sog. Verletzungsfall) oder b) eine staatliche Maßnahme zwar nicht mit den GATS-Bestimmungen kollidiert, ein Mitglied jedoch der Auffassung ist, daß ein Vorteil, den es normalerweise aufgrund einer besonderen Verpflichtung erwarten konnte, zunichte gemacht oder geschmälert wurde (sog. Nichtverletzungsfall).

---

526 Wünschenswert wäre eine „Professionalisierung" des Panels. Zur Zeit kommt es häufig vor, daß Panel-Mitglieder der indikativen Liste nicht zur Verfügung stehen, weil sie aus WTO-Mitgliedstaaten kommen, die am Verfahren beteiligt sind. Das Sekretariat schlägt deswegen in vielen Fällen Panelisten vor, die gar nicht auf der Liste stehen. Effektiver wäre es, das bisherige System durch eine deutliche geringere Zahl „professioneller" Panelisten, die ausschließlich oder ganz überwiegend in dieser Funktion tätig sind, zu ersetzen.

527 Siehe auch Sittmann, Das Streitbeilegungsverfahren der World Trade Organization (WTO), RIW 1997, S. 749, 751.

Während der Untersuchung des Panels können auch weitere Parteien beitreten. Voraussetzung ist, daß die Parteien dem DSB ein berechtigtes Interesse nachweisen können. Können sie dies, dann haben sie sowohl ein Antragsrecht als auch das Recht, Schriftsätze an das Panel zu richten. Diese Schriftsätze sollten auch zum Gegenstand der Auseinandersetzung zwischen den Konfliktparteien gemacht werden[528]. Vor kurzem hat das DSB entschieden, daß auch Interessenverbände und Unternehmen mittelbar am Verfahren teilnehmen können (dies wird allerdings unten ausführlicher im Rahmen der Diskussion um die unmittelbare Anwendbarkeit des GATS behandelt).

Der Beschluß des Panels geht zunächst an das DSB. Er soll es dem DSB ermöglichen, den Konfliktparteien geeignete Empfehlungen oder Entscheidungen zu geben, die zur Beendigung des Streits führen[529]. Das ganze Verfahren von der Einberufung des Panels bis zur Vorlage des Abschlußberichts soll höchstens sechs Monate dauern, in begründeten Ausnahmefällen ist eine Dauer von bis zu neun Monaten zulässig.

Der Streit zwischen den Parteien wird völkerrechtlich entschieden. Daher haben Panel-Beschlüsse faktisch die Wirkung von gerichtlichen Entscheidungen[530].

Jede betroffene Streitpartei kann eine Berufung gegen den Beschluß des Panels bzw. des DSB zur Ständigen Berufungsstelle (Standing Appellate Body – SAB)[531] einlegen. Dritte Parteien dürfen nach Artikel 17(4) DSU keine Berufung einlegen. Das Berufungsverfahren dauert i.d.R. 60 Tage. Auf keinen Fall sollte es länger als 90 Tage dauern.

Die Berufungsentscheidung des SAB ist wiederum dem DSB vorzulegen. Das DSB kann die Berufungsentscheidung entweder annehmen oder einstimmig ablehnen. Wenn das DSB die Berufungsentscheidung annimmt, bleibt der betroffenen Partei kein Rechtsmittel mehr[532]. Diese Entscheidung ist durch ihre Annahme für alle Verfahrensbeteiligten rechtsverbindlich.

Die Umsetzung der Empfehlungen und Entscheidungen des DSB, sei es aufgrund des Panel-Beschlusses oder der Berufungsentscheidung, sollte zeitnah erfolgen. Die maximale Richtzeit beträgt 15 Monate (Artikel 21(4) DSU). Das DSB überwacht selbst die Umsetzung seiner Empfehlungen und Entscheidungen

528 Id.

529 Vgl. Sittman, a.a.O., S. 751.

530 Vgl. Meier, Der Endbericht des WTO-Panels im Bananenrechtsstreit, EuZW 1997, S. 566.

531 Die „Arbeitsrichtlinien“ für den Appellate Body sind im World Wide Web als Pressemitteilung der WTO zu finden, und zwar unter der Adresse: http://www.wto.org/wto/Pressrel/ab3.html.

532 Vgl. Sittmann, a.a.O., S. 751.

durch die betroffene Partei. Diese ist verpflichtet, einen Bericht über den Fortschritt der Umsetzung der beschlossenen Empfehlungen i.d.R. 30 Tage nach Verabschiedung derselben vorzulegen. Das DSB überprüft regelmäßig die Implementierung der Empfehlungen und Entscheidungen, bis es zu einem Abschluß der Angelegenheit gekommen ist[533]. Zu beachten ist jedoch das Fehlen von Möglichkeiten zu Vollstreckung.

Falls die betroffene Partei die Empfehlungen und Entscheidungen des DSB nicht umsetzen kann oder nicht umsetzen will, können die betroffenen Parteien Kompensationszahlungen aushandeln. Wenn dies zu keiner Einigung führt, dann kann die geschädigte Partei einen Antrag beim DSB auf Konzessionen aus dem GATS bzw. GATT gegenüber der beschuldigten Partei stellen. Entweder lehnt das DSB diesen Antrag einstimmig ab oder der Antrag wird angenommen.

Die Konzessionen sollen die gleiche Größenordnung und Intensität wie die beanstandeten Maßnahmen besitzen. Sie sind befristet. Die Möglichkeit zur Verhängung eines Strafschadensersatzes – punitive damages – besteht nicht. Die Gegenmaßnahmen sollten auch nur den Sektor betreffen, in dem das Panel oder das SAB eine Vertragsverletzung festgestellt haben. Es ist aber möglich, daß andere Sektoren einbezogen werden, wenn Gegenmaßnahmen auf demselben Sektor nicht ausreichen. In diesem Fall spricht man von „Quervergeltung („cross-retaliation")[534]. So kann beispielsweise ein Mitglied, das gegen seine GATS-Verpflichtungen verstoßen hat und Vergeltungsmaßnahmen im Rahmen des GATS nicht durchführbar oder unwirksam sind, die Aussetzung von Zugeständnissen erfolgen, die aufgrund des GATT oder des TRIPS-Übereinkommens gewährt wurden; umgekehrt kann eine „Quervergeltung" auch im GATS vorgenommen werden. Soweit möglich, sollen die Vergeltungsmaßnahmen die von niedergelassenen Dienstleistungserbringern erworbenen Rechte nicht beeinträchtigen.

Kompensationen und Vergeltungsmaßnahmen sind nur vorübergehende Maßnahmen. Art. 22 Abs. 1 DSU lautet:

> „Compensation and the suspension of concessions or other obligations are temporary measures available in the event that the recommendations and rulings are not implemented within a reasonable period of time. However, neither compensation nor the suspension of concessions is preferred to full implementation of a recommendation to bring a measure into conformity with the covered agreements. Compensation is voluntary and, if granted, shall be consistent with the covered agreements".

533 Id.
534 Id.

Die Streibeilegung kennt in ihrer jetzigen Form keinen vorläufigen Rechtsschutz, mit ihr kann kein Ersatz eines bereits eingetretenen Schadens verfolgt werden, sondern nur die Herstellung eines WTO-konformen Zustands nach Abschluß des Verfahrens[535].

Seit Gründung der WTO sind nahezu 200 Streite eingegangen[536]. Die USA war Kläger in 60 und Beklagte in 42 der Streite. Die EG war Kläger in 50 und Beklagte in 28 der Streite. Das GATS war lediglich in 9 der fast 200 Streite zitiert: fast 10%.

3. *Unterschiede in der Streitbeilegung zwischen dem GATT 1947 und dem GATS*

Im Vergleich zum Art. XXII GATS, der Art. XXII GATT ähnelt, unterscheidet sich Art. XXIII GATS in einigen erheblichen Aspekten von seinem „Muster" Art. XXIII GATT. Art. XXIII GATS lautet:

1. Sollte ein Mitglied der Auffassung sein, daß ein anderes Mitglied seine Verpflichtungen oder seine spezifischen Bindungen im Rahmen dieses Abkommens nicht erfüllt, kann es sich mit dem Ziel, eine beide Seiten zufriedenstellende Lösung der Angelegenheit zu erreichen, auf die Vereinbarung über Regeln und Verfahren zur Streitbeilegung (DSU) berufen.
2. Wenn das Streitbeilegungsorgan der Auffassung ist, daß die Umstände ernst genug sind, um einen solchen Schritt zu rechtfertigen, kann es ein Mitglied oder mehrere Mitglieder ermächtigen, die Anwendung dieser Verpflichtungen oder der spezifischen Bindung gegenüber einem anderen Mitglied oder gegenüber mehreren anderen Mitgliedern gemäß Artikel 22 der Vereinbarung über Streitbeilegung (DSU) aussetzen.
3. Wenn ein Mitglied der Auffassung ist, daß ihm die Handelsvorteile, die es billigerweise aus einer spezifischen Bindung eines anderen Mitglieds nach Teil III dieses Abkommens hätte erwarten können, als Ergebnis der Anwendung einer Maßnahme, die mit den Bestimmungen dieses Abkommens in keinem Widerspruch steht, zunichte gemacht oder geschmälert werden, kann es sich auf die Vereinbarung über Streitbeilegung (DSU) berufen. Wenn das Streitbeilegungsorgan feststellt, daß die Maßnahme dem Mitglied solche Handelsvorteile zunichte macht oder schmälert, hat das betroffene Mitglied Anrecht auf einen beiden Seiten zufrieden stellenden Ausgleich auf der Grundlage des Artikels XXI Absatz 2, der die Änderung oder Zurücknahme

535 Vgl. Art. 3(7) Satz 4 und 5, Art. 19(1) DSU.
536 Siehe www.wto.org (194 Streite wurden bis 30.Mai 2000 von der WTO registriert).

der Maßnahme einschließen kann. Falls die betreffenden Mitglieder kein Einvernehmen erzielen können, gilt Artikel 22 der Vereinbarung über Streitbeilegung (DSU).

Eine vertiefte Analyse der Unterschiede zwischen der Streitbeilegung des GATS und des GATT geht am Hauptthema der Streitbeilegung des GATS vorbei. Jedoch ist eine kurze Analyse der Hauptunterschiede angebracht, da die Streitbeilegung des GATS aus den Erfahrungen im GATT beruht.

Zum einen zeichnet sich eine Änderung des Titels von „Nullification or Impairment“ (Zunichtemachung oder Schmälerung von Vertragsnutzen) (Art. XXIII GATT) zu „Dispute Settlement and Enforcement“ (Streitbeilegung und Durchführung) (Art. XXIII GATS) ab. Diese Änderung deutet auf einen Betonungswandel hin[537]. Nach der GATT-Bestimmung ist der Klagegegenstand wegen staatlichem Verhalten (Art. XXIII Abs. 1 (a) – (c) GATT) auf der Basis einer eher kausalen Unterscheidung der erlittenen Schäden bestimmt (nullification or impairment of a benefit accruing directly or indirectly; Zweck des GATT vereitelt). Im Gegensatz dazu betont die GATS-Bestimmung mehr den Streitbeilegungsprozeß als solchen. „Such shift might also be seen as a further boost for the objective, public,WTO rule of law‘, possibly heralding a commensurate downscaling of the previously predominant focus on particularised justice as between individual litigant contractual parties“[538].

Zum anderen wurde, obwohl die grundsätzliche Unterscheidung zwischen dem sog. Verletzungsfall und dem Nichtverletzungsfall im GATS beibehalten wurde, der Umfang dieser zwei Konzepte im GATS zum Teil korrigiert, um die Realität der relevanten Verfahren des Panels genauer zu berücksichtigen[539].

Schließlich werden die zwei o.g. Situationen, in denen ein Panel[540] die Sache im Lichte der Rechte und Pflichten gemäß dem GATS untersucht, nämlich im Verletzungsfall oder Nichtverletzungsfall in einem jeweils eigenen Absatz geregelt (ersterer im Art. XXIII Abs. 1 GATS, letzter im Art. XXIII Abs. 3 GATS). Die beiden Fälle werden nach dem GATT in einem Absatz geregelt.

---

537 Vgl. Weiss, Dispute Settlement under the General Agreement on Trade in Services, in: Cameron & Campbell (Hrsg.), Dispute Resolution in the World Trade Organization, 1998, S. 148 (159).

538 Id., S. 160.

539 Id.

540 Erwähnt werden sollte auch der Beschluß aus der Uruguay Runde, demzufolge Panels zu sektoralen Angelegenheiten über Sachkenntnisse für den spezifischen Dienstleistungssektor verfügen müssen. Siehe Beschl. zu bestimmten Streitbeilegungsverfahren für das Allgemeine Übereinkommen über den Handel mit Dienstleistungen, ABlEG 1994 Nr. L 336, S. 265. Vgl. auch Leier, Fortentwicklung und weitere Bewährung: Zur derzeitigen Überprüfung des Streitbeilegungsverfahrens in der WTO, EuZW 1999, S. 204 (208).

D. Die Umsetzung der DSB Empfehlungen und Entscheidungen zum GATS

Wie oben angesprochen, haben sich die Mitglieder der WTO völkerrechtlich verpflichtet, die Empfehlungen und Entscheidungen des DSB „möglichst sofort" (Art. 21 Abs. 1 DSU) umzusetzen, keineswegs jedoch später als 15 Monate. Das DSB überwacht ihre Implementierung. Wie sieht das in der Praxis aus? Hinsichtlich des GATS hat das DSB einige Empfehlungen und Entscheidungen gegen die EU ausgesprochen, und zwar gegen die europäische Bananenmarktordnung. Anhand dieses Falles kann man u.a. die Konflikte im internationalen Dienstleistungsverkehr erkennen, der einerseits auf europäischer Ebene von der EU/EG und andererseits auf globaler Ebene von der WTO geregelt wird. Fraglich ist allerdings, wie einige US-amerikanische Beobachter meinen, ob Empfehlungen und Entscheidungen des DSB rechtsverbindlich sind. Diese Frage wird mit Blick auf die US-amerikanische Umsetzungspraxis näher analysiert.

I. Umsetzung von Panel-Beschlüssen in der EG vor der WTO

Bis in die achtziger Jahre hinein hat die EG hier sehr gut abgeschnitten, indem sie ungefähr 95% aller GATT-Beschlüsse umsetzte[541]. Dann löste die EG Chaos auf dem Weltmarkt aus, indem sie drei wichtige Panel-Beschlüsse blockierte: *Pasta, Canned Fruit* und *Citrus*. Es wird daran erinnert, daß bis zur Entstehung der WTO mit ihrem neuen Streitschlichtungsverfahren Einstimmigkeit erforderlich war, um einen Beschluß zu fassen.

Was die Bananenmarktordnung anbelangt, hatten die USA in den Jahren 1992-94 (noch vor der Errichtung der WTO) zwei Klagen nach den alten GATT 1947 Streitbeilegungsregeln erfolgreich unterstützt. Die erste Klage betraf die EG-Importregeln von Bananen. Die zweite Klage betraf die Bananenmarktordnung, die dann Streitpunkt der WTO-Klage wurde. Die EG blockierte jedoch beide negativen GATT Panel-Beschlüsse und weigerte sich, Verbesserungen nach US-amerikanischen Vorschlägen umzusetzen.

In dieser Blockade-Politik sehen viele Beobachter eine Wende in der EG-Außenpolitk aus. Letztlich hat die EG Anlaß dazu gegeben, diesen Beobachtern Recht zu geben. Anhand zweier Beispiele kann man feststellen, daß die Position der Gemeinschaft nicht mehr sehr weit von der US-amerikanischen Haltung zur WTO entfernt ist.

---

541 Vgl. Hudec, a.a.O., S. 306.

2. *Bananenmarktordnung und der Dienstleistungsverkehr*

Einzelausschnitte[542] des komplizierten und immer noch andauernden Bananenstreitfalls zwischen der EG und den USA/Lateinamerika wurden bereits vielfach in der Literatur behandelt. Es ist hier nicht der Ort, die gesamte bisherige Entwicklung in allen Einzelheiten zu schildern[543], doch sollen wesentliche Umstände insoweit hervorgehoben werden, als dies für die Behandlung der Beziehung zwischen dem GATS und dem freien Dienstleistungsverkehr der EG erforderlich erscheint.

Um die europäische Landwirtschaft zu fördern, hat der Rat 1993 eine Verordnung[544] erlassen, wonach für den Import von Bananen in die Gemeinschaft aus sogenannten „Drittländern" u.a. Lizenzen benötigt werden. Dies wirkt sich zugunsten der EU-Länder und einigen ausgewählten AKP-Staaten[545] und zu Lasten der übrigen Welt aus. Dadurch wurde der sog. Bananenstreit ausgelöst: Die

---

542 Näheres zu der ganzen Geschichte bei Weber, Die Bananenmarktordnung unter Aufsicht des BVerfG? , EuZW 1997, S. 165-69.

543 Vgl. Hilpold, Die EU im GATT/WTO-System; McDonald, ZEuS 1998, S. 249 ff.; Kuschel, Die Bananenstreit und kein Ende, RIW 1998, S. 122-127; Stein, Torsten, „Bananen-Split"?, EuZW 1998, S. 261 ff.; Meier, Der Endbericht des WTO-Panels im Bananenrechtsstreit, EuZW 1997, S. 566 ff; Kuschel, Die Bananenmarktordnung der Europäischen Union, RIW 1995, S. 218-222.

544 Verordnung (EWG) Nr. 404/93 vom 13.2.1993 über die gemeinsame Marktorganisation für Bananen (Abl. der EG Nr. L. 47, S. 1); mehr dazu Weber, a.a.O., S. 182-192.

545 Auf der Grundlage von Art. 238 des EGV hat die EG eine explizite Zuständigkeit, Assoziierungsabkommen mit Drittstaaten abzuschließen, wie beispielsweise das Lomé- Abkommen, das eine Integrationsbeziehung der EG zu ehemaligen Kolonien einzelner Mitgliedstaaten schafft. Auf dieser Rechtsgrundlage und nach dem Lomé-Abkommen können Waren mit Ursprung in den AKP-Staaten zollfrei in die Gemeinschaft eingeführt werden, obwohl die AKP-Staaten selbst entscheiden können, ob sie einer Verpflichtung zur Nichtdiskriminierung und MFN eingehen möchten oder nicht. Dies stellt prima facie einen Verstoß gegen die MFN-Verpflichtung des GATT dar, ohne daß Art. XXIV GATT dafür eine Rechtsgrundlage böte. Im Rahmen der Prüfung des vierten Lomé-Abkommens aus 1989 regte die zuständige Arbeitsgruppe schließlich die Beantragung eines „waivers" nach Art. XXV an, der am 9. Dezember 1994 für die Laufzeit dieses Abkommens – also bis zum 29. Februar 2000 – auch tatsächlich gewährt wurde. Vgl. GATT-doc. L/7502. Hilpold schreibt zu Recht: „[A]ngesichts der Vielzahl an Präferenzabkommen, die die EG mit Entwicklungsländern geschlossen hat, (und die den Kriterien des Art. XXIV nach Auffassung zahlreicher WTO-Mitglieder nicht genügen), wird die EG also in diesem Bereich weiterhin auf Toleranzregelungen angewiesen sein". So Hilpold, Die EU im GATT/WTO-System, S. 37.

USA, Guatemala, Honduras, Mexiko und Ecuador haben die EG vor der WTO verklagt.

Das Zustandekommen dieser Verordnung stellte einen Tiefpunkt der Verhandlungskultur in der EG dar[546]. Das Wesentliche zum Hintergrund des Zustandekommens hat *Hilpold* zusammengefaßt, der u.a. die Rolle der mächtigen Lobbys in Brüssel besprochen hat:

> „Selten zuvor wurden im gemeinschaftlichen Entscheidungsprozeß derart offenkundig Partikularinteressen über das Gemeinwohl gestellt. [...] Während die Vorteile des Freihandels breiten Bevölkerungsschichten – wenn überhaupt – nur als abstrakte Theorie bekannt sind, konnte der Bürger der Gemeinschaft nun sehr handfest die Folgen eines solchen Umschwungs kennenlernen. Neben der Verstimmung auf der institutionellen Ebene schürte die „Bananen-Affäre" aber auch die Vertrauenskrise im Verhältnis Bürger – Gemeinschaft: Die häufig zu Unrecht vorgebrachten Anschuldigungen, die Gemeinschaftsinstitutionen stellten Einrichtungen dar, die in einem von Demokratiedefizit gekennzeichneten, die nationalen Parlamente entmachtenden Entscheidungsprozeß in erster Linie eigene Interessen bzw. Interessen von besonders einflußreichen pressure-groups verträten, erfuhren nun eine eklatante Bestätigung"[547].

Was den Inhalt der Verordnung anbelangt, werden die Bemerkungen hier auf die GATS-relevanten Vorschriften beschränkt. In diesem Zusammenhang spielt die qualifizierte präferentielle Zuteilung von Importlizenzen für die Einfuhr von sog. „Dollarbananen" (d.h. Bananen aus Lateinamerika) an Vermarkter von EG- und AKP-Bananen eine zentrale Rolle. Zunächst aber soll der wesentliche Inhalt der Verordnung im Hinblick auf die sonstige Regelung kurz dargestellt werden, damit man auch die Verbindung zum Dienstleistungsverkehr gewinnen kann. Die wichtigsten Elemente dieser Verordnung waren folgende:

- Die Einfuhr von Bananen aus der sog. traditionellen AKP-Erzeugung sind innerhalb bestimmter Grenzen zollfrei. Die Länder, die an der traditionellen AKP-Erzeugung beteiligt sind, sind im Anhang der Verordnung 404/93 angeführt. Dort ist auch – aufgeteilt nach den einzelnen präferierten AKP-Staaten – eine Gewichtsgrenze von 857.000 t angegeben, die wiederum von Art. 168 des Lomé Abkommens vorgegeben ist.
- Für die Einfuhr von Bananen aus nicht-traditioneller AKP-Erzeugung, von Bananen, die die genannten Höchstgrenzen überschreiten bzw. von Drittlandsbananen wird ein Zollkontingent (Quota) von 2 Mio t (später erhöht auf 2,2 Mio t) eingeführt. Die Einfuhr von nicht-präferierten AKP-Bananen bzw. von AKP-Bananen, die die oben erwähnten Gewichtsgrenzen überschreiten,

546 Vgl. Hilpold, Die EU im GATT/WTO-System, S. 194.
547 Id.

werden auf dieses Zollkontingent angerechnet, bleiben aber gemäß Art. 168 des Lomé IV-Abkommens zollfrei[548].

Konkret bedeutete dies einen Wertzoll von knapp über 20% für die im Rahmen des begünstigten Kontingents getätigten Importe mit Ausnahme der Einfuhren aus AKP-Staaten[549]. Importe, die dieses Kontingent überschreiten, unterliegen einem Zoll von 850 ECU/t für Drittlandsbananen und 750 ECU/t für nichttraditionelle AKP-Bananen[550]. Umgerechnet entspricht dies einem Wertzoll von 175% bzw. 145%, der in dieser Höhe eindeutig eine verhindernde Wirkung entfaltet: Bananenimporte, die mit einem derart hohen Zoll belastet werden, können nicht konkurrieren, auch wenn das Produkt qualitativ besser ist[551].

Wichtig für diese Untersuchung ist jedoch das Problem der Importlizenzen. Es liegt auf der Hand, daß Importeure in den Mitgliedstaaten angesichts der neuen Bananenmarktordnung daran interessiert waren, Importlizenzen vor allem für das zollfreie bzw. für das zollbegünstigte Kontingent zu erlangen. Ausgerechnet der Import von Bananen aus den AKP-Staaten war jedoch durch langfristig ausgelegte Importbeziehungen weitgehend vorgegeben, was dazu geführt hatte, daß die Importeure von Dollarbananen fast keine Möglichkeit hatten, Lieferbeziehungen zu den AKP-Staaten aufzubauen[552].

Insofern wurde den Importeuren von Dollarbananen eine doppelte Belastung auferlegt. Zum einen sah die Verordnung 404/93 eine präferentielle Behandlung für Importeure, die Bananen aus den AKP-Staaten einführen, vor. Zum anderen beinhaltete die Verordnung im Rahmen des zollbegünstigten Kontingents zusätzlich eine massive Umverteilung der Importmöglichkeiten. Dies erfolgte durch die restriktive Lizenzausgabe (Art. 19 der Verordnung): 66,5% der verteilten Lizenzen (1.333.000 t) gingen an traditionelle Dollarbananenimporteure, 30% (600.000 t) an traditionelle EG- und AKP-Importeure und 3,5% (70.000 t) an Newcomer[553].

Diese Umverteilung ging zu Lasten der deutschen Importeure[554] und stellte eine erhebliche Bereicherung einiger französischer und britischer Bananenimporteure dar. Die Bananenmarktordnung führte zu Konkursen und Massenentlas-

548 Vgl. Kuschel, RIW 1995, S. 218 (219).
549 Vgl. Hilpold, Die EU im GATT/WTO-System, S. 197.
550 Id.
551 Id.
552 Id.
553 Vgl. Kuschel, RIW 1995, S. 218 (219).
554 Im Jahr 1992 hatte Deutschland 1,375 Mio t Bananen aus dem Dollarraum importiert. Dieses Kontingent wurde nun auf 980.000 t reduziert, wovon der deutsche Bananenimporthandel nur 650.000 t zugewiesen erhielt. Siehe Hilpold, Die EU im GATT/WTO-System, S. 198.

sungen von Bananenvermarktern in den Benelux-Staaten[555]. Darüber hinaus wurden auch die Verbraucher in der Gemeinschaft schwer belastet: Im Vergleich zum freien Handel wurden ihnen minderwertigere Bananen zu höheren Preisen angeboten.

Am 8. Mai 1996 klagten Ecuador, Guatemala, Honduras, Panama und die USA gegen die EG vor der WTO. Vor dem eingesetzten Panel verteidigte sich die EG einmal mit politischen Argumenten, indem sie auf die Bedeutung dieser Bananenmarktordnung für die AKP-Region verwies[556]. Die EG hat sich daneben mit rechtlichen Argumenten verteidigt, daß die US-amerikanische Intervention nicht zulässig sei[557].

Was das Lizenzsystem im Hinblick auf das GATT betrifft, so hat das Panel am 29. April 1997 u.a. entschieden, daß die Vorschriften über die Schaffung verschiedener Gruppen lizenzberechtigter Marktbeiligter im Zusammenhang mit der Einfuhr von Bananen aus Drittländern und nichttraditionellen AKP-Staaten unvereinbar mit Art. I:1 und Art. X:3 lit. a) GATT sind, soweit diese Vorschriften nicht auch auf traditionelle Einfuhren aus AKP-Staaten angewendet werden[558].

Wichtiger für diese Untersuchung waren die Feststellung des Panels zum EG-Verfahren der Erteilung von Einfuhrlizenzen für Bananen im Hinblick auf das GATS. Hier hat das Panel folgendes festgestellt:

- Die Verpflichtung aus Art. II:1 GATS (MFN)[559], jede Meistbegünstigung auszudehnen, sollte im vorliegenden Fall ausgelegt werden als Erfordernis, Meistbegünstigung im Wettbewerb zu gewähren.
- Die Zuteilung von 30% der Lizenzen für Bananeneinfuhren aus Drittländern und nichttraditionellen AKP-Staaten an Marktbeteiligte der Gruppe B (traditionelle EG- und AKP-Importeure), die eine Einfuhr von Bananen aus Drittländern und nichttraditionellen AKP-Staaten im Rahmen eines zollbegünstigten Kontingents ermöglichen, schafft ungünstigere Wettbewerbsbedingungen für gleiche Dienstleistungen und gleiche Dienstleister aus dem Her-

555 Hilpold, Die EU im GATT/WTO-System, S. 198.

556 Id., S. 206.

557 Id.

558 Weiteres zur Panelentscheidung bei Hilf/Eggers, Der WTO-Panel Bericht im EG/USA-Hormonstreit, EuZW 1997, S. 559-566. Hier geht es lediglich darum, aufzuzeigen, daß die EU gegen das GATT-Abkommen verstoßen hat.

559 Art. II Abs. 1 GATS lautet: „Bei Maßnahmen, die unter dieses Abkommen fallen, behandelt jedes Mitglied Dienstleistungen und Erbringer von Dienstleistungen eines anderen Mitglieds unverzüglich und bedingungslos nicht weniger günstig als Dienstleistungen oder Erbringer von Dienstleistungen eines anderen Landes.“ Siehe auch oben Abschnitt VIII.A.1.

kunftsland und ist unvereinbar mit Art. II (MFN) und XVII (Inländerbehandlung)[560] GATS.

- Die Zuteilung von 28% der Lizenzen der Marktbeteiligten der Gruppen A und B an Reifer, die eine Einfuhr von Bananen aus Drittländern und nichttraditionellen AKP-Staaten im Rahmen eines zollbegünstigten Kontingents ermöglichen, schafft ungünstigere Wettbewerbsbedingungen für gleiche Dienstleistungen und gleiche Dienstleister aus dem Herkunftsland und ist unvereinbar mit Art. XVII (Inländerbehandlung) GATS.
- Die Befreiung der Marktbeteiligten der Gruppe B von der Verpflichtung des Rahmenabkommens, daß jeder EG-Importlizenz ein Exportzertifikat entsprechen muß, schafft ungünstigere Wettbewerbsbedingungen für gleiche Dienstleistungen und gleiche Dienstleister aus dem Herkunftsland und ist unvereinbar mit Art. XVII (Inländerbehandlung) GATS; soweit es sich um Marktbeteiligte mit Herkunft aus AKP-Staaten handelt, liegt auch ein Verstoß gegen Art. II (MFN) vor.
- Die Zuweisung von Wirbelsturmlizenzen ausschließlich an AKP- und EG-Erzeuger und Erzeugerorganisationen oder Marktbeteiligte, denen solche Erzeuger angeschlossen oder von denen solche Erzeuger unmittelbar vertreten sind, ist unvereinbar mit Art. II (MFN) und XVII (Inländerbehandlung) GATS.

Daraus folgt: Gegen die MFN-Verpflichtung und das Diskriminierungsverbot (Inländerbehandlung) des GATS verstoßen:

- die im Rahmen von Art. 18 Verordnung (EWG) Nr. 404/93 und Art. 16 Verordnung (EWG) Nr. 1442/93 vorgenommene Zuweisung von 30% der Marktanteile der Marktbeteiligten der Gruppe A an die Gruppe B und 28% der Lizenzen der Marktbeteiligten der Gruppen A und B an Reifer;
- die durch das Rahmenabkommen vorgenommene Befreiung der Marktbeteiligten der Gruppe B von der Vorschrift, daß jeder EG-Importlizenz eine Exportlizenz des Herkunftslandes entsprechen muß;
- die durch die Wirbelsturmverordnung vorgenommene Zuweisung von Lizenzen ausschließlich an Marktbeteiligte, denen AKP- oder EG-Erzeuger angeschlossen oder von denen solche Erzeuger unmittelbar vertreten sind;

weil diese Vorschriften für gleiche Dienstleistungen und gleiche Dienstleister aus dem Herkunftsland ungünstigere Wettbewerbsbedingungen schaffen[561].

Zusammengefaßt hat das Panel die präferentielle Zuteilung von Importlizenzen für die Einfuhr von Dollarbananen an Vermarkter von EG- und AKP-

---

560 Siehe Abschnitt IX.A.2.

561 Vgl. Meier, Der Endbericht des WTO-Panels im Bananenrechtsstreit, EuZW 1997, S. 566 (567-68).

Bananen eindeutig als Verstoß gegen die MFN-Verpflichtung (Art. II GATS) und die Verpflichtung zur Inländerbehandlung (Art. XVII GATS) des GATS qualifiziert.

Trotz der bescheidenen Aussichten auf Erfolg ging die EG auf Druck der Lobbys in die Berufungsinstanz[562]. Diese erkannte am 9. September 1997, daß die EG-Bananenmarktordnung gegen die Art. I Abs. 1, III Abs. 4, X Abs. 3 und XIII Abs. 1 des GATT und gegen Art. II und Art. XVII des GATS verstößt[563]. Was das Lizenzsystem im Hinblick auf das GATS betrifft, sah die Berufungsinstanz eine Zuteilung eines Anteils von 30% der Lizenzen aus dem Zollkontingent von 2,2 Mio. t an die Vermarkter von EG- und AKP-Bananen (B-Importeure) für GATS-widrig an, weil diese Lizenzaufteilung den Vermarktern von EG- und AKP-Bananen, die bisher nicht mit Dollarbananen gehandelt haben, eine Rente verschafft[564]. Diese Rente entsteht dadurch, daß die Lizenzen an die Händler von Dollarbananen weiterverkauft werden, was eine indirekte Subvention vom Verkauf von EG- und AKP-Bananen darstelle[565]. Durch diesen Renteneffekt werden die Wettbewerbsbedingungen für Vermarkter von Dollarbananen im Vergleich zu Vermarktern von inländischen Bananen und AKP-Bananen beeinflußt. Dies ergebe sich daraus, daß Unternehmen, die EG- und AKP- Bananen vermarkten, überwiegend Inhabern aus den EG-Mitgliedstaaten gehören oder von ihnen kontrolliert werden und daß die meisten Unternehmen, die Dollarbananen vermarkten, Inhabern aus anderen Staaten gehören oder von ihnen kontrolliert werden. Deswegen verstoße die Lizenzaufteilung auch gegen die Verpflichtung zur Inländerbehandlung des Art. XVII GATS, wonach eine Differenzierung zwischen inländischen und ausländischen Dienstleistungserbringern unzulässig ist und gegen Art. II GATS (MFN), der die Differenzierung zwischen ausländischen Dienstleistungserbringern verbietet, verstoße[566].

Abschließend sprach die Berufungsinstanz die Empfehlung aus, daß das DSB die EG auffordern möge, ihr Bananenimportregime in Einklang mit dem GATT, dem Einfuhrlizenzabkommen und dem GATS zu bringen.

Am 25. September 1997 wurden diese Feststellungen und Empfehlungen vom DSB der WTO angenommen[567]. Nun lag es an der EG, diese nach den Streitbeilegungsregeln zur Umsetzung von DSB Empfehlungen und Entscheidungen

---

562 So Hilpold, Die EU im GATT/WTO-System, S. 207.

563 Vgl. Meier, Der Endbericht des WTO-Panels im Bananenrechtsstreit, EuZW 1997, S. 566-568.

564 Siehe Kuschel, Auch die revidierte Bananenmarktordnung ist nicht WTO-konform, EuZW 1999, S. 74 (76).

565 Id.

566 Id.

567 Vgl. Hilpold, Die EU im GATT/WTO-System, S. 208.

„möglichst rasch" umzusetzen. Als Reaktion hat die Kommission angekündigt, daß sie – ungeachtet des Urteils der WTO – an den Zielen der Bananenmarktordnung festhalten wolle[568]. Nach dem neuen WTO-Streitschlichtungsverfahren können betroffene Staaten sich einem Urteilsspruch nicht mehr entziehen, indem sie ihn einfach ignorieren, wie es jüngst bei der Frage der EG-Bananenimportregelung geschehen ist[569]. Aber auch in Zukunft müßten nach Ansicht der Kommission die Interessen der Bananenproduzenten innerhalb der EG gewahrt bleiben, zu Lasten der Verbraucher und zu Lasten der Weltgemeinschaft.

Nach langem Ringen mit den USA, Ecuador, Guatemala, Honduras, Panama und Mexiko, indem auch ein Schiedsrichter bestellt wurde, wurde schließlich dann endlich eine Umsetzungsfrist von dem maximalen Zeitraum von 15 Monaten gesetzt. Damit hatte also eine Reform der Bananenmarktordnung bis zum 1. Januar 1999 zu erfolgen. Am 20. Juli 1998 verabschiedete die EG eine „neue" Bananenmarktordnung, die „eher (als) eine Retouche denn (als) eine substantielle Umgestaltung der Bananenmarktordnung" ist[570].

Die neue Verordnung (EG) Nr. 2362/98 sieht ein neues Lizenzsystem vor, um den GATS- (und auch GATT) Verstoß, der in der Vergabe von Lizenzen an Händler liegt, die bisher nicht mit Dollarbananen gehandelt haben, auszuräumen[571]. Das Wesentliche zur neuen Bananenmarktordnung im Hinblick auf das GATS hat *Kuschel* geschrieben:

> „Hiernach erhält jeder Marktbeteiligte eine Referenzmenge zugeteilt, die auf der Grundlage der von ihm in einem Referenzzeitraum eingeführten Bananenmenge berechnet wird. Die tatsächliche Einfuhr wird durch die Vorlage einer Kopie der Einfuhrlizenz und den Nachweis der Bezahlung der Zölle nachgewiesen.
>
> Die Vereinbarungen zwischen den Händlern von EU- und AKP-Bananen und den Händlern von Dollarbananen über die Nutzung der Lizenzen der B-Importeure haben eine sehr unterschiedliche Gestaltungsform. Nicht unüblich ist das Modell, wonach ein Dollarbananenhändler Dollarbananen einkauft, diese unverzollt an einen Händler von EU- und AKP-Bananen mit B-Lizenzen weiterverkauft, der die Verzollung durchführt und sie danach an den Händler von Dollarbananen zurückverkauft. Hiernach hat der Inhaber der B-Lizenzen einen Anspruch auf Anrechnung des Kaufs auf seine Referenzmenge. Hiermit wird das bisherige System der ungerechtfertigt zugeteilten Lizenzen an B-Importeure – wenn auch in geringerem Umfang – bestehen bleiben. Dies geschieht jetzt nicht

568 Siehe auch die Frankfurter Allgemeine Zeitung vom 17. Oktober 1997, S. 17: „Ungeachtet des Urteils der WTO hält die EU an den Zielen der Bananenmarktordnung fest. ... Die Gemeinschaft werde zwar den Schiedsspruch respektieren." Mit anderen Worten akzeptiert die EU die Genfer Entscheidung, setzt sie aber nicht um.

569 Vgl. Großmann/Koopmann, a.a.O, S. 264.

570 So Hilpold, Die EU im GATT/WTO-System, S. 210.

571 Vgl. Kuschel, EuZW 1999, S. 74 (76).

mehr durch das Verteilungssystem, sondern indirekt über die Definition der Referenzmenge. Die Lizenzen sind übertragbar. Damit bleibt der Subventionseffekt für die inländische Ware, der nach Art. III Abs. 4 GATT verboten ist, und die Ungleichbehandlung zwischen den Dienstleistungserbringern aus Drittländern und AKP-Ländern und im Verhältnis zu EG-Händlern bestehen.

Das Berufungsgremium hat auch die Sonderzuteilung von Lizenzen zur zollfreien Einfuhr von Dollarbananen und nicht traditionellen AKP-Bananen an traditionelle Vermarkter von EU- und AKP-Bananen, die in Vertragsbeziehungen mit den durch Wirbelstürme geschädigten Erzeugern in AKP-Ländern stehen und die den Gemeinschaftsmarkt sonst nicht versorgen können, als Verstoß gegen Art. III Abs. 4 GATT gewertet, weil dadurch ein Anreiz zum Abschluß von Verträgen über die Vermarktung von EU- und AKP-Bananen und eine gem. Art. II und XVII GATS unzulässige Ungleichbehandlung zwischen den Dienstleistungserbringern aus Drittländern und AKP-Ländern und zwischen EU-Händlern geschaffen wird. Diese GATT- und GATS-widrige Zuteilung wird dadurch aufrechterhalten, daß sie auf die Referenzmenge der Händler von EG- und AKP-Bananen angerechnet wird. Auch hiernach verstößt das neue, durch die Verordnung (EG) Nr. 2362/98 geschaffene Verteilungssystem gegen das GATT und GATS"[572].

Insofern steht die gemeinschaftsrechtliche Regelung einer Dienstleistung, nämlich der Vertrieb (Lizenzaufteilung) von Bananen, im Konflikt mit der weltweiten Regelung derselben Dienstleistung. Dieser Konflikt wird durch die absichtliche Nichtumsetzung der DSB Empfehlung und Entscheidungen durch die Kommission noch verschärft.

Als Reaktion auf das Brüsseler Vorgehen bei der Nichtumsetzung von DSB Entscheidungen haben die Amerikaner der EG mit einem Handelskrieg gedroht, sollte sie an ihrer GATS (und GATT) widrigen Regelung festhalten. Falls die EU keine Ausnahmeregelung für die USA findet, bleibe den USA nichts anderes übrig, als Vergeltungsmaßnahmen zu ergreifen[573].

3. *Fazit*

Mit dieser so offenen Mißachtung zweier wichtiger DSB Entscheidungen hat die EU einen Beitrag zur Untergrabung der Autorität der WTO geleistet. Es sieht so aus, als ob die Europäer und die Amerikaner nicht so weit auseinander liegen. Bis vor 20 Jahren hat die EG immer nach den Welthandelsregeln gespielt, der Trend geht in Richtung der Mißachtung. Warum dieser Trend in Richtung Nichtumsetzung? Einige machen die deutsche Handelspolitik für die neue Anti-WTO-

572 Vgl. Kuschel, EuZW 1998, S. 74 (76-77).

573 „Amerikaner drohen der EU", in: Frankfurter Allgemeine Zeitung, 6. November 1997, S. 17.

Tendenz verantwortlich, und zwar, weil die deutsche Handelspolitik sehr streng an ihrer protektionistischen Agrarpolitik festhält, was sich sicherlich auf andere Sektoren der Gemeinschaftsebene auswirkt[574]. Unabhängig davon, welcher Mitgliedstaat dafür verantwortlich ist, daß die EG die WTO untergräbt, bleibt die Feststellung, daß ohne die aktive Hilfe der Europäer innerhalb der neuen Welthandelsorganisation die Empfehlungen und Entscheidungen des DSB ohne Bindungswirkung bleiben werden.

4. Exkurs: Die Umsetzung der DSU-Regeln im Recht der USA

a) Einleitung

Die Debatte über die Nichtumsetzung der WTO Panel-Beschlüsse im Recht der EU im Hinblick auf die umstrittene Bananenmarktordnung hat die USA dazu veranlaßt, die EG mit einseitigen Handelssanktionen zu bedrohen. Grundlage dafür ist die selbst wiederum umstrittene Section 301 des US Trade Act von 1974, die den Präsidenten - durch seine Außenhandelbevollmächtigte (zur Zeit *Charlene Barshefsky*) - ermächtigt, einseitige Handelssanktionen gegen Staaten zu ergreifen, die unfaire Handelspraktiken gegenüber den USA betreiben.

Bei der ganzen Debatte wird allerdings der Rang der WTO Regeln – wozu auch die WTO Panel-Beschlüsse im Recht der USA gehören – fast überhaupt nicht erwähnt. Denn allein die *innerstaatliche Rechtslage* in den USA entscheidet darüber, ob und inwiefern Panel-Beschlüsse der WTO anerkannt bzw. umgesetzt werden. Bei näherer Analyse zeigt sich, daß die USA innerstaatlich gar nicht an die Panel-Beschlüsse gebunden sind, d.h. auch wenn sich ein Panel-Beschluß gegen Section 301 aussprechen würde[575] und die USA *völkerrechtlich* gebunden wären, die Empfehlungen des Beschlusses zeitnah umzusetzen (wie im Dispute Settlement Understanding (DSU) vorgesehen), muß dem Panel-Beschluß innerstaatlich dennoch nicht unbedingt gefolgt werden.

---

574 Vgl. Howell, Wolff, et. al., Conflict Among Nations – Trade Policies in the 1990s, 1992, S. 171: „The integrity of Germany's support for the GATT is compromised, to a considerable degree, by its protectionist stance in agricultre, a principle contributing cause to the collapse of the GATT Ministerial Meeting in December 1990".

575 Ein WTO-Panel hat die WTO-Konformität von Section 301 jedoch bejaht. Siehe hierzu den WTO-Panel Beschluß in der Sache „United States – Sections 301-310 of the Trade Act of 1974 vom 22.12.1999 (WT/DS152/R) (auf der Webseite von der WTO – www.wto.org - erreichbar).

b) Die Rechtslage der GATS und DSU Regeln in den USA

(1) Vorrang des Bundesrechts gegenüber dem WTO Recht

Da mit der für einen *treaty* erforderlichen Zweidrittel-Mehrheit im Senat nicht für die WTO-Abkommen gerechnet werden konnte[576], mußte die WTO-Abkommen durch ein *congressional-executive agreement* verhandelt werden[577]. Internationale Abkommen und Verträge, denen kein *self-executing* Charakter beizuräumen ist, müssen in den USA aufgrund der dualistichen Rechtsordnung - ähnlich wie im deutschen Recht - in nationales Recht umgesetzt werden. Da den WTO-Abkommen keinen *self-executing* Charakter beizuräumen ist, mußten sie ebenfalls in nationales Recht der USA umgesetzt werden. Dies erfolgte durch die Verabschiedung des Gesetzes 19 USC 22 Sec. 3511 ff.[578]

Bei der Umsetzung der WTO Regeln in das nationale Recht hat der Congress sichergestellt, daß weder etwaige WTO-Regeln noch Entscheidungen und Empfehlungen des DSB, die gegen die USA gerichtet sind, umgesetzt werden müssen. Im Konfliktfall zwischen einer Bestimmung eines WTO-Abkommens und normalem Bundesrecht ist ein absoluter Vorgang des US-Bundesrechts vorgesehen, wobei unerheblich ist, ob das Bundesrecht älter ist als die WTO Bestimmung[579]. 19 USC 22 § 3512(a)(1) lautet dementsprechend:

> „No provision of any of the Uruguay Round Agreements, nor the application of any such provision to any person or circumstance, that is inconsistent with any law of the United States shall have effect.“

Insofern genießt normales Bundesrecht, das im Widerspruch zu den WTO Regeln oder den Entscheidungen und Empfehlungen des DSB steht, absoluten Vorrang vor diesen, gleich, wie alt das in Frage stehende Bundesrecht sein mag. Dem Wortlaut nach mußte hinsichtlich der Nichtumsetzung von WTO Panel-Beschlüssen der Congress nach einem negativen Panel-Beschluß lediglich ein normales Gesetz verabschieden, das im Widerspruch zu einem Panel-Beschluß

576 Zur ausführlichen Diskussion über die Umsetzung von Panel-Beschlüssen im EG-Recht siehe McDonald, Die (Nicht)Umsetzung von WTO-Panel-Beschlüssen im Recht der USA und der EU, ZEuS 1998, S. 249 ff. Zum völkerrechtlichen Problem des Section 301 siehe McDonald, The Unilateral Undermining of Conventional International Trade Law via Section 301, 7.3 J. Int'l L. & Prac. 395 (1998).

577 Siehe Steinberg, Richard H., Direct Application of Multilateral Trade Agreements in the United States, in: Regionalism and Multilateralism after the Uruguay Round (Demaret et al.), 1997.

578 Uruguay Round Agreements Act, Pub. L. N. 103-465, § 314, 108 Stat. 4809 (1994).

579 Siehe 19 USC 22 Sec. 3512(a)(1).

steht, um dessen Wirkung im innerstaatlichen Recht zu umgehen bzw. seine Umsetzung im innerstaatlichen Recht zu blockieren.

(2) Mittel zum Zweck: Section 301

Nach den großen Ergänzungen zum bekannten Handelsgesetz „Section 301“[580] im Jahre 1994, die u.a. auch als Reaktion auf die Errichtung der WTO zu verstehen sind, ist der Außenhandelsbevollmächtigte der USA (United States Trade Representative – USTR) ermächtigt, unilaterale Handelssanktionen gegen diejenigen Staaten zu verhängen, die in den Augen dieses Diplomaten eine „unfaire“ oder „ungerechte“ Handelspolitik betreiben[581]. Des weiteren *muß* der USTR Gegenmaßnahmen in den Fällen treffen, in denen seiner Meinung nach die Handelspolitik des fremden Staates gegen ein mit den USA unterzeichnetes Handelsabkommen oder einen sonstigen multilateralen Handelsvertrag verstößt, und zwar innerhalb einer bestimmten Frist[582].

Zweck dieses Gesetzes ist es, ausländische Märkte für amerikanische Produkte, Dienstleistungen und Kapital – so wörtlich – „aufzubrechen“ (to pry open foreign markets)[583]. Mittel zum Zweck ist die Ermächtigung des USTR, einseitig zu handeln. Der Congress hat seine in der Verfassung ausdrücklich vorgesehene Macht, den internationalen Wirtschaftsverkehr zu regulieren, an die Exekutive delegiert[584].

Auch wenn ein Panel-Beschluß keinen Verstoß des GATT feststellt, kann der USTR trotzdem Gegenmaßnahmen treffen. Das alleine verstößt gegen Art. XXIII Abs. 2 des GATT („Streitbeilegung”). Obwohl „Section 301“ den USTR zwingt, das GATT-Streitschlichtungsverfahren zu benutzen, wo GATT-Angelegenheiten in Frage stehen (z.B. Einfuhrquoten oder nichttarifäre Handelshemmnisse), so ist der Handelsvertreter nicht verpflichtet, den Panel-Beschluß anzuerkennen, geschweige denn ihn umzusetzen:

> „The language of Section 301 thus leaves open the possibility for the United States to use its domestic procedures under Section 301 for the unilateral determi-

---

580 Uruguay Round Agreements Act, Pub. L. N. 103-465, § 314, 108 Stat. 4809 (1994).

581 Trade and Tariff Act of 1984, sec. 303(a), § 181, 98 Stat. at 3001-02 (codified as amended at 19 U.S.C. § 2241) (1988).

582 Id. §§ 2411(a), 2412, 2413.

583 Siehe Holmer & Bello, The 1988 Trade Bill: Savior or Scourge of the International Trade System?, 23 Int'l Lawyer (1989) 523, 527. Alan F. Holmer war Stellvertrender Handelsvertreter (Deputy USTR) in der Reagan-Administration.

584 H.R. Rep. No. 40, 100th Cong., 1st Sess. 166 (1987) („Congress [has] clarified its intent that the delegation of its constitutional power to regulate foreign commerce in many areas is meant to be exercised by the USTR“).

nation of a violation, nullification, or impairment of United States rights or benefits (i.e., those resulting from the Uruguay Round agreements) *even after a GATT determination has been made*"[585].

Nach Art. XXIII Abs. 2 verpflichten sich die Vertragsparteien, keine unilateralen Maßnahmen zu treffen, wenn es um eine Frage des GATT geht[586]. Also müssen die USA als Vertragspartei ein Streitschlichtungsverfahren anstreben, wenn sie der Meinung sind, daß eine andere Partei gegen die Regeln des GATT verstößt. Schließlich ist dies „eine der wichtigsten Vorschriften"[587] des GATT, denn es handelt sich hier um die Bekräftigung der Zustimmung der Vertragsparteien zum multilateralen System des Streitbeilegungsverfahrens und zu der Tatsache, daß die Vertragsparteien „weder selbst bestimmen dürfen, ob ein Verstoß vorliegt, noch selbständig GATT-vertragliche Zugeständnisse aussetzen dürfen"[588].

c) *Keine unmittelbare Anwendbarkeit der WTO Regeln, außer zugunsten der USA*

Darüber hinaus wurde die unmittelbare Anwendbarkeit der WTO-Abkommen grundsätzlich verneint. Es sind nur zwei Fälle für eine solche unmittelbare Anwendbarkeit vorgesehen: (1) wenn die US-amerikanische Regierung verklagt wird, darf sie sich auf WTO-Abkommen berufen, soweit sie relevant sind und (2) die US-amerikanische Regierung darf gegen Recht der Bundesstaaten vorgehen, das gegen ein WTO-Abkommen verstößt. Demgemäß hat der Congress sichergestellt, daß sich die USA auf die WTO Regeln berufen können, um sich zu vertei-

585 Siehe Hernandez, Section 301 and the New WTO Dispute Settlement Understanding, 2 ILSA J. Int'l & Comp. L. (1996), S. 213, 226.

586 Art. 23.2(a): „In solchen Fällen werden die Mitglieder nicht die Feststellung treffen, daß eine Verletzung vorliegt, daß Vorteile zunichte gemacht oder geschmälert wurden oder daß die Errichtung eines der Ziele der unter die Vereinbarung fallenden Übereinkommen behindert wurde, es sei denn durch die Inanspruchnahme der Streitbeilegung in Übereinstimmung mit den Regeln und Verfahren der vorliegenden Vereinbarung; sie werden jede derartige Feststellung mit dem vom DSB angenommenen Bericht des Panels oder des Berufungsgremiums oder einem aufgrund dieser Vereinbarung gefaßten Schiedspruch in Einklang bringen;" siehe Understanding of the Rules and Procedures Governing the Settlement of Disputes under Articles XXII and XXIII of the General Agreement on Tariffs and Trade, Apr. 15, 1994, Uruguay Round of Multilateral Trade Negotiations, Annex 2 General Agreement on Tariffs and Trade (Uruguay Round) Dezember 15, 1993, KAV 3778, ABl. der EG, a.a.O., S. 245.

587 Vgl. Sittmann, a.a.O., S. 751

588 Id.

digen oder gegen Landesrecht vorzugehen, jedoch sind andere Parteien – wie etwa Unternehmensverbände oder Interessenvereinigungen – von einem Vorgehen gegen die USA wegen der Unvereinbarkeit ihres Verhaltens mit den WTO Regeln ausgeschlossen.

d) Ablehnung der Rechtsverbindlichkeit von Panel-Beschlüssen

Zudem herrscht sowohl in der Lehre als auch unter Abgeordneten kein Konsens darüber, ob ein Panel-Beschluß die USA überhaupt rechtlich bindet. Hier geht es im wesentlichen darum, wie die Verpflichtung, die aus einem Panel-Beschluß entsteht, von dem verklagten Mitglied der WTO zu erfüllen ist: entweder durch eine Entschädigung an den verletzten Staat oder durch die Umsetzung des Beschlusses im nationalen Recht, d.h. durch Änderung des nationalen Rechts nach dem Vorschlag des Beschlusses. Sieht also der Panel-Beschluß die Möglichkeit vor, daß der Staat, dessen Recht gegen das WTO Recht verstößt, die Wahl zwischen „Entschädigung" und „Umsetzung" hat? Wenn der Staat nur entschädigen muß, dann ist der Beschluß nicht wirklich rechtsverbindlich. Denn der Staat muß keines seiner Gesetze tatsächlich in Einklang mit den WTO Regeln bringen. Er müßte nur eine Art Geldbuße für seinen Verstoß bezahlen.

Viele US-amerikanische Beobachter meinen, daß ein Panel-Beschluß nicht zuletzt deswegen keine rechtliche Bindung hat, weil er nicht vollstreckt werden kann. So ist zu lesen:

> „Like the GATT rules that preceded them, the WTO rules are simply not binding. ... When a Panel established under the WTO DSU issues a ruling adverse to a member, there is no prospect of incarceration, injunctive relief, damages for harm inflicted or police enforcement. The WTO has no jailhouse, no bail bondsmen, no blue helmets, no truncheons or tear gas"[589].

Die Diskussion, ob die Panel-Beschlüsse überhaupt rechtsverbindlich sind, ist für die Praxis von großer Bedeutung: Wenn ein Staat einer völkerrechtlichen Verpflichtung unterliegt, der er nicht nachkommt bzw. die er nicht umsetzt, führt dies zu „diplomatic ripples", einer Kettenreaktion[590]. Schließlich sind in völkerrechtlich verbindlichen Fällen Gegenmaßnahmen (z.B. Handelssanktionen in demselben Bereich, die in ihrer Konsequenz nicht über das Ausmaß hinaus gehen, die der Verletzte erfahren hat) erlaubt. Darüber hinaus kann in solchen Fäl-

---

589 Vgl. Bello, The WTO Dispute Settlement Understanding: Less is More, 90 AJIL (1996), S. 416-417.

590 Vgl. Jackson, The WTO Dispute Settlement Understanding - Misunderstandings on the Nature of Legal Obligations, 91 AJIL (1997), S. 60 f.

len politischer Druck seitens der Völkergemeinschaft ausgeübt werden, wie z.B. gegenüber den USA während der siebziger Jahre, als sie die Ergebnisse des Streits vor dem GATT im Fall *DISC* (Domestic International Sales Corp.) bzgl. unerlaubter Subventionen nicht umsetzten[591].

Jackson verweist zu Recht auf das Verhalten der Mitglieder der WTO als Beweis dafür, daß sich die Vertragsparteien selbst derart gebaren, als ob die Panel-Beschlüsse doch rechtsverbindlich seien[592]. Während der letzten 20 Jahre des GATT haben die Vertragsparteien immer wieder versucht, die Panel-Beschlüsse als rechtsverbindlich zu interpretieren. Daher „empfehlen" die Beschlüsse dem sich vertragswidrig verhaltenden Mitglied, wie es seine Handelspolitik wieder mit dem WTO Recht in Einklang bringen soll. „When adopted, a panel report was treated as binding"[593]. Schließlich sieht das GATT 1994 selbst vor, daß die Panel-Beschlüsse rechtsverbindlich sind (siehe Art. III Abs. 7, XIX Abs. 1, XXI Abs. 1, XXII Abs. 1 u. 8) und daß das Streitschlichtungsverfahren das einzige vorgesehene Rechtsmittel in der WTO zur Beilegung von Vertragsverletzungen ist[594]. Hieraus ergibt sich die Antwort auf die Frage der Rechtsverbindlichkeit von Panel-Beschlüssen: Nicht nur das Verhalten der Vertragsparteien, sondern auch die WTO Abkommen selbst sehen für die Panel-Beschlüsse eine *völkerrechtliche* Bindung vor, jedoch – wie oben geschildert – keine innerstaatliche Bindung in das US-amerikanische Recht hinein.

e) Umsetzung der Panel-Beschlüsse bis 1989

Wie wirkt sich die oben dargestellt Handelspolitik auf die Umsetzung der Panel-Beschlüsse in den USA aus? Bevor man die Umsetzungsdaten betrachtet, sollte man sich zuerst einmal mit der Statistik darüber beschäftigen, wie oft die US-Amerikaner auf Klagen überhaupt reagiert haben. Von der Entstehung des GATT im Jahre 1947 bis zum Jahre 1989 wurden die US-Amerikaner 25 mal verklagt. In 36% der zulässigen Klagen haben sie eine mögliche Entscheidung blockiert. Schlimmer noch war es während der achtziger Jahre, als die Anwendung dieser Form der Mißachtung auf 50% der Fälle stieg.

Von der Entstehung des GATT im Jahr 1947 bis zum Jahre 1989 wurden die US-Amerikaner in 4 von den 14 Fällen, die sie verloren hatten, wegen Nichtumsetzung einer Entscheidung vorgeladen[595]. Alle vier fanden in den achtziger Jahren statt.

---

591 Id., S. 60.
592 Id., S. 62.
593 Id.
594 Id.
595 Vgl. Hudec, a.a.O., S. 306.

Warum haben die Amerikaner so schlecht abgeschnitten? Zuerst einmal wollte die Weltmacht Widerstand gegen die WTO zeigen[596]. Das alleine als Erklärung reicht aber nicht aus. Besonders hervorzuheben ist die radikale Änderung in der Handelspolitik während der achtziger Jahre. Die USA wurden aggressiver und anspruchsvoller. Wegen eines gigantischen Handelsdefizits versuchte der Kongreß, Sündenböcke zu finden. So wurde vielen Handelspartnern vorgeworfen, daß ihre Märkte nicht offen für amerikanische Produkte seien. Folglich entstand der Widerstand gegen die WTO. Nicht zufrieden mit negativen GATT-Entscheidungen, wollten die Amerikaner nun einseitig handeln, und so haben sie die GATT-Entscheidungen nicht beachtet.

f) Die neunziger Jahre

Die Lage hat sich in diesem Jahrzehnt etwas stabilisiert. Die US-Amerikaner zeigten sich bereit, am Berufungsverfahren vor der WTO teilzunehmen, z.B. am 11. November 1996 im Fall der Klage Costa Ricas gegen die USA wegen „Restrictions on Imports of Cotton and Man-Made Fibre Underwear", wo die USA Verständnis für die Entscheidung des SAB erklärt haben. Das ist zu begrüßen. Auf der anderen Seite sagte Mickey Kantor, der Außenhandelsbevollmächtigte, 1996 aber: "WTO panel reports have no force under U.S. law"[597]. Ein klarer Entschluß der USA, Panel-Beschlüsse umzusetzen, ist also noch weit entfernt.

g) Fazit

Selbst wenn die jetzige USTR versichert, daß die USA bestimmten Panel-Beschlüsse folgen werden (wie kürzlich in *Shrimp Case*), und selbst, wenn die USA *völkerrechtlich* gebunden wären, einen Panel-Beschluß umzusetzen, bedeutet dies alles nicht, daß der Congress innerstaatlich verpflichtet wäre, die Umsetzung dieser Panel-Beschlüsse herbeizuführen. Die USTR spricht für den Präsidenten, nicht für den Congress, der aufgrund seiner Stellung in der Verfassung unmittelbar an internationalen Verträgen beteiligt ist.

Bei der Umsetzung der WTO-Abkommen in innerstaatliches Recht wurden die neuen Handelsregeln erheblich untergraben, weil im Konfliktfall ganz normales Bundesrecht - auch älteres Bundesrecht - immer vorgeht. Das versetzt den Congress schlimmstenfalls in die Lage, mit der Verabschiedung eines Gesetzes, etwaige Panel-Beschlüsse beliebig rückgängig zu machen (ein Veto des Präsi-

---

596 Id., S. 312.

597 Irtani, „First WTO Ruling Provides Grist for Opponents Citing Threat to U.S. Law", in: Los Angeles Times, 19. Januar 1996, S. 13.

denten macht allerdings eine Zweidrittelmehrheit in beiden Kammern erforderlich). Bei der Diskussion über Klagen gegen die USA vor der WTO sollte der Beobachter also immer daran denken, was nach dem Beschluß im innerstaatlichen Recht passieren wird. Denn dort - nicht in Genf - findet die eigentliche Entscheidung für die Umsetzung oder Umgehung der völkerrechtlichen Panel-Beschlüsse statt.

5. Ergebnis

Früher konnte die Mißachtung der Panel-Beschlüsse auf zweierlei Art geschehen. Entweder verhinderte eine Vertragspartei die Annahme des Panel-Beschlusses vor dem GATT-Rat, wie beispielsweise die EG im Umgang mit zwei Panel-Beschlüssen zur GATT-Widrigkeit der Bananenmarktordnung oder sie setzte den gefaßten Beschluß nicht um. Einer der größten Erfolge der Uruguay-Runde war es, die erste Art der Mißachtung zu beseitigen, indem das Erfordernis der Einstimmigkeit der Vertragsparteien abgeschafft wurde. Leider besteht aber immer noch die zweite Art der Mißachtung, die Nichtumsetzung bzw. Mißachtung des Panel-Beschlusses.

Die USA und die EG sind bekannt dafür, die Schlußberichte offiziell zu akzeptieren, sie dann aber nicht umzusetzen. Beispiel hierfür ist das oben dargestellte Verhalten der EG im Streit um die Bananenimportregelung: Auch nach Errichtung der WTO wurden die DSB Empfehlungen und Entscheidungen trotz Bestätigung durch das Berufungsgremium von der EG ignoriert.

All diese Probleme deuten auf die Notwendigkeit einiger Reformen zum jetzigen Streitbeilegungssystem hin. Im nächsten Abschnitt werden Vorschläge zur Verbesserung des jetzigen DSU mit Zugriff auf die bereits erzielten Erfolge aus dem Europarecht gemacht. Ohne eine effektive Streitbeilegung, welche die Umsetzung stark fördert, ist das GATS erheblich geschwächt, wie etwa im Bananenfall, wo die EG das GATS-Abkommen durch ihre GATS-widrigen Lizenzregelung untergräbt.

E. Vorschläge zur Verbesserung der Umsetzung des GATS

Das WTO-Rechtssystem insgesamt ist umgeben vom allgemeinen Völkerrecht und dessen Einfluß ausgesetzt[598]. Schließlich ruht es auf dem rechtlichen Fundament der Rechtsordnung der Mitglieder[599].

Wenn die Empfehlungen und Entscheidungen des DSB innerhalb einer festgesetzten Zeit nicht umgesetzt werden, so bleibt dem klagenden Staat kein anderes Mittel übrig, als mit den allgemeinen Mitteln des Völkerrechts vorzugehen[600]. Jedoch ist denkbar, mit Blick auf die erzielten Erfolge der EU zur Durchsetzung des Europarechts, das Streitbeilegungssystem zu verbessern.

1. Vorabentscheidung

Viele Beobachter sind der Ansicht, daß das Streitschlichtungsverfahren verstärkt werden muß[601]. Größte Schwäche der neuen WTO bleibt, daß sie über keine eigenen Instrumente zur Vollstreckung der Beschlüsse verfügt. Nach Par. 22 DSU darf die geschädigte Partei nur im gleichen Maß die beschuldigte Partei sanktionieren, wenn die beschuldige den Panel-Beschluß nicht umgesetzt hat. Das geht einigen aber nicht weit genug. Eine Möglichkeit zur Verbesserung wäre es, eine Art Vorabentscheidung nach dem Muster des Art. 234 EGV (Fassung von Amsterdam) zu schaffen. Bis jetzt existiert ein solches Verfahren im Rahmen der WTO noch nicht. Auf der einen Seite gibt es zu viele nationale Gerichte unter den WTO-Mitgliedern. Auf der anderen Seite gibt es keinen echten Gerichtshof in der WTO. Wenn sich die WTO weiterentwickeln würde durch die Schaffung eines komplexen juristischen Systems (*judicial review*), wären solche Vorabentscheidungen nicht nur denkbar, sondern auch erwünscht[602].

Dazu wäre es vorteilhaft, den nationalen Instanzen zu erlauben, GATT- bzw. WTO-Fragen zu zertifizieren, und zwar bei den WTO-Mitgliedern, die in einem Ausschuß vertreten sein würden. Dadurch könnten die nationalen Instanzen eine authentische Interpretation des GATT erhalten.

---

598 Vgl. Hilf/Eggers, Der WTO-Panel Bericht im EG/USA-Hormonstreit, EuZW 1997, S. 559 ff.

599 Id.

600 Vgl. Kopke, Rechtsbeachtung und -durchsetzung in GATT und WTO, 1997, S. 49.

601 Hierzu generell Oppermann/Molsberger (Hrsg.), A New GATT for the Nineties and Europe ´92, 1992.

602 Vgl. Hilf, The Role of National Courts in International Trade Relations, 18 Mich. J. Int'l L. (1997), S. 321, 353.

Auf diese Weise wäre es möglich, die nationalen Verfahren vorübergehend anzuhalten bis der Panel-Beschluß erfaßt worden ist[603]. Panel-Beschlüsse könnten dann in Bezug auf GATT-Fragen als rechtsverbindlich anerkannt werden.

2. *Individualklage*

Es ist durchaus denkbar, daß ein WTO-System erschaffen werden könnte, in dem sich einzelne (juristische und natürliche) Personen direkt an einen WTO-Gerichtshof wenden könnten.

Im Streitbeilegungsverfahren anderer internationaler Institutionen wird dem einzelnen ein solches Zugangsrecht eingeräumt. Zum Beispiel sieht das ICSID-Verfahren der Weltbank vor, daß einzelne Personen ausländische Regierungen verklagen können[604]. Wird etwa eine im Staat A von einer Person aus Staat B angelegte Investition enteignet, so kann die Person aus Staat B die Regierung des Staates A unter der Voraussetzung, daß beide Staaten Mitglieder der Weltbank sind, auf Schadensersatz verklagen. Mit ein Grund für das Funktionieren dieses Streitbeilegungsverfahrens ist seine begrenzten Gerichtsbarkeit[605].

So sollte das WTO-Gerichtsverfahren derart gestaltet sein, daß Individuen, die durch die Mißachtung eines Panel bzw. Appelate Body Beschlusses durch ein WTO-Mitglied unmittelbar zu ihrem Nachteil beeinträchtigt sind, diesen Staat beim WTO-Sekretariat verklagen können.

Für die Bejahung der Individualklage nach den jetzigen DSU-Regeln spricht einiges. Nach *Petersmann* regele das GATT weniger zwischenstaatliche als innerstaatliche wirtschaftliche Interessenkonflikte, und zwar stünde hier ein als „öffentlich" qualifiziertes Interesse an einem liberalen Außenhandelsregime den Interessen einzelner protektionistisch orientierter Gruppen gegenüber, die auf die Aneignung von Protektionsrechten abzielten[606]. Der für völkerrechtliche Verträge selbstverständliche Reziprozitätsgrundsatz könne nicht auf das GATT-Recht

---

603 Vgl. Hilf, a.a.O., S. 353.

604 „ICSID" ist eine Abkürzung für International Center for Settlement of Investment Disputes; vgl. Convention on the Settlement of Investment Disputes Between States and Nationals of Other States vom 18. März 1965 (575 U.N.T.S. 159); das ICSID wurde 1966 geschaffen, um sowohl ausländische Investitionen als auch die Streitbeilegung zwischen ausländischen Privatinvestoren einerseits und den Vertragsparteien der Weltbank andererseits zu fördern; vgl. hierzu Jackson et al., Legal Problems of Intrnational Economic Relations, 3. Aufl. 1995, S. 277 ff.

605 Id., S. 354.

606 Vgl. Petersmann, Die EWG als GATT-Mitglied – Rechtskonflikte zwischen GATT-Recht und Europäischem Gemeinschaftsrecht, in: Petersmann/Hilf, GATT und EG, 1986, S. 119-174.

in der Form übertragen werden, daß die Rechtsverbindlichkeit der GATT-Regeln von ihrer Einhaltung durch andere GATT-Vertragsparteien (heute WTO-Mitglieder) abhängig gemacht werden[607].

Dieser Standpunkt beruht auf dem Grundgedanken, daß hier der außenhandelstheoretische Ansatz maßgeblich ist, wonach selbst eine einseitige Handelsliberalisierung wohlfahrtstheoretisch einer Situation ohne Handelsliberalisierung vorzuziehen ist[608]. Wenn auch eine *allgemeine* Handelsliberalisierung die größten Wohlfahrtsgewinne erbringt, steht eine einzelne Volkswirtschaft auch dann besser da, wenn sie als einzige von protektionistischen Praktiken Abstand nimmt[609]. Wenn Mitglieder der WTO protektionistische Handelsbeschränkungen einführen oder aufrechterhalten, so würde mit der Anerkennung einer Individualklage (durch eine unmittelbare Anwendbarkeit der WTO-Abkommen) sichergestellt, daß die interessierten Einzelpersonen, Unternehmen und Verbände dem WTO-Recht zum Durchbruch verhelfen, womit gleichzeitig auch die Wohlfahrt ihres Landes erhöht werden könnte[610].

Insofern stellen internationale Handelsabkommen wie das GATT für einige Beobachter damit „hervorragende Instrumente für die Regierungen dar, eine Selbstbindung einzugehen, die es ihnen erlaubt, den ‚Sirenengesängen‘ der an protektionistischen Maßnahmen interessierten Verbände standzuhalten“[611]. Nach *Hilpold* wird „politisches Kapital durch die Marktöffnung nicht mehr gefährdet, da die Regierung die Verantwortung für die nichtrealisierte Protektionsrente auf die internationale Institution (wie beispielsweise die WTO) schieben kann und desweiteren gesichert ist, daß auch durch die Abwahl der Regierung keine Änderung dieser Politik mehr möglich ist“[612].

So wünschenswert dieser Gedanke sein mag, verkennt diese Theorie die Realität. Die wichtigsten Handelspartner der WTO, nämlich die USA und die EG, sind einfach nicht bereit, „die Verantwortung für die nichtrealisierte Protektionsrente auf die internationale Institution zu schieben“. Statt dessen würden beispielsweise die USA drohen, aus der WTO auszutreten. Das liegt daran, daß die Wähler in den USA es nicht hinnehmen würden, wenn die Bundesregierung die Verantwortung auf die „gesichtslosen anonymen Bürokraten in Genf“ schieben würden. Ausgerechnet die Bundesregierung in Washington, D.C. ist die Instanz, welche die Verantwortung *übernehmen* muß, nicht weiter schieben kann („The buck stops here!“).

---

607 Id., S. 133.
608 Id.
609 Vgl. Hilpold, a.a.O., S. 214.
610 Id.
611 Id., S. 215.
612 Id.

Selbst die WTO durch ihre eigenen DSB Entscheidungen und Empfehlungen hat eine unmittelbare Anwendbarkeit durch eine Individualklage ausdrücklich verneint[613]. Darüber hinaus würde die Bejahung einer Individualklage nach den jetzigen DSU-Regeln dazu führen, daß das vor der Eröffnung eines Panels vorgesehene Konsultationsverfahren durch zwischenzeitlich bereits ergangene Urteile eingeschränkt oder unmöglich gemacht würde[614]. Zudem würde die Anerkennung der Individualklage die Befassung nationaler Gerichte mit dem GATS bedingen, was vor allem wegen der Komplexität des Übereinkommens leicht zu einer uneinheitlichen Anwendung führen könnte. Schließlich könnte sich die einseitige Anerkennung der Individualklage im internationalen Handel mit Dienstleistungen negativ auswirken; für die Gemeinschaft sei diese Folge vor allem im Hinblick auf den Ausschluß der Individualklage durch ihren wichtigsten Handelspartner, die USA,[615] bedeutsam[616]. Denn während sich solche Mitglieder der WTO dann de facto weiterhin GATS-widrige Maßnahmen zu Protektionszwecken erlauben könnten – und sich dabei selbst nach einer Verurteilung durch das DSB „nur" mit Kompensationsansprüchen und eventuellen Retorsionsmaßnahmen von Drittstaaten auseinandersetzen müßten - , könnte die Gemeinschaft sofort von Privaten vor eigenen Gerichten zur Einhaltung des GATS gezwungen werden[617].

Da die Einführung einer Individualklage daher nur durch ein neues Übereinkommen bzw. einer Änderung des DSU erfolgen kann, bedarf sie der Unterstützung der WTO-Mitglieder, d.h. der Bereitschaft zum Souveränitätsverlust zugunsten des freien Welthandels. Aber gerade diese Bereitschaft fehlt bei vielen WTO-Mitgliedern, weswegen eine Individualklausel in der DSU in absehbarer Zeit nicht denkbar ist. Bei der Umsetzung der Ergebnisse der Uruguay Runde in innerstaatliches Recht der USA wurde klar festgestellt, daß ausschließlich die US-Bundesregierung, nicht jedoch Privatpersonen, eine Klage mit der Begründung erheben darf, daß das in Frage stehende US-amerikanische Gesetz - sei es Bundes- oder Länderrecht -, gegen Normen des WTO-Abkommens verstößt[618]. Darüber hinaus dürfen sich Private in keiner Art und Weise auf die Ergebnisse eines WTO Panel-Beschlusses berufen, der gegen die USA gerichtet ist[619]. Angesichts dieser der WTO gegenüber immer noch von Skepsis und Mißtrauen beherrschten rechtlichen Lage in den USA ist es also kaum denkbar, daß in abseh-

613 Siehe Diskussion unten zur mittelbaren Beteiligung (Abschnitt X.E.3).
614 Vgl. Schmid, NJW 1998, S. 190 (195).
615 Siehe Abschnitt X.D.4.
616 Vgl. Schmid, NJW 1998, S. 190 (195).
617 Id.
618 Uruguay Round Agreements Act, §§ 102(a)(1), 102(c) 19 USC §3501 ff. (1994).
619 Id. § 102(c).

barer Zeit im WTO-Abkommen eine Individualklagemöglichkeit eingerichtet werden wird.

Allerdings schließt eine Individualklage nicht die Möglichkeit einer unmittelbaren Beteiligung von Privaten an der Streitbeilegung aus.

3. Die unmittelbare Beteiligung von Privaten

Auch wenn eine Individualklage zum jetzigen Zeitpunkt aufgrund mangelnder Bereitwilligkeit der Mitglieder nicht realisierbar ist, hat die WTO selbst eine mittelbare Beteiligung an der Streitbeilegung anerkannt.

In der jüngst ergangenen Revisionsentscheidung in dem „Shrimps-Turtle-Verfahren" hat das Berufungsgremium, bestätigt vom DSB, entschieden, daß das DSU bereits in seiner derzeitigen Fassung nicht zwingend gegen eine unmittelbare Beteiligung von privaten Verbänden und Unternehmen an Streitbeilegungsverfahren der WTO durch eigene Stellungnahmen steht[620].

Im konkreten Fall handelte es sich u.a. um die Fragen, (1) welche rechtliche Stellung Stellungnahmen von Nichtregierungsorganisationen („NGOs") zukommt, die von Parteien selbst als Anlage zu ihren Schriftsätzen eingereicht werden, und (2) ob und in welchem Umfang Panels *unverlangt* eingereichte amicus curiae briefs solcher Organisationen berücksichtigen dürfen oder müssen.

Zur ersten Frage hat das Berufungsgremium entschieden, daß alle Anlagen zu einem Schriftsatz einer Partei ungeachtet ihrer Herkunft prima facie als Teil dieses Schriftsatzes und damit als Teil der Stellungnahme dieser Partei anzusehen seien[621]. Das ergebe sich aus dem Umstand, daß einerseits jede Partei ohne Einschränkungen darüber entscheide, was ihre Schriftsätze beinhalten, und daß sie andererseits für den Inhalt dieser Anlagen grundsätzlich als verantwortlich angesehen werden müsse[622].

---

620 Der WTO Appellate Body-Report mit dem Titel „United States – Import Prohibitions of Certain Shrimp and Shrimp Products" ist unter dem Az. WT/DS58/AB/R bei der WTO erhältlich und kann auf dem Internet unter der Adresse „http://www.wto.org/wto/dispute/dispute/htm" ebenso wie der erstinstanzliche Panel Report v. 15.5.1998 mit dem gleichen Titel und dem Az. WT/DS58/R abgerufen werden. Auszüge aus der Entscheidung des Appellate Body finden sich in EuZW 1999, 150.

621 Vgl. Ohlhoff, Beteiligung von Verbänden und Unternehmen in WTO-Streitbeilegungsverfahren, EuZW 1999, S. 139 (141).

622 Id. Vgl. Rz. 89 der Entscheidung: „We consider that the attaching of a brief or other material to the submission of either appellant or appellee, no matter how or where such material may have originated, renders that material at least prima facie an integral part of the participant's submission. On the one hand, it is of course for a participant in an appeal to determine for itself what to include in its submission. On the

Zur zweiten Frage hielt das Berufungsgremium zunächst einmal fest, daß lediglich Mitgliedstaaten der WTO Parteien eines Streitbeilegungsverfahrens werden oder als dritte Parteien an einem solchen Verfahren teilnehmen können. Mit dieser klaren Ablehnung einer unmittelbaren Anwendbarkeit der DSU-Regeln führte das Gremium weiter aus, daß nur die Stellungnahmen *dieser Parteien* vom Panel entgegengenommen und berücksichtigt werden *müssen*[623].

Danach entschied das Berufungsgremium mit Blick auf die relevanten DSU-Regeln, daß Panels auch *unverlangte* Stellungnahmen im Rahmen des Streitbeilegungsverfahrens berücksichtigen können. Obwohl der Wortlaut der relevanten DSU-Regeln (Art. 13 Abs. 1 und 2 DSU: „[e]ach panel shall have the right to seek information and technical advice from any individual or body which it deems appropriate" und „[p]anels may seek information from any relevant source")[624] der Formulierung nahelegt, daß die Informationen oder der fachliche Rat zuvor vom Panel erbeten werden mußten[625], entschied sich das Berufungsgremium, einer systematisch-teleologischen Auslegung den Vorzug zu geben, was die Panels ermächtigt, auch unverlangte Stellungnahmen zu berücksichtigen[626]. Darüber hinaus führte das Gremium aus, daß Art. 13 DSU dem Panel einen weiten Ermessensspielraum einräumt, ob es überhaupt Informationen von anderen Quellen als den verfahrensbeteiligten Mitgliedstaaten einhole[627]. Weiter ergebe sich aus Art. 12 Abs. 1 DSU, daß die Panels in der Wahl ihrer Verfahrensordnung in gewissen Grenzen frei seien und nach Rücksprache mit den Parteien auch von der Musterverfahrensordnung im Anhang 3 des DSU abweichen dürfen[628].

---

other hand, a participant filing a submission is properly regarded as assuming responsibility for the contents of that submission, including any annexes or other attachments."

623 Vgl. Rz. 101 dieser Entscheidung: „It may well be to stress at the outset that access to the dispute settlement process of the WTO is limited to Members of the WTO. This access is not available, under the WTO Agreements and the covered agreements as they currently exist, to individuals or international organizations, whether governmental or non-governmental." (Hevorhebung vom Verfasser.)

624 Vgl. Rz. 101 der Entscheidung.

625 Vgl. Rz. 107.

626 Vgl. Ohlhoff, EuZW 1999, S. 139 (141).

627 Vgl. Rz. 104: „The comprehensive nature of the authority of a panel to „seek" information and technical advice from „any individual or body" it may consider appropriate, or from „any relevant source", should be underscored. This authority embraces more than merely the choice and evaluation of the source of the information or advice which it may seek. A panel's authority includes the authority to decide not to seek such information or advice at all. We consider that a panel also has the authority to accept or reject any information or advice which it may have sought and received, or to make some other appropriate disposition thereof. [...]".

628 Vgl. Ohlhoff, EuZW 1999, S. 139 (141).

Aus Art. 12 und Art. 13 DSU ergebe sich daher, daß die Panels über einen umfassenden Spielraum bei der Entscheidung darüber verfügten, wie sie das Verfahren gestalten und durchführen, in dem sie sich über die Tatsachengrundlagen der Streitigkeiten und die rechtlichen Grundsätze für seine Beilegung informierten[629]. Dies ist auch nötig für *due process*. Weil unaufgeforderte Stellungnahmen von NGOs nicht berücksichtigt werden müssen, bestünde in der Praxis auch keine Gefahr der lähmenden Überschwemmung von Panels mit solchen Stellungnahmen[630]; im übrigen funktioniert der Supreme Court der USA seit über 200 Jahren ohne eine lähmende Überschwemmung wegen unaufgeforderten Stellungnahmen, die dort ebenfalls nicht berücksichtigt werden müssen.

Zusammenfassend läßt sich sagen, daß nach dieser Entscheidung des Berufungsgremiums vom 12. November 1998 den NGOs, Unternehmen und Privatpersonen daher zwei Wege eröffnet sind, ihre Interessen in Streitbeilegungsverfahren der WTO geltend zu machen. Sie können zum einen versuchen, einen der verfahrensbeteiligten Mitgliedstaaten dazu zu bewegen, ihre Stellungnahme als Teil seines Schriftsatzes einzureichen[631]. Zum anderen können NGOs und Unternehmen sich unmittelbar an den zuständigen Panel wenden und eine eigene Stellungnahme zu einem Verfahren unaufgefordert als amicus curiae brief einreichen[632]. Zu Recht schreibt *Ohlhoff*, daß

> „der Erfolg solcher unverlangt eingereichter Stellungnahmen in der Praxis außer von der allgemeinen Bereitschaft des zuständigen Panels zur Annahme von amicus curiae briefs insbesondere von dem Gewicht der Organisation oder des Unternehmens, dem Grad ihrer Betroffenheit durch die streitgegenständlichen Maßnahmen und von der inhaltlichen Qualität der tatsächlichen und rechtlichen Ausführung des amicus curiae brief abhängen [dürfte]“[633].

Hier muß insbesondere ein Schutzmechanismus entwickelt werden, der eventuelle Konflikte zwischen Panel-Mitgliedern und NGOs bzw. Unternehmen verhindert. So müßte beispielsweise offengelegt werden, ob Panel-Mitglieder Aktien oder sonstige Anteile an bestimmten Unternehmen haben, die Stellungnahmen eingereicht haben, was dann entweder zu einer Ausscheidung des Mitglieds oder zur Nichtberücksichtigung der eingereichten Stellungnahme führen müßte.

---

629 Id., S. 140.
630 Vgl Rz. 107 u. 108.
631 Vgl. Ohlhoff, EuZW 1999, S. 139 (142).
632 Id.
633 Id.

4. *„Frankovich" auf globaler Ebene*

Kommen WTO-Mitglieder ihren völkerrechtlichen GATS-Verpflichtungen nicht nach (z.B. Nichtumsetzung eines Panel-Beschlusses), sollten nationale Instanzen dieses Verhalten sanktionieren können. In diesem Sinne hat der EuGH im Jahre 1991 ausgesprochen, daß Schadensersatzansprüche des Einzelnen gegen einen Mitgliedstaat wegen mangelhafter Umsetzung von Richtlinien bestehen[634]. Begründet wurde diese Entscheidung damit, daß, wenn ein Mitgliedstaat gegen seine Verpflichtungen aus dem EG-Vertrag verstößt (hier bei der Nichtumsetzung einer Richtlinie), die volle Wirksamkeit dieser gemeinschaftsrechtlichen Regelung einen Entschädigungsanspruch verlange[635]. Der Staat soll keinen Vorteil aus seinem vertragswidrigen Verhalten ziehen dürfen.

Wenn Gerichte der WTO-Vertragsparteien auch so handeln würden, würde die Umsetzung der DSB Empfehlungen und Entscheidungen erheblich verbessert[636]. So könnten Einzelne ihre eigenen Regierungen auf Schadensersatz verklagen, wenn die Regierung gegen das GATT verstößt, wie etwa in dem Fall, daß die Regierung eine DSB Entscheidung nicht umsetzt. Mit Blick auf den Voraussetzungen im Europarecht, müßte der Einzelne nachweisen, daß:

1) das Ziel der in Frage gestellten GATS-Regelung ist, dem einzelnen Rechte zu verleihen,
2) der Inhalt der GATS-Regelung bestimmbar ist,
3) ein kausaler Zusammenhang zwischen dem Verstoß des Mitglieds und dem entstanden Schaden vorliegt.

Allerdings sieht es aber momentan so aus, als ob kein Gericht der Mitglieder mit Ausnahme Italiens das GATS zugunsten des Einzelnen interpretieren will oder kann. Insofern scheiterte bereits die erste Voraussetzung am mangelnden Willen der Mitglieder.

---

634 Siehe EuGH Urteil vom 19.11.1991 in der Rechtssache C-6 u. 9/90 (Francovich), Slg. 1991, I-5357.

635 Siehe auch Urteil in der Rechtssache Brasserie du pêcheur SA ./. Bundesrepublik Deutschland vom 5. März 1996, EuZW 1996, S. 205 ff., wo der EuGH entschieden hat, daß der in der Francovich-Entscheidung festgestellte Grundsatz der Haftung des Staates für Schäden, die dem einzelnen durch dem Staat zurechenbares Unterlassen der Umsetzung von EG-Richtlinien entsteht, auch bei einem Verstoß des nationalen Gesetzgebers gegen unmittelbar anwendbare primärrechtliche Vorschriften (im konkreten Fall: Art. 28 und 43 EGV) anwendbar ist. Vgl. Schweitzer/Hummer, a.a.O., Rz. 372.

636 Vgl. Hilf, a.a.O., S. 355.

5. *Zusammenfassung*

Mit der Entstehung der neuen Welthandelsorganisation 1994 haben die Mitglieder einen wichtigen Fortschritt auf dem Weg zu einem wirklichen freien Welthandel erzielt. Das neue Streitschlichtungsverfahren, das das alte GATT-Verfahren erheblich verbessert hat (u.a. durch die Abschaffung des Einstimmigkeitsprinzips für die Annahme von Panel-Beschlüsse), war ein Schritt in die richtige Richtung. So kann kein einzelnes Mitglied eine Entscheidung mehr blockieren. Leider bleibt immer noch das Problem der Umsetzung der DSB Empfehlungen und Entscheidungen. Das neue Streitschlichtungsverfahren konnte dieses Problem weder lösen noch vermindern.

Das größte Hindernis einer weiteren Fortentwicklung ist auf den Interessenkonflikt der Mitglieder zurückzuführen, die nicht nur zum Vorteil ihrer eigenen Bürger den Auftrag haben, im vermeintlich nationalen Interesse zu handeln, sondern die auch selbst als Unternehmer im internationalen Handel auftreten. Eine Organisation ist nur so stark, wie ihre Mitglieder es wollen. Leider herrscht unter den mächtigen Mitgliedern der WTO zu große Angst vor dem Verlust von Souveränität zugunsten der Genfer Organisation. Vor allem die USA mit ihrem vom Verfolgungswahn inspirierten Gesetz „Section 301“ Trade Act machen deutlich, daß ihre Handelspolitik nichts mit einem echten freien Welthandel zu tun hat. Daß der Bevollmächtigte für Außenhandel (USTR) kurz nach Abschluß der Uruguay-Runde die Panel-Beschlüsse als nicht rechtsverbindlich bezeichnet hat, zeigt anschaulich, wie wenig hochrangige amerikanische Diplomaten die Verpflichtungen verstehen, die aus einem völkerrechtlich verbindlichen Abkommen entstehen. Aber auch die EG besteht in letzter Zeit darauf, nur die ausgewählten Panel-Beschlüsse umzusetzen, die ihr gefallen. Geht es aber um Bananen oder Fleisch, wo die Entscheidungen gegen sie gefallen sind, werden solche Beschlüsse sowohl vom Europäischen Parlament als auch von der Kommission als nicht rechtsverbindlich angesehen.

Es wäre zu begrüßen, wenn einige der oben dargestellten Vorschläge zur Verbesserung der Umsetzung von Panel-Beschlüssen eingeführt werden könnten. Daß einige Abgeordnete im US-Kongreß das Problem der unilateralen Sanktionen endlich erkannt haben, ist ein Zeichen dafür, daß solche Vorschläge vielleicht doch eine Chance haben. Aber nur wenn alle Mitglieder die WTO nicht nur unter dem Aspekt des Verlustes an Souveränität sehen, sondern auch als Möglichkeit für freien Handel im wahrsten Sinne des Wortes, werden die notwendigen Schritte erzielt werden können. Dies läge im Interesse der Verbraucher auf der ganzen Welt.

XI. Fazit

Der europäische und internationale Dienstleistungsverkehr gewinnen zunehmend an Bedeutung. Schon die Bereitschaft der internationalen Gemeinschaft, das GATS-Abkommen im Jahre 1994 zu unterschreiben, deutet auf die Bedeutung der Aufgabe hin, den grenzüberschreitenden Handel mit Dienstleistungen durch grenzüberschreitendes (internationales) Recht zu schützen.

Auf dem europäischen Binnenmarkt herrscht immer noch kein freier Dienstleistungsverkehr. So werden Fälle, welche „intrastate" Merkmale aufweisen, immer noch nicht von Art. 49 ff. EGV erfaßt. Außerdem bestehen noch Probleme bei der Abgrenzung zwischen der Dienstleistungsfreiheit und den anderen Grundfreiheiten. Hinzu kommt, daß der Umfang des Diskriminierungs- und Beschränkungsverbots aufgrund der verwirrenden Rechtsprechung des EuGH bisher nicht definitiv geklärt worden ist. Schließlich leidet der europäische Dienstleistungsverkehr „nach außen" erheblich an dem Gutachten 1/94, das die Gemeinschaft u.a. daran hindert, im Namen aller Mitgliedsstaaten der EG internationale Übereinkommen zum Dienstleistungsverkehr zu unterschreiben.

Mit dem Zustandekommen des GATS haben die Mitglieder der WTO den ersten Schritt gemacht. Allerdings gibt es noch viel zu tun. So müssen beispielsweise die zahlreichen Ausnahmen zur MFN-Verpflichtung drastisch abgebaut bzw. völlig abgestrichen werden. Mit Blick auf die erzielten Erfolge im europäischen Binnenmarkt muß die Reichweite des GATS auf die Begleitrechte und Vorbereitungsmaßnahmen ausgedehnt werden, um sein Ziel (GATS) zu verwirklichen, „sobald wie möglich einen stetig wachsenden Grad an Liberalisierung des Handels mit Dienstleistungen" zu verwirklichen. An aller erster Stelle muß aber der Streitbeilegungsmechanismus des GATS verbessert werden. Hier kommen den WTO-Mitgliedern insbesondere die Erfahrungen aus dem Europarecht zugute. Dementsprechend wurden Vorschläge zur Verbesserung der Umsetzung von Empfehlungen und Entscheidungen des *Dispute Settlement Body* durch die Einführung einer Vorabentscheidung in die Streitbeilegungsregeln nach dem Muster des Art. 177 EGV sowie die Haftung der WTO-Mitglieder für die Nichtumsetzung einer Empfehlung oder Entscheidung des DSB nach dem „Frankovich" Muster vorgeschlagen.

Demnächst beginnt eine neue Handelsrunde. Auf einen Namen („Millenium Round"? usw.) haben sich die Mitglieder noch nicht geeignet. Fest steht aber, daß die Dienstleistung (GATS) und der Streitbeilegungsmechanismus (DSU) besprochen und (hoffentlich) ausgebaut bzw. revidiert werden. Ziel dieser Arbeit war u.a., einen Beitrag zur Diskussion der Regulierung des Dienstleistungsverkehrs auf europäischer und internationaler Ebene zu leisten, und dabei auch eigene Vorschläge zur Verbesserung zu unterbreiten.

Literaturverzeichnis

Backes, Peter: Die neuen Streitbeilegungsregeln der Welthandelsorganisation (WTO), RIW 1995, S. 916 ff.

Bail, Christoph: Das Profil einer neuen Welthandelsordnung: Was bringt die Uruguay Runde? EuZW 1990, S. 433-444, 465-475.

Bail, Theodor / Schädel, Walter / Hutter, Hans: Kommentar Zollrecht, Bonn, 1993.

Barth, Dietrich: Das Allgemeine Übereinkommen über den internationalen Dienstleistungshandel (GATS), EuZW 1994, S. 455 ff..

Bello, Judith Hippler: The WTO Dispute Settlement Understanding: Less is More, 90 AJIL (1996), S. 416-418.

—: The International Decisions, 89 AJIL (1995), S. 772 ff.

Bermann, George A., et al.: Cases and Materials on European Community Law, 1. Aufl., 1993.

Bhagwati, Jagdish: Economic Perspectives on Trade in Professional Services, University of Chicago Legal Forum Bd. 1 (1986), S. 45 ff.

Blankart, Franz A.: Trade in Services: Definition eines GATT-Verhandlungsgegenstandes, AUSSENWIRTSCHAFT 1989, S. 5-16.

Bleckman, Albert: Europarecht, 6. Aufl., 1997.

Broadman, Harry G.: International Trade and Investment in Services: A Comparative Analysis of the NAFTA, Int'l Law., Bd. 27 (1993), S. 623 ff.

Curtin, Deidre: Case C-159/90, CMLR 29 (1992), S. 585 ff.

Errens, Martina: Auswirkungen des GATS-Abkommens auf den Beruf des Rechtsanwalts, EuZW 1994, S. 460-464.

Etter, Christian: Das Dienstleistungsabkommen der Uruguay-Runde und seine Bedeutung für die Schweiz, in: *Cottier* (Hrsg.), GATT-Uruguay Round, 1995, S. 91-105.

Feketekuty, Geza: Trade in Professional Services: An Overview, University of Chicago Legal Forum, Bd. 1 (1986), S. 1 ff.

Footer, Mary: The International Regulation of Trade in Services Following Completion of the Uruguay Round, Int'l Law., Bd. 29 (1995), S. 453 ff.

Frid, Rachel: The Telecommunications Pact Under the GATS - Another Step Towards the Rule of Law, in: Legal Issues of European Integration 1997, S. 67 ff.

Gibbs, Murray: Continuing the International Debate on Services, JWTL 19 (1985), S. 199 ff.

Gilsdorf, Peter: Vertrauensschutz, Bestandsschutz und Rückwirkungsbegrenzung im Gemeinschaftsrecht, RIW 1983, S. 22-29.

Grewlich, Klaus: WATTC-88 - Ein Beitrag zum Völkerrecht der Telekommunikation, RIW 1990, S. 96 ff.

Großmann/Koopman: Die neue Welthandelsorganisation: Schrittmacher für den Welthandel?, Wirtschaftsdienst 256 (1994), S. 264.

Hailbronner, Kay / Nachbaur, Andreas: Die Dienstleistungsfreiheit in der Rechtsprechung des EuGH, EuZW 1992, S. 105-113.

Hailbronner, et. al.: Handkommentar zum Vertrag über die Europäische Union, 1997.

Hakenberg, W.: in: *Lenz* (Hrsg.), EG-Vertrag: Kommentar zu dem Vertrag zur Gründung der Europäischen Gemeinschaften, 1. Aufl., 1994, S. 285 ff.

Heidensohn, Klaus: Europe and World Trade, 1995, S. 158 ff.

Hernandez, Puenta: Section 301 and the New WTO Dispute Settlement Understanding, 2 ILSA J. INT'L & COMP. L. 1996, S. 213 ff.

Hilf, Meinhard: The Role of National Courts in International Trade Relations, 18 MICH. J. INT'L L. (1997), S. 321 ff.

— / *Eggers, Barbara*: Der WTO-Panel Bericht im EG/USA-Hormonstreit, EuZW 1997, S. 559-566.

Hilpold, Peter: Die EU im GATT/WTO System, 1999.

—: Die Fortentwicklung der WTO-Ordnung, RIW 1998, S. 90-101.

Hoekman, Bernard: The General Agreement on Trade in Services (Arbeitspapier zur Vorlage beim OECD-Symposium, Paris, 25. April 1994), in: *Jackson, et al.*, Legal Problems of International Economic Relations, 3. Aufl., 1995, S. 921 ff.

Hohmann, Harald: Freier Handel mit Kommunikations-Dienstleistung im Rahmen des GATT-Regelungswerks, ZVglRWiss 90 (1991), S. 185 ff.

Holmer, Alan J. / Bello, Judith Hippler: The 1988 Trade Bill: Savior or Scourge of the International Trade System?, Int'l Law., Bd. 23 (1989), S. 523 ff.

Howell, Thomas R. / Wolff, Alan Wm. (Hrsg.): Conflict Among Nations: Trade Policies in the 1990s, 1992.

Hübner, Ulrich: Dienstleistungsfreiheit im Finanzdienstleistungsbereich, EuZW 1991, S. 545 f.

Hudec, Robert E.: Enforcing International Trade Law: The Evolution of the Modern GATT Legal System, 1993.

Hunnings, Neville: Case 52/79, CMLR 17 (1980), S. 560 ff.

Jackson, John H.: The WTO Dispute Settlement Understanding – Misunderstandings on the Nature of Legal Obligations, 91 AJIL (1997), S. 60-64.

— / *et al.*: Legal Problems of International Economic Relations, 3. Aufl., 1995.

Jarass. Hans D.: Elemente einer Dogmatik der Grundfreiheiten, EuR 1995, S. 202 ff.

Jürgensen, Thomas: WTO-Konformität der reformierten Gemeinsamen Marktorganisation für Bananen, RIW 1999, S. 214-249.

Karl, Joachim: Das Multilaterale Investitionsabkommen (MAI), RIW 1998, S. 432 ff.

Kent, Penelope: Nutcases: European Union Law, 1. Aufl., 1997, S. 89 ff.

Kilian, Wolfgang: Europäisches Wirtschaftsrecht, 1996.

Kopke, W.: Rechtsbeachtung und -durchsetzung in GATT und WTO, 1997.

Kuschel, H.D.: Auch die revidierte Bananenmarktordnung ist nicht WTO-konform, EuZW 1999, S. 74-77.

—: Bananenstreit - und kein Ende? Entscheidung des WTO-Streitbeilegungsgremium zur Einfuhrregelung der EG, EuZW 1998, S. 122-127.

—: Die Bananenmarktordnung der Europäischen Union, RIW 1995, S. 218-222.

Lazar, Fred: Services and the GATT: US Motives and a Blueprint for Negotiations, JWTL 13 (1989), S. 135 ff.

Leier, Klaus-Peter: Fortentwicklung und weitere Bewährung: Zur derzeitigen Überprüfung des Streitbeilegungsverfahrens in der WTO, EuZW 1999, S. 204-211.

May, Bernhard: Die Uruguay-Runde: Verhandlungsmarathon verhindert trilateralen Handelskrieg, 1994, S. 91 ff.

McDonald, Kevin M.: Review of INTERNATIONAL TRADE AND CUSTOMS LAW OF THE EUROPEAN UNION, by Francis Snyder, in "International Business Lawyer," Feb. 2000, pp. 93-4.

—: How Would You Like Your Television, With or Without Borders and With or Without Culture? A New Approach to Media Regulation in the EU, 22 FORDHAM INT'L L.J. 1991 (1999).

—: *Warum die USA Section 301 Trade Act nicht aufheben müssen*, RIW 1999, S. 356-358.

—: *The Unilateral Undermining of Conventional International Trade Law via Section 301*, 7.3 J. INT'L L. & PRAC. 395 (1998).

—: Die (Nicht-)Umsetzung von Panel-Beschlüssen der WTO im Recht der USA und der EU, Zeitschrift für Europarechtliche Studien (ZEuS), Heft 2 (1998), S. 249 ff.

McGee, Robert W.: The Moral Case for Free Trade, JWTL 29 (1995), S. 69 ff.

McGovern, Edmond: International Trade Regulation, 3. Aufl., Exeter/England 1995, S. 31.11-1 ff.

Meier, Gert: Der Endbericht des WTO-Panels im Bananenrechtsstreit, EuZW 1997, S. 566 ff.
Meng, Werner: Gedanken zur Frage unmittelbarer Anwendung von WTO-Recht in der EG, in: *Beyerlin, U., et al.*, Recht zwischen Umbruch und Bewahrung, FS R. Bernhardt, 1995, S. 1063-1086.
Nicolaides, Phedon: Economic Aspects of Services: Implications for a GATT Agreement, JWTL 2 (1989), S. 125 ff.
Ohloff, Stefan: Beteiligung von Verbänden und Unternehmen in WTO-Streitbeilegungsverfahren, EuZW 1999, S. 139-144.
O'Leary, Siofra: The Court of Justice as a reluctant constitutional adjudicator: an examination of the abortion information case, 17 EUR. L. REV. 1992, S. 138 ff.
Oppermann, Thomas: Europarecht, 1991.
—: Die Europäische Gemeinschaft und Union in der Welthandelsorganisation (WTO), RIW 1995, S. 919 ff.
— / *Molsberger* (Hrsg.): A New GATT for the Nineties and Europe '92, 1990.
Petersmann, E.-H.: The Transformation of the World Trading System through the 1994 Agreement Establishing the World Trade Organization, 6 EJIL 1995, S. 161-221.
—: Darf die EG das Völkerrecht ignorieren?, EuZW 1997, S. 325 ff.
—: Die EWG als GATT-Mitglied – Rechtskonflikte zwischen GATT-Recht und Europäischem Gemeinschaftsrecht, in: *Petersmann, E.-U./Hilf*, GATT und EG, 1986, S. 119-174.
Poveda, Eva / Droege, Susanne: International Trade in Financial Services: An Assessment of the GATS, AUSSENWIRTSCHAFT 1997, S. 603-635.
Randelzhofer, Albrecht: Dienstleistungen (Art. 59 ff.), in: *Grabitz/Hilf* (Hrsg.), Kommentar zur Europäischen Union Bd. II, 1997, Art. 59 ff.
Ress, Georg: Art. 106, in: *Grabitz/Hilf* (Hrsg.), Kommentar zur Europäischen Union Bd. II, 1997.
—: Binnenmarkt und Niederlassungsfreiheit, EuZW 1990, S. 521.
— / *Ukrow, Jörg*: Neue Aspekte des Grundrechtsschutzes in der Europäischen EuZW 1990, S. 499 ff.
Riegel, Reinhard: Zur Bedeutung der Niederlassungsfreiheit im Europäischen Gemeinschaftsrecht, NJW 1986, S. 2999 ff.
Roth, Wulf-Henning: Dienstleistungsfreiheit, in: *Dauses* (Hrsg.), Handbuch des EG-Wirtschaftsrechtes, 1997, Art. 59 ff.
—: The European Economic Community's Law on Services: Harmonisation, CMLR 25 (1988), S. 35 ff.
—: Die Harmonisierung des Dienstleistungsrechts in der EWG, EuR 1986, S. 340-369, EuR 1987, S. 7-50.

Sampson, Gary P.: Uruguay Round Negotiations on Services Issues and Recent Developments, in *Dicke & Petersmann* (Hrsg.), Foreign Trade in the Present and a New International Economic Order, Bd. 4., S. 274-287.

Schmid, Christoph: Immer wieder Bananen: Der Status des GATT/WTO-Systems im Gemeinschaftsrecht, NJW 1998, S. 190-197.

Schöne, Franz-Josef: Dienstleistungsfreiheit in der EG und deutsche Wirtschaftsaufsicht, Schriften zum Wirtshafts-, Handels-, Industrierecht, Bd. 32, 1989 (zugleich (iur.) Diss. Münster (Westfalen) 1989).

Schweitzer, Michael / Hummer, Waldemar: Europarecht, 5. Aufl., 1996.

Schwintowski, H.P.: Europäisierung der Versicherungsmärkte im Lichte der Rechtsprechung des EuGH, NJW 1987, S. 521-526.

Self, Richard B.: General Agreement on Trade in Services, in: *Stewart, Terence P.* (Hrsg.), The World Trade Organization: The Multilateral Framework for the 21st Century and U.S. Implementing Legislation, 1996.

Senti, Richard: GATT-WTO: Die neue Welthandelsordnung nach der Uruguay-Runde, 1994.

Sittmann, Jörg: Das Streitbeilegungsverfahren der World Trade Organization (WTO), RIW 1997, S. 749 ff.

Stein, Torsten: „Bananen-Split"?, EuZW 1998, S. 261 ff.

Steinberg, Richard H.: Direct Application of Multilateral Trade Agreements in the United States, in: *Demaret et al.* (Hrsg.), Regionalism and Multilateralism after the Uruguay Round, 1997.

Steindorff, Ernst: Dienstleistungsfreiheit im EG-Recht, RIW 1983, S. 831 ff.

—: Gemeinsamer Markt als Binnenmarkt, ZHR 150 (1986), S. 687-704.

Streinz, Rudolf: Europarecht, 3. Aufl., 1996.

Suavé, Pierre: Assessing the General Agreement on Trade in Services: Half-Full or Half-Empty?, JWTL 29 (1995), S. 125 ff.

Trautwein, Thomas: Dienstleistungsfreiheit und Diskriminierungsverbot im Europäischen Gemeinschaftsrecht, Jura 1995, S. 191 ff.

van Suntum, Ulrich / Vehrkampf, Robert: Mehr Freihandel oder mehr Reglementierung durch die Schaffung der Welthandelsorganisation WTO?, in: *Frenkel/Bender* (Hrsg.), GATT und die neue Welthandelsordnung, 1996.

Wang, Yi: Most-Favoured-Nation Treatment under the General Agreement on Trade in Services, JWTL 30 (1996), S. 91 ff.

Weber, Albrecht: Die Bananenmarktordnung unter Aufsicht des BverG?, EuZW 1997, S. 165-169.

Weber, Christoph: Marktzugang von Auslandsbanken unter Berücksichtigung der neuen Regeln des GATS, Abhandlungen zum Recht der Internationalen Wirtschaft, Bd. 36, 1995 (zugleich (iur.) Diss. Münster (Westfalen) 1995).

Weiss, Friedl: The General Agreement on Trade in Services 1994, CMLR 32 (1995), S. 1177 ff.
—: Dispute Settlement under the General Agreement on Trade in Services, in: *Cameron, James & Campbell, Karen* (Hrsg.), Dispute Resolution in the World Trade Organization, 1998.
Werner, Welf: Liberalisierung von Finanzdienstleistungen: Atlantische Positionen und Konzepte auf dem Weg zur Interimlösung im multilateralen Dienstleistungsabkommen (GATS), AUSSENWIRTSCHAFT 1996, S. 327-362.
Wolfrum, Rüdiger: Das internationale Recht für den Austausch von Waren und Dienstleistungen, in: *Schmidt, Reiner* (Hrsg.), Öffentliches Wirtschaftsrecht, 1996, S. 546 ff.
Yüksel, Ali Sait: GATT-WTO Welthandelssystem unter besonderer Berücksichtigung der Europäischen Union, 1996.

Sonstige Veröffentlichungen

European Commission: European Economy, Number 3, 1997, S. 91 ff.
Europäische Kommission: GATS: Ein Leitfaden für die Wirtschaft, 1995.
Irtani, Evelyn: First WTO Ruling Provides Grist for Opponents Citing Threat to U.S. Law, *Los Angeles Times*, 19.01.1996, S. 13.
Mrusek, K.: Zöllner im virtuellen Welthandel, *Frankfurter Allgemeine Zeitung*, 20.04.1998, Nr. 91, S. 15.
OECD: Studie der OECD über die Auswirkungen der Uruguay-Runde, EA 2/1994, D 64 ff.
Samuels, Michael A.: Statement on The Trade in Services Act of 1982, in Hearings on Trade in Services before the Subcommittee on International Trade of the Senate Committee on Finance, 97th Congress, 2d Session, 1982, S. 136 ff.
unbekannt: Zwei von drei Beschäftigten arbeiten in der Dienstleistung, *Frankfurter Allgemeine Zeitung*, 23.09.1998, Nr. 221, S. 13.
unbekannt: Schwangerschaftsabbruch als „qualifizierte Dienstleistung"?, *Frankfurter Allgemeine Zeitung*, 24.06.1998, Nr. 143, S. 6.
unbekannt: Fifty Years On, *The Economist*, 16.05.1998, S. 19-23.
unbekannt: Gleiche Chancen, *Wirtschaftswoche*, Nr. 50, 05.12.96, S. 24.
United States Government: U.S. National Study of Trade in Services, A Submission by the United States Government to the General Agreement of Tariffs and Trade, 1982, S. 37 ff.

Saarbrücker Studien zum Privat- und Wirtschaftsrecht

Herausgeber:
Johann Paul Bauer, Michael Martinek und Helmut Rüßmann

Band 1 Susanne Jaschinski: Die Haftung von Schwestergesellschaften im GmbH-Unterordnungskonzern. Ein Beitrag zum Konzernverfassungsrecht. 1997.

Band 2 Roman Sascha Ahnert: Die *actio individualis*. Ein Beitrag zur verfassungsrechtlichen Fundierung der Aktionärsklage bei sogenannten Aktien-Interessenverbänden. 1997.

Band 3 Torsten Peters: Der Cateringvertrag. Rechtstatsachen, Rechtsnatur und Rechtsprobleme eines modernen Dienstleistungsvertrags. 1998.

Band 4 Michael Meissner: Persönlichkeitsschutz juristischer Personen im deutschen und US-amerikanischen Recht. Eine rechtsvergleichende Untersuchung des allgemeinen Persönlichkeitsrechts juristischer Personen. 1998.

Band 5 Thomas Tegen: Joint Venture-Vertrag und Projektträgergesellschaft im amerikanischen und deutschen Recht. 1998.

Band 6 Gerhard Wolter: Treuhandrecht im Umbruch? Ein Blick nach Frankreich, Luxemburg, in die Schweiz und in den Libanon sowie auf das Haager Trust-Übereinkommen. 1999.

Band 7 Thomas Dehlfing: Das Recht der irreführenden Werbung in Deutschland, Großbritannien und Frankreich. 1999.

Band 8 Hanno Dornseifer: Börsentermingeschäfte und Börsentermingeschäftsfähigkeit. Zur börsengesetzlichen Behandlung von finanzwirtschaftlichen Festgeschäften, Options- und Optionsscheingeschäften. 1999.

Band 9 Patrick Lenz: Absatzförderung durch *zinssubventionierte* Darlehen. Eine wettbewerbs- und kartellrechtliche Studie zur Zulässigkeit von Niedrigzins-Kreditangeboten unter besonderer Berücksichtigung des Automobilmarktes. 1999.

Band 10 Mansur Pour Rafsendjani: Der Goodwill-Ausgleichsanspruch des Franchisenehmers. Ein Vergleich des deutschen, französischen und US-amerikanischen Franchiserechts. 1999.

Band 11 Jörg Hartmann: Juristische und ökonomische Regelungsprobleme des Insiderhandels. Eine rechtsvergleichende Darstellung USA – Deutschland. 1999.

Band 12 David Altmeier: Rückstellungsbilanzierung in Deutschland und Frankreich. Eine vergleichende Untersuchung der französischen Rückstellungsbilanzierung aus der Perspektive des deutschen Bilanzrechts. 1999.

Band 13 Barbara Günther: Aktivische Bilanzierungshilfen im deutschen und französischen Bilanzrecht. 1999.

Band 14 Bernhard Glasow: Vertikale Preisbindung, Wettbewerbstheorie und Wettbewerbsrecht in den USA, Deutschland und Europa. Bestandsaufnahmen, Kritik und Zukunftsperspektiven. 2000.

Band 15 Dorota Nowak-James: Der Börsenzugang für Anleger in Deutschland und Polen. Eine rechtsvergleichende Untersuchung zum deutschen Finanzkommissionsgeschäft und zum polnischen Brokerauftragsvertrag. 2000.

Band 16 Mathias Queck: Der Nießbrauch am Anteil einer offenen Handelsgesellschaft. Eine Form der (un-)mittelbaren Unternehmensbeteiligung. 2000.

Band 17 Ina Roth: Umweltbezogene Unternehmenskommunikation im deutschen und europäischen Wettbewerbsrecht. 2000.

Band 18 Jörg Preiss: Die Anwendung des markenrechtlichen Erschöpfungsgrundsatzes auf Dienstleistungsmarken. 2000.

Band 19 Kevin M. McDonald: Der Begriff der Dienstleistung im europäischen Binnemarkt und WTO-System (GATS). 2001.

Band 20 Carolin Opgenhoff: Die europäische Fusionskontrolle zwischen Wettbewerbsrecht und Industriepolitik. 2001.

Kolibri 360 GmbH
Ferdinand-Jühlke-Straße 7
99095 Erfurt, Deutschland
produktsicherheit@kolibri360.de

Druck:
CPI Druckdienstleistungen GmbH
im Auftrag der
Kolibri 360 GmbH
Ferdinand-Jühlke-Str. 7
99095 Erfurt